# 中國学術思想 研究輯刊

## 二 編

林 慶 彰 主編

## 第 17 冊

### 范氏義莊與范仲淹
#### ——關於范仲淹的儒學史地位的討論

黃 明 理 著

花木蘭文化出版社

國家圖書館出版品預行編目資料

範氏義莊與范仲淹——關於范仲淹的儒學史地位的討論／黃
明理 著—初版—台北縣永和市：花木蘭文化出版社，2008
〔民 97〕
目 2+168 面；19×26 公分
（中國學術思想研究輯刊 二編；第 17 冊）
ISBN：978-986-6528-18-7（精裝）
1.（宋）范仲淹 2. 學術思想 3. 儒學
121.2                                97016586

ISBN - 978-986-6528-18-7

9 789866 528187

中國學術思想研究輯刊
二 編 第十七冊                    ISBN：978-986-6528-18-7

范氏義莊與范仲淹——關於范仲淹的儒學史地位的討論

| 作　　　者 | 黃明理 |
| --- | --- |
| 主　　　編 | 林慶彰 |
| 總 編 輯 | 杜潔祥 |
| 出　　　版 | 花木蘭文化出版社 |
| 發 行 所 | 花木蘭文化出版社 |
| 發 行 人 | 高小娟 |
| 聯 絡 地 址 | 台北縣永和市中正路五九五號七樓之三 |
| | 電話：02-2923-1455 ／傳真：02-2923-1452 |
| 網　　　址 | http://www.huamulan.tw 信箱 sut81518@ms59.hinet.net |
| 印　　　刷 | 普羅文化出版廣告事業 |
| 封 面 設 計 | 劉開工作室 |
| 初　　　版 | 2008 年 9 月 |
| 定　　　價 | 二編 28 冊（精裝）新台幣 46,000 元 |

# 范氏義莊與范仲淹
## ——關於范仲淹的儒學史地位的討論

黃明理　著

## 作者簡介

黃明理，臺灣彰化人。臺灣師範大學文學博士，國文系專任副教授。親炙龔鵬程先生，以傳統文人型態考察為研究重點，希冀能對中國文人階層史研究領域的開展有所貢獻。碩士論文《「晚明文人」型態之研究》、博士論文《范氏義莊與范仲淹──關於范仲淹的儒學史地位的討論》，以及目前正集中進行的歸有光研究（包含其交游與人生志向、科舉經義論策之文等等）、指導研究生從事的古代文人「命名文學」探究，都是此長期計劃下的成果。又涉獵書法，致力於基礎寫字教育，撰有〈左書左字論〉、〈楷書基本筆形再認識──論寫字教育應重視的一個環節〉及古代名碑帖硬筆臨書學習系列。

## 提　　要

　　本書以范氏義莊為研究核心，探討范氏義莊成立的因緣、發展的過程，以及其歷史意義──尤其是與范仲淹人格交互生成的儒學傳播功能。文中認為范氏義莊在歷史推衍中，生發出三重含義：第一，是吳中范氏宗族的養贍救助機構，這是最初本義；第二，是中國社會規模最大、最具代表性的范仲淹紀念中心；第三，則是兩宋以降無數支持范文正公理想之人，所形成的儒家價值實踐體。

　　關於第一層含義，本書提出許多翻案的新認識，諸如：捐田救贍非關佛教、范氏義學不曾存在，以及范仲淹直系子孫自洛返蘇的緣由、范氏十六房的宗族結構、主奉制度的產生與意義……等等細節，對歷來關於范氏義莊的誤解多有澄清。

　　在第二三含義層面上的研析，相當於探討范氏義莊與范仲淹的關係。作者對於學界普遍以論著作為評價儒者、建構儒學史的唯一標準，不表認同。認為在此習尚下，無法彰顯某些大儒的真正價值，范仲淹便是一例。因此，採取就事論學的研究方法，提出義莊制度所形成的儒學傳播功效並不亞於典籍著述的觀點，重新檢討范仲淹在儒學史上的地位。文中指出范仲淹之儒學乃上溯隋儒王通仲淹（文中子），為唐宋行道之儒的一脈，有別於研經講學的闡教之儒。范仲淹透過制度，傳播儒學中博施濟眾的理想、收族養教的倫常、積善餘慶的信仰，其理雖不高深，卻是不以言顯而以實踐為貴的核心價值，在宋元以後，道學內聖為主流的儒學發展中，獨顯其樸實平易貼近百姓的外王精神。

　　整體而言，全書觀念新穎，而持之有故言之成理，對讀者認識義莊、范仲淹，乃至儒學研究，都有所啟發。

# 目次

# 第一章 緒 論

## 第一節 問題的提出

　　我認為：目前學術界關於范仲淹或范氏義莊的研究，仍嫌不足。尤其在范仲淹與范氏義莊的關係上，鮮少著墨。

　　明人馮夢禎讚美范仲淹，云：「宋范文正公，學術則為純儒，立朝事業則為純臣，垂範子孫則為賢祖宗，而師表百世則為殊絕人物」，〔註1〕允稱公論。以范仲淹為殊絕人物、為賢祖宗，而表彰其事跡精神者多矣；其立朝事業、變法功過，也是歷來講述宋史者不得迴避的重要關節。但，在學術上為純儒的看法，世人雖無異議，卻未見有充足的討論。

　　范仲淹儒學儒術的成就如何呢？南宋理宗朝的陳垓如是說：

> 文正范公先生，吾道之元氣也。蓋夫子之道不行於春秋戰國，而為
>
> 萬世師；公之道際遇文明、措之華夏，而為萬世法。〔註2〕

前此，程顥曾以元氣比仲尼，春生比顏子，秋殺比孟子。〔註3〕陳垓在此盛稱范仲淹為「吾道之元氣」，恐非偶然與程子作了同樣的比喻，實乃有意承前說而將范仲淹比若孔子。在他看來，范仲淹甚至比孔子多了幸運，上有明君，充分授與權位，得以施用其道。不像孔子處亂世，僅能以教學著述弘其道。

---

〔註1〕 〈重修滸墅文正書院記〉，《范文正集補編》卷四，頁864。

〔註2〕 〈高郵軍興化縣滄浪清風記〉，《范文正公集·褒賢祠記》卷一，頁325。《范文正公集》下文簡稱《范集》。

〔註3〕 朱熹編，《近思錄》卷十四〈觀聖賢〉，第二則。

　　此一論讚或許誇大其詞了。客觀而論，范仲淹雖曾短暫獲得宋仁宗的信賴，主持大政，可是並不能完竟其功。他的治國鴻猷，時人謂「阻而不行者十八九，行者又即改廢不用」，〔註4〕又謂「凡所措置，十未行一，而權勢者大惡之」，〔註5〕都與所謂的「際遇文明、措之華夏」有大差距。陳垓之名不見經傳，人微者其言輕，出此齊駕至聖的推崇語，未獲世人共鳴，亦可想而知。何況，南宋以降，是道學昌明、程朱之說大行其道的時代，道學有其清晰一貫的的道統。道學家的觀念裡，北宋復興聖學，承接聖賢統緒者，是周張二程諸子，〔註6〕范仲淹未與其列，遑論比之爲吾道元氣了。

　　而事實上，關於范仲淹的儒學成就，主導世人看法的，當然還是道學家。朱熹的評論，影響最大。他推崇范仲淹爲第一流人物，大厲名節，振作士氣，作成忠義之風。而論述有宋道學由漸而盛、蔚爲大觀的過程，則提到：

> 自范文正以來，已有好議論，如山東有孫明復、徂徠有石守道、湖州有胡安定。到後來遂有周子、程子、張子出。故程子平生不敢忘此數公，依舊尊他。〔註7〕

這段話，幾乎被奉爲宋初儒學史的基本架構。後人評量范仲淹的儒學成就，多依此爲論，他們列舉其興學校、尊師儒、整飭文風、識拔人才等事蹟，而謂諸如此類者大有助於其後道學的興起，范仲淹對儒學的貢獻在此，其儒學成就也在此。從以下兩則元人的敘述，或可窺其全豹。張臨云：

> 嗚呼！俗因五季之後，廉恥道喪，士昧出處，賢不肖漫漶。先生以剛大毅決之資，拔出眾人之中，進退超邁，委靡之世爲變。尊王黜霸、明義去利，凜然有洙泗之風。其後眞儒輩出，聖學復明，如發洙泗之堙，先生實指其處，其可不謂之有功於聖門乎？事業巍巍者，不足爲先生道。〔註8〕

鄭元祐云：

> 當時天下郡縣未嘗皆置學，公至吳，首以己地建學，故學校遍天下

---

〔註4〕 富弼，〈范仲淹墓誌銘〉，《范集・褒賢集》，頁320。

〔註5〕 張唐英，〈（范）文正公傳〉，《范集・褒賢集》，頁321。

〔註6〕 此從《近思錄》卷十四〈觀聖賢〉序可見一斑，其言謂道統傳至孟子而後無傳焉，「迨於宋朝，人文再闢，則周子唱之，二程子、張子推廣之，而聖學復明，道統復續」。

〔註7〕 黎靖德編，《朱子語類》卷一二九，頁3089。

〔註8〕 〈增修范文正公祠記〉，《范集・褒賢祠記》卷一，頁325。

者，自公始。識泰山孫明復於貧賤中，授以春秋，遂大鳴聖道於時；延安定胡公入太學，爲學者師，而河南程叔子實遇獎拔；其後橫渠張子以盛氣自負，公折之而授以中庸，卒之，關陝之教與伊洛相表裏。蓋自六經埋晦，聖人之道不傳，爲治者貿貿焉罔知適從，以至於公，而後開學校、隆師儒，造就士類，作成忠義之風，以致道統之傳！則公之學識，於名教豈小補哉！〔註9〕

鄭文所揭「識孫泰山」、「延胡安定」、「折張橫渠」三事，正是後人議論范仲淹儒學之功時，最津津樂道的例子。《宋元學案》且謂導引張載一事，是范仲淹對聖學的最大貢獻。〔註10〕而張文，道學氣相當濃厚，自「事業巍巍者不足爲先生道」一句，已可嗅得出來。他說范仲淹「黜霸」「去利」，未必合乎實情，但頗能顯示他的價值取則在王道仁義之間，是典型的接受道學學術的讀書人。最有意思的是：在他的意識裡，范仲淹雖已凜然有洙泗之風，卻還不是「眞儒」！這裡的「眞」，當然是以張臨所預設的最高價值爲判準，說范仲淹不是「眞儒」，不是斥之爲「假儒」，而是認爲他的成就還未達到儒者的最高境界。堪稱「眞儒」的，是興聖學明道統的北宋道學先生。換言之，張臨或者道學家雖然承認范仲淹德行粹然無疵，且有「致道統之傳」的貢獻，但其重要性與傳接道統之儒相較，猶遜一籌。

范仲淹的地位，始終被定在：儒林草昧時期，提挈輔助儒學發展的一位賢明官員。全祖望〈慶曆五先生書院記〉的一段話，可視爲道學主流下評論范仲淹的總結：

有宋眞仁二宗之際，儒林之草昧也。當時濂洛之徒方萌芽而未出。而睢陽戚氏在宋，泰山孫氏在齊，安定胡氏在吳，相與講明正學，自拔於塵俗之中。亦會値賢者在朝，安陽韓忠獻公、高平范文正公、樂安歐陽文忠公皆卓然有見於道之大概，左提右挈，於是學校遍於四方，師儒之道以立。〔註11〕

文中政、學隱然分途，而范韓歐三人在朝爲政，有利學術發展，是爲有見於「道之大概」的政治人物。

---

〔註9〕〈文正書院記〉，《范文正集補編》卷四，頁847。
〔註10〕全祖望，《宋元學案》卷三，〈高平學案〉云：「高平一生粹然無疵，而導橫渠以入聖人之室，尤爲有功。」張載既然是復續道統的重要人物，於是導引他讀〈中庸〉，便成爲范仲淹對儒學的大功勞。
〔註11〕《鮚埼亭集》外編卷十六，頁865。

　　縱觀道學主流下的詮釋，他們談范仲淹的儒學成就，或衡量他對儒學的貢獻，都只在范仲淹介於政治與學術之間的舉措上打轉，真正正面潛心探討他的儒學儒術內涵者，幾乎付諸闕如。因此，那些所謂的成就或貢獻，既非范仲淹對儒家學說的特殊理解，也非其對儒學義理的卓越履踐，置於學術史脈絡中，便顯得有氣無力、若有若無！只消看看今日儒學史的論述，便不難有這番感受。大概只有在以宋學爲範圍的斷代學術論述中，還會因要詳細交代理學興起前的政治、學術環境，而較多篇幅地論及范氏；至於通史體例的儒學史，他是被一筆帶過，甚至略而不提的！〔註12〕

　　果真如此，則范仲淹的儒學史地位，可謂微不足道，頗有附道學驥尾的意味。這與陳垾無以復加的推崇，竟有天淵之別。然則，兩者的是非該如何定奪呢？

　　陳垾的評驚，不無過諛，但他從儒者得位行道的角度來評價范仲淹，的確有其洞見，可供儒學史研究者的參考。而道學主流的意見，雖不無道理，且廣爲世人接受，卻也不是毫無商榷的餘地。包含在他們歷史詮釋中的若干傳聞，如授孫復春秋、導張載入聖人之室者，不見得可信，〔註13〕這倒是其次的問題。面對世儒之見，我們必須檢討的是：可以將范仲淹對道學的貢獻，直接等同於他對儒學的貢獻否？這問題，在視道學爲真儒學的人心中，理應

〔註12〕今人儒學史的論著，如李書有主編《中國儒家倫理思想發展史》，張岱之主編《中國儒學思想史》，趙吉惠等主編《中國儒學史》，劉宗賢、謝祥皓合著《中國儒學》。此四部中，張編主要在討論儒學與古代自然科學的關係，所以書中一不提及范仲淹，當可理解。餘三部，都只簡單點到。李編以「倫理思想發展」爲研究重點，而對創建義莊、直接影響到宗族倫理的范仲淹，竟也如此漠視，可嘆復可悲矣！

〔註13〕范仲淹對張載的影響，是否如傳統學者普遍所說的那般重大，頗可懷疑。呂大臨〈橫渠先生行狀〉在范仲淹勸讀中庸後的敘述是：「先生讀其書，雖愛之，猶未以爲足也，於是又訪諸釋老之書，累年盡究其說，知無所得，反而求之六經。嘉祐初，見洛陽程伯淳、正叔昆弟於京師，共語道學之要，……乃盡棄異學，淳如也。」（見《張載集》附錄）張載讀了〈中庸〉，反而鑽研釋老數年。其後由釋老而返，關鍵爲何且不細究，要之非范仲淹所直接促成者也。據此，則范仲淹勸讀〈中庸〉應只是張載學思過程中的小插曲罷了，「導入聖人之室」的說法，有點誇大其詞。而范仲淹之資助孫復、授以《春秋》，大抵傳自《東軒筆錄》、樓鑰載於《文正公年譜》者，其事大可疑。雖然孫復〈寄范天章書〉中自言「游於執事之牆藩者有年矣；執事病註說之亂六經、六經之未明，復亦聞之矣！」（《孫明復小集》卷二），然而觀其全書辭氣，以及同卷另一封同樣給范仲淹的信，實在看不出孫復會是受惠、受教於范仲淹的那位窮秀才。茲不贅述，當另爲文討論。

不存在的，但我們非常清楚：道學或理學，不論多有價值，它絕不是儒學的全部，至少，北宋眞仁之前，它尚不存在。所以，這問題的答案顯然是否定的。可是，我們卻看見前人在評量范仲淹時，總模糊了其間界限。界限不明，所論所評便不無疏略。

朱熹談論宋代道學的發展，不忘范仲淹；或者研究宋學者，以道學爲主體，而推因范仲淹的諸項事爲有助儒學復興，當然都不成問題。不過，這些評價是不能一成不變地移來作爲評論范仲淹儒學成就或貢獻時的唯一根據的。理由很簡單，蓋前者論述的主題是道學，所以離不開談范與道學的關係；後者討論的是范仲淹專人，評斷者便必須設想：有助於道學興起，可能只是這位儒者對儒學的部分貢獻而已呀！

然而，由於缺乏這番警覺，又習於接受權威者的成說，以致前人並未認眞地想過范仲淹與儒學的關係，對他的學術內容、學術性格也缺乏深入的理解，連帶地，其學術有異於道學的這一事實，竟存而不論。

范仲淹的學術，與道學家有明顯的不同，前人並非不知道。清順治朝，武攀龍知洛陽，先後建程夫子祠、邵先生祠及范文正公祠，在范公祠記中，有段論述，云：

> 余既建程夫子之祠於中，邵先生之祠於左，復闢西偏之地爲公之祠堂……祠既成，長平同年龐太僕適過余，顧謂余曰：「公之建茲三祠也，其以表宋之大儒與宋之名臣也，固矣！第四人者時地既不同，出處亦各異，胡鼎峙而爲三、胡珠聯而若一？其有意爲之耶？抑無心合之耶？豈非道德事功可一以貫之耶？亦豈繼往開來高譚名理之人，出將入相固不難耶？又豈非先憂後樂慨然以天下爲己任者，其於聖學淵源，顧未嘗無所得耶？噫！是其作祠之意，寧無是耶？」
> 余俛而笑，抵掌而應曰：「有是哉！」〔註14〕

二程、邵雍爲宋大儒，范仲淹爲宋名臣，在此分得很清楚；大儒以名理之學繼往開來，成就在道德，名臣以天下爲己任，成就在事功，也分得很清楚。這同時是當世普遍的看法，所以，當武攀龍將范仲淹之祠與程、邵二祠並列而建時，予人某種不相稱、不聯類的組合感，使得他在范公祠記中，必須表明用意，企圖泯抑差異，彰顯一致性。

---

〔註14〕　〈新建河南范文正公祠記〉，《范文正集補編》卷五，頁866。

　　而康熙朝時，朝議范仲淹是否得入祀孔廟，九卿詹事科道最後的定議是：

> 臣等再會議得：宋參知政事范仲淹，雖學問功業爲有宋名臣，與專
> 心理學者不同，應將該學政余正健所請之處，無庸議。〔註15〕

范仲淹終於從此入祀聖廟，但他的學問與理學家取徑殊異，也明白地揭示出
來了。

　　可見前人非不知范仲淹學術與道學的差異。他們雖知彼此學術的不同，
卻無心深究所異何在？像武攀龍等人僅能說說「其於聖學淵源，顧未嘗無所
得」的臆度之語，替代紮紮實實的研討。

　　另外，世人漠視范仲淹學術的心態，還可從並未積極找尋其學術淵源上
看出。長期以來，《宋史》本傳「去之應天府，依戚同文學」的記載，左右許
多人的認知，以爲范氏之學出自於戚同文。以年代推算，范仲淹晚出，平生
不及見戚同文，無由親炙，清人王梓材已能言之，但他修補《宋元學案》，還
是將戚同文標爲「高平所出」。〔註16〕或許他以爲范沖淹私淑戚氏，如是，亦
足成立。然而，戚氏之學黯而不彰，史乏記述，實難窺其梗概。有此淵源，
亦與無任何淵源，所差無幾。但，我們未見有誰積極尋討戚同文之學究爲何
學？也不見有誰摒棄習見，另尋范氏學術的源頭。即使，南宋之時已有陳傅
良稱范仲淹「生平慕河汾」，〔註17〕點出范仲淹對隋末大儒王通的欽慕，卻也
乏人按圖索驥，檢討二人學術的相關性。後世學者，對此重要的線索，缺乏
敏感度；而對疏略的習見，將就從之，十足顯示：范仲淹的學術淵源、學術
性格等等，不是他們關心的重點。

　　如此對待這位北宋傑出的儒者，豈不怪哉！今日，我們沒有理由不嚴肅
地去處理他與道學的學術差異性，並爲他重新尋找學術源流，以其所處的學
術傳統及脈絡爲基礎，再行評估他在儒學史上的重要性。

　　其次，關於范氏義莊，也許資料難覓的緣故，研究的情況相當冷清。而

〔註15〕見《范氏家乘》左編〈盛典紀〉，康熙五十四年十月廿六日奏。《范氏家乘》
　　　　下文簡稱《家乘》。

〔註16〕王梓材在《宋元學案補遺》卷三，有案語云：「考同文次子綸，太平興國八年
　　　　（983）進士，後六年爲端拱二年（989）而先生始生，必非親受學於同文也！」
　　　　他肯定知道范仲淹「非親受學於同文」，但還是認爲其學術發原於睢陽，所以
　　　　在修補《學案》時增入戚同文傳，表爲「高平所出」。詳王梓材校補《宋元學
　　　　案》卷三，梓材案語。

〔註17〕陳傅良，〈讀范文正公神道碑有感佚事〉，《止齋先生文集》卷一，頁24。

外國漢學家對此的研究興趣遠超國人，獲得的成果也較可觀，雖然疏誤在所難免，但已足令人興嘆！

　　日人自大正六年（1917）田中萃一郎《義莊の研究》始，即注意義莊在中國社會史上的意義，開啓其後一連串的范氏義莊研究。昭和十一年（1936）牧野巽爲文介紹義莊《范氏家乘》乾隆十一年修本；昭和十四年（1939）天野元之助訪吳縣居民，證實范氏莊當時猶存；〔註18〕昭和二十二年（1947）清水盛光著《中國祖產制度考》，詳細研究義田與祭田的發展及意義，內有專章談范氏義莊的歷史及其對義田制的影響；〔註19〕昭和三十八年（1963）近藤秀樹發表《范氏義莊の變遷》，根據道光三十年續修的《范氏家乘》，將范氏義莊自十二世紀至十九世紀間的興廢變遷，作了完密的介紹。〔註20〕另外，昭和四十三年（1968）又有小川嘉子撰寫〈范氏義學之成立與發展〉，視義學爲范氏義莊教育族眾的重要設施。〔註21〕整體而言，日本學者的研究，成績斐然。

　　而西元一九五九年，美國漢學界出版《儒家思想的實踐》（Confucianism in Action）書由尼微遜（David S. Nivison）主編，史丹佛大學（Stanford University）印行，收有推捷（Denis Twitchett）所撰〈范氏義莊，1050～1760〉（Fan Clan's Charitable Estate 1050～1760），對范氏義莊的成立、盛興原因，多所討論。

　　《儒家思想的實踐》一書，國內有譯本，譯者孫隆基，民國六十九年由臺灣商務印書館出版。內中於范氏義莊一文的翻譯，相當粗糙，對一些冷僻的范氏族人名、房派名、建物名，或《范氏家乘》的分編、卷名，都缺乏認識，而直接自洋文音譯反推，未經查核原典，以致錯誤百出，慘不忍睹！〔註22〕譯者的態度顯然不夠嚴謹，不過，卻也透露國內學術界對此研究範圍的陌生，以及研究資料缺乏的問題。十年後，臺北舉辦「紀念范仲淹一千年誕辰國際學術研討會」，有邱添生發表〈試論范仲淹創設的義田〉。其討論的內容，僅止於兩宋義田經營狀態，運用的資料仍不見《范氏家乘》。意之所及，多在義田與規矩，

---

〔註18〕 以上三人的研究概況，是根據近藤秀樹《范氏義莊の變遷》一文得知的。近藤氏論文出處載在後註。

〔註19〕 清水氏著作，國內有宋念慈譯本，民國 75 年由文化大學出版部印行。

〔註20〕 此文收在《東洋史研究》二十一卷第四號，頁 93～138。

〔註21〕 此文原刊於日本教育史學會編《日本之教育史學》，民國 59 年洪祖顯譯，發表於《中華文化復興月刊》第三卷第九期，頁 41～46。

〔註22〕 推捷之文在該書的頁 120～173。從文中范仲淹的高曾祖考以至其長子的名字，無一翻譯正確，以及將「義宅」譯爲「義齋」，已可想見其粗率。

見解則不出近藤秀樹的矩矱。〔註23〕其實，此時國內關於范氏義莊的資料，應已非昔比。民國八十年聯合報文化基金會主辦的「第五屆亞洲族譜學術研討會」，陳捷先就運用國學文獻館所藏道光三十年本《范氏家乘》微捲，討論族譜學的發展。〔註24〕邱文只早陳文一二年，卻坦承未及見《范氏家乘》，於多處關於范氏義莊的敘述，仍轉引近藤之文。可見國內研究者對范氏義莊，尚感生疏。

華人尚有新加坡陳榮照及大陸地區廖志豪、李茂高，曾從事范氏義莊的研究。前者撰《范仲淹研究》，第五章專論范氏義莊，一九七七年完稿，八六年由香港三聯書店出版；後者二人合撰〈略論范仲淹與范氏義莊〉單篇論文，為紀念范仲淹千歲誕辰而作，收在蘇州大學出版社出版的《范仲淹研究論集》中。這兩篇有關義莊的論述，超越前人之處甚少，但明顯的錯誤俯拾皆是。如前者以范純仁曾為吳中范族的「族長」，乃承襲推捷的謬見；〔註25〕以歲寒堂為范仲淹的書齋，乃緣於小川嘉子的誤解詩意；〔註26〕引非義莊之范氏家族紀錄的《高平范氏族譜》與《范氏宗譜》內的文獻，談范氏義莊的「教育眼光」，同樣承小川嘉子而來；〔註27〕將范允臨助田之舉，置於清初講述，〔註28〕實乃無聞於范允臨在明末藝壇的大名，而錯置朝代。至於後者，竟有如下的推斷語：「具有慈

〔註23〕 此文收於《紀念范仲淹一千年誕辰國際學術研討會論文集》，頁 1185～1222。
〔註24〕 〈從范文正公家族譜籍看近世中國族譜學的發展〉，文收於國學文獻館編印的《第五屆亞洲族譜學術研討會會議記錄》，民國 80 年 9 月出版。
〔註25〕 分別見陳著的頁 197，及孫隆基譯本的頁 138。其實范仲淹及其四子根本未歸返蘇州定居，如何長范族？劉克莊〈趙氏義學莊記〉引趙氏語云：「文正家在潁昌，族在吳。」（見《後村先生大全集》卷九十二），是宋人乃皆知其情。關於此，詳見本論文二、三章。
〔註26〕 分別見陳著的頁 196，及洪祖顯譯文的頁 44。小川嘉子大概因〈歲寒堂詩〉之「于以聚詩書，教子修誠明」句，而以為范仲淹曾以此為書齋，實錯會詩意。范仲淹於序已自言「某少長北地，近還平江」，近還平江亦是因任官蘇州，何曾居於故宅而以歲寒堂為自己書齋？且觀詩中之意，乃是詠嘆西齋環境之清幽，適合在此聚詩書以教子弟、列鐘鼓以邀賓客。絕無劃為一己書齋的意思。
〔註27〕 分別見陳著的頁 203，及洪祖顯譯文的頁 46。范氏義莊的歷史，《范氏家乘》累積幾百年的編修，述記最詳，二人引文中的家規或家訓皆不見收錄，二者實乃范氏不同族系所有者。張冠李戴，失察太甚。
〔註28〕 見陳著頁 200，云：「清順治元年（1644）世祖入關以後，義莊的發展，又有轉機。清世祖在順治十年（1653）免祠田力役之徵，而仲淹的十七世孫范允臨對義莊的復興，貢獻不小……」其實，范允臨（1558～1640）兩次增置義田各五百畝，時間分別在明熹宗天啟五年（1625）、思宗崇禎四年（1631），《范氏家乘》左編卷十四記之甚詳。

善性質的披著宗法外衣的范氏義莊，就是在理學的支配下，由范仲淹具體經手創建起來的」！〔註29〕簡直是宋學的門外漢，全然不知事件的孰先孰後。

　　不過，這些錯誤，還不是最可議之處。文中對范氏義莊及整個義莊制度所作的負面批評，缺乏嚴謹論證卻大言鑿鑿，才更引人側目。如謂：

△范氏義莊雖然是救濟了范氏族內的貧苦人家，它卻是剝削了范氏族外許多農民，以那些農民的勞動剩餘來餵養族內的人。

△義田雖是范仲淹以親親睦鄰等一套封建道德爲出發點而設置的，但在客觀上卻成爲鞏固封建地主勢力的有力工具。

△族眾由於對義莊有經濟上的依賴，不得不接受這些規矩的約束，而成爲循規蹈矩的順民，在一定程度上，失去其獨立的人格。

△它在中國的傳統社會中造成了零散分割的局面，加強了小群的觀念，削弱了大群的意識，成爲中國社會近代化的絆腳石。〔註30〕

△由于義莊具有原始性與封建宗法性，它的存在不利于封建社會內部商品經濟的發展，以及資本主義萌芽的產生和發展，從這方面來說，又不能不說是一件壞事。〔註31〕

且以上引第三條爲例，我們可輕易看到批評者率意無根的態度。研究者當知：范氏義莊義米的分配，名義上雖是族眾均霑，但重點實在照顧貧寒，因此，規矩上明白鼓勵較富裕者放棄請米絹錢以助贍眾。〔註32〕而事實上，義米絹錢亦僅能提供基本所需，以免瘠乏而已，族眾的生活經濟，是自家獨立的。這可從義莊慘澹殘破之時，義米略無發放，而范族猶能聚存得到證明。況且，義莊之聚合族眾，並非強制性的，范氏族人隨時可以遷徙他處。規矩規定義米絹錢勿給身不在平江府者，是屬於誘導聚族的消極面作法，絕非強迫地「限制出境」。所以，陳榮照文中「由經濟依賴到不得不接受規矩約束」的分析，實欠公允。再者，「義莊規矩」所考慮的大抵在制度的維持，其中限制族眾行爲的規條，是爲防止破壞制度的某種行爲發生。它與一般觀念中的家法族規，

〔註29〕見《范仲淹研究論集》，頁218。
〔註30〕以上四則見陳著《范仲淹研究》，頁208。
〔註31〕見《范仲淹研究論集》，頁219。
〔註32〕宋哲宗元符元年（1098）六月修定規矩，有一條云：「諸位子弟官已陞朝，願不請米絹錢，助贍眾者，聽。」，見《范集·義莊規矩》，頁311。本論文第二章有詳細論述。

主要表現在對子弟生活行為的教訓上者，有很大的不同。所以，陳榮照的「由規矩約束到失去獨立人格」的想法，也難符實情。即使退一步想，義莊中亦存有族規家法之類的宗族訓條、對子弟行為有嚴格的約束力，強制規範子弟成為循規蹈踽之人，然而，循規蹈矩果真會導致個人的「獨立人格」喪失嗎？今日民主國家法治社會下的人民，所須遵循的律法、規範一點也不少，「獨立人格」真的喪失了嗎？

至於其他幾則批評，實緣生於批評者特殊的社會主義史觀及意識形態，我們既不認同，亦不想正面辯駁，相信唯有詳細深入研析義莊發展歷史，才能照顯其偏狹與荒謬。

便是面對這些批評，以及前人研究中的種種闕失，令人倍感有詳加研究范氏義莊的必要。

此外，前人研究范氏義莊，多著重義田族產制度對范族以及中國社會的影響，甚少思考它與范仲淹的「關係」問題。似乎只知范氏義莊為范仲淹所創辦，而未曾逆向思考范氏義莊對范仲淹的人格形象、歷史聲名有何影響？對范仲淹精神、思想的傳播有何貢獻？也就是說，前人大略將范氏義莊置於社會經濟史領域中討論的，而未嘗試從思想史或學術史的立場審視范氏義莊的意義。

綜上所述，范仲淹的儒學儒術如何掌握？他在儒學史上的地位如何論列？義莊范氏宗族的發展情形如何？范氏義莊在思想史上的意義為何？都是本論文所關切的。而能否從范氏義莊的研究另開一條詮釋范仲淹在儒學史上的地位的嶄新途徑呢？更是思考的重點。

## 第二節　研究進路的說明

本論文的研究進路，一言以蔽之，即：以范氏義莊為切入點，探索范仲淹對儒學的貢獻，並論其學術地位。這與一般的儒學研究，在方法上有顯著的不同，今嘗試言之。

世人好以著述論學術。只要稍稍翻閱學術史、思想史之類著作，相信必會頷首稱是。

就拿儒學來說，儒者首重德行實踐，所以孔子說：「古者言之不出，恥躬

之不逮也。」、「君子欲訥於言而敏於行。」，〔註33〕又說：「弟子入則孝，出則弟，謹而信、汎愛眾，而親仁。行有餘力，則以學文。」〔註34〕子夏也說：「賢賢易色，事父母能竭其力，事君能致其身，與朋友交，言而有信，雖曰未學，吾必謂之學矣！」。〔註35〕他們論學，不是純粹在文字上作工夫，不是以鑽研經典為已足。德行踐履的價值，永遠重於理論言說。然而，一部儒史，充斥其間的，卻不外是某人的某書、某些理論、某些主張。類似的著作，鮮見作者著眼於某位儒者的行為表現、德行事功，而後根據這些去建構他的儒學儒術，進而廁置於儒學史之列。范仲淹的儒學乏人聞問、其儒學史上的地位若有若無，不正因為他缺乏論述孔孟、闡釋六經的專著，也缺乏自成體系的「學術文字」所導致嗎？由此可見世人好以著述論學術了。

　　儒者所重在德行實踐，學者論述儒學歷史所重卻在言論著作，寧非怪事？這種怪現象，不始見於今代，其在古昔，亦彷彿有之。黃宗羲《破邪論》首篇論從祀，可視為他對此現象的不滿。此篇針對孔廟從祀情況而發，認為朝廷評議入祀先儒的資料標準過於狹隘，只重辯析心性的傳道之儒，相對忽視行道之儒的吉凶同患之學。黃宗羲將此現象斥之為邪見，指其害道不可勝既。這篇文字對本論文的研究取徑有決定性的影響，是以錄其全文如後：

> 從來議從祀者，自七十二賢之外，有以經師入者，則左邱明以下二十人是也；有以傳道入者，則周程張朱而下是也。是固然矣！
>
> 余以為孔子之道，非一家之學也，非一世之學也，天地賴以常運而不息，人紀賴以接續而不墜。世治則巷吏門兒莫不知仁義之為美，無一物之不得其生不遂其性；世亂則學士大夫風節凜然，必不肯以刀鋸鼎鑊損立身之清格。蓋非刊注四書、衍輯語錄，及建立書院、聚集生徒之足以了事也。上下千古，如漢之諸葛亮，唐之陸贄，宋之韓琦、范仲淹、李綱、文天祥，明之方孝孺，此七公者至公血誠任天下之重，矻然砥柱於疾風狂濤之中，世界以之為輕重有無，此能行孔子之道者也。孔子曰：「始吾於人也，聽其言而信其行。」彼周程張朱不當事任，其行未大光，然由其言而其行可信也。七公有其行矣，反不可信其人乎？七公不過學孔子之學，以有其行，豈別

---

〔註33〕《論語》，〈里仁〉篇。
〔註34〕《論語》，〈學而〉篇。
〔註35〕同註34。

有所授受，出於孔子之外而自立一門户乎！抑孔子之學門的拘謹，止於自為，不與治亂相關，凡古今震動之豪傑，一概溝而出之歟？是故七公之不與從祀，甚可怪也！

或曰：「從祀者，辨之於心性之微，不在事為之跡。」余應之曰：「數公堅強一學，百折不回，浩然之氣塞乎天地，其私欲淨盡矣！若必欲閉眉合眼、矇憧精神，澄心於無何有之鄉，此則釋氏之學，從祀者從求之傳燈之中矣！」

昔朱子、陳同甫義利王霸之辨不能歸一，朱子既不能紲同甫，同甫亦終不能勝朱子。同甫所以不能勝朱子者，必欲以天理全然付於漢唐之君，不以漢唐之臣實之也。漢唐之君不能如三代，漢唐之臣未嘗無三代之人物，以天理把捉天地，故能使三光五岳之氣不為龐裂。猶如盲者行路，有明者以相之，則盲亦為明。朱子謂「漢唐專以人欲行，其間有與天理暗合者。」謂盲者為暗合則可，謂明者為暗合則不可。漢唐以下之人臣，明者無代無之，此七公者，則醇乎其醇者也，百鍊之金，芒寒色正，而可謂之暗合乎？蓋由後來儒者視孔子門牆窄狹，行焉比跡，誦必共響，名節重於國事，莫肯硬著脊梁肩此大擔。徒以亢陽勝氣齟齬於事變之來，只討便宜做去。此是許由務光相傳遯世之學，孔子所謂逸民者，而吉凶同患之學亡矣！故視此七公者，皆等之為外道。嗟乎！七公之從祀為小，使彌綸天地之道不歸於孔子，其害可勝既乎？〔註36〕

黃宗義作是論時，年已八十，〔註37〕為清康熙三十年左右。文中謂以經師入者有「左丘明以下二十人」，並非當時實況，蓋指唐太宗貞觀廿一年突破性地詔命左丘明等二十二位儒者配享聖廟一事。〔註38〕「二十人」之數，或者舉其成數，或者是將貞觀從祀二十二儒中的子夏，歸入七十二賢中，而指謂左丘明以及以下的二十人，實共二十一人。此二十二儒，是孔廟祀典史中首批入選陪祀的後世儒者，唐人因「代用其書，垂於國胄，自今有事於太學」，故

〔註36〕黃宗義，《黃宗義全集》第一冊，頁193。
〔註37〕見楊復吉〈破邪論跋〉，參註36。
〔註38〕詳王溥《唐會要》卷三五。二十二儒為：左丘明、卜子夏、公羊高、穀梁赤、伏勝、高堂生、戴聖、毛萇、孔安國、劉向、鄭眾、杜子春、馬融、盧植、鄭玄、服虔、何休、王肅、王弼、杜預、范寧、賈逵。以其各於聖人之經有傳註之功也。

並尊爲先師，配享先聖廟堂。孔廟從祀賢儒，唐宋以下代代相承，時有增祀，但也有罷祀的情形，貞觀所祀的二十二儒，到了清初，事實上只剩左丘明、卜子夏、公羊高、穀梁赤、伏勝、高堂生、毛萇、孔安國、杜子春九人。今日所見，不止此者，則爲清時復祀。〔註39〕

而謂以傳道入者有「周程張朱而下」，蓋指宋元明間增祀的道學儒者，五人之外，尚有邵雍、司馬光、楊時、羅從彥、胡安國、張栻、李侗、陸九淵、呂祖謙、眞德秀、蔡沈、許衡、吳澄、薛瑄、陳獻章、胡居仁、王守仁等十七人。周、邵、二程、張、朱六人，且在明思宗崇禎十五年（1642）升爲「先賢」，位七十子下，在漢唐諸儒之上。〔註40〕

在此兩系之外，當時名列兩廡者，只有董仲舒、后蒼、王通、韓愈、胡瑗、歐陽脩六人。歐陽脩之入祀，出於明世宗私意，〔註41〕姑且不論，若后蒼傳《禮記》，亦爲漢經師；董、王、韓、胡雖不能說是「周程張朱而下」儒者，但卻是爲道學所敬重的人物，依違於道統之際。是故，黃宗羲僅將從祀諸儒大略分別爲經師、道學二類。

諸葛亮、陸贄、韓琦、范仲淹、李綱、文天祥、方孝孺七人，事功氣節，世所難邁，卻未獲世儒青睞，無緣奉祀聖廟，黃宗羲深不以爲然，且爲此現象背後隱含的「儒學窄化」心態，憂心不已！

歸納其全文，可得幾個重點。第一，諸葛七人是「學孔子之學而有其行」，所以學者當以其至公血誠任天下重的行爲爲依據，逆推七子之學，而信七人者爲醇儒。第二，諸葛七人既爲漢唐以下醇儒，理當舉而入祀孔廟，以表彰他們的「吉凶同患之學」，報其行道之功。第三，諸葛七人當祀而未祀，乃是後世儒者的眼光狹隘、識見偏差使然。世人只知「辨心性之微」之學爲儒學，而不知「吉凶同患」之學亦爲儒學，風氣如此，遂使七人不爲世重，而儒家「彌綸天地之道」闇然不彰。第四，歸根究柢，導致世儒眼光狹隘、儒學窄化的重要原因，還在於世人不能「由其行而信其人（之學）」，偏好以著述言論論學術。

黃宗羲的分析與批評，頗中時弊。入祀賢儒當中，經師的貢獻在注解經

〔註39〕參黃進興〈學術與信仰：論孔廟從祀制與儒家道統意識〉，文收氏著《優入聖域——權力信仰與正當性》。

〔註40〕見黃進興前揭文，頁284。

〔註41〕顧炎武，《日知錄》卷十八，「嘉靖更定從祀」條語，頁432。

義;道學的貢獻,多在講學論道之間;即如非經師、非道學的歐陽脩,入祀的關鍵也離不開其「濮議」對禮經的解釋。都是以言、以著述爲揀選標準的。

從明儒薛瑄的入祀過程,更可看到朝臣議祀時的堅持。薛瑄自明憲宗成化年間(1465~1487)提議入祀始,到穆宗隆慶五年(1571)奉祀兩廡,幾歷百年之久,其中受阻的主要原因是著述的問題。他所著二十卷近十餘萬言的《讀書錄》,雖然衍道學之緒,合於聖學之旨,但由於不是直接「解經」文字,所以,一般不被視爲「有功聖學」的著述。孝宗弘治間,楊士奇甚至不管《讀書錄》,直接以「無著述」爲由反對薛氏入祀。〔註42〕隆慶之時,終能獲得從祀,顯示從祀標準有些改變,亦能先論其德行,後論其著書。然而,不可否認的,《讀書錄》還是薛瑄入祀孔廟不可或缺的條件。不妨這麼說,是朝臣議論時,對「著述」的認定標準放寬了。〔註43〕

對比之下,黃宗羲此文揭櫫的由行逆學的看法,可謂發前人所未發。而事實上,這的確是啓蒙之論,諸葛亮等七人自康熙朝起,即陸續獲准從祀,首先入祀的,就是范仲淹(康熙五十四年、1715)。其次依序爲:諸葛亮(雍正二年、1724)、陸贄(道光六年、1826)、文天祥(道光二十三年、1843)、李綱(咸豐元年、1851)、韓琦(咸豐二年、1852)、方孝孺(同治二年、1863)。此外,流風所及,史上風節凜然的末世忠臣,如陸秀夫、黃道周,也能有幸分享孔聖牲牢。〔註44〕

這一系列的行道之儒入祀孔廟,可說是孔廟從祀歷史中,特別醒目的一章。不過,並沒有維持太久,清廷還是重申「從祀文廟,應以闡明聖學、傳授道統爲斷」的立場。其他忠臣、義士、循吏、名宦,各有相應之祠享祀,不宜從祀文廟,以示區別。〔註45〕從祀之揀選標準,走回重視著述、講學的老路。

---

〔註42〕徐階是贊成薛氏入祀者,他在辯護時即提到:「瑄所著止讀書一錄,未能釋然於罕所著述之疑」,可見當時儒者的一般意見。參黃進興前揭文,頁276~280。

〔註43〕如唐順之〈故禮部左侍郎薛瑄從祀奏議〉,便強調薛瑄卓然於道德性命之歸,且聖人述作只是「摹寫此心而已」,所以《讀書錄》足可視爲闡明六經旨意的著述。文云:「瑄所著《讀書錄》且十餘萬言,固濂洛關閩之緒,而六經之旨也,其爲著述則亦已繁。」(見《荊川集》卷一)如此,則薛瑄亦堪稱著述宏富之儒了。這是嘉靖年間的言論,對隆慶之時薛瑄終獲允祀,應有開啓觀念的作用。

〔註44〕二人皆入孔廟西廡先儒之列。

〔註45〕龐鍾璐,《文廟祀典考》卷五十,頁1453。

　　以上所述盡是孔廟入祀的往事，但「侑食之人豈可苟焉而已，必得文與行兼、名與實副、有功於聖門而無疵於公議者，庶足以稱崇德報功之意」，〔註46〕所以歷代廷議入祀人選，未始沒有論衡學術、建立道統的意味在。是故，今人黃進興謂「歷代孔廟從祀制無疑的是一部欽定官修儒學史，十足體現歷史上儒學的正統觀」。根據他的研究，歷朝議得入祀的賢儒，大致有以立言入祀的「傳經之儒」、以立德入祀的「明道之儒」、以立功入祀的「行道之儒」三大類。〔註47〕然而，誠如上述，清廷重回舊路，這部欽定官修的儒學史，終究還是以傳經、明道為主，而排除與著述相去較遠的「行道之儒」。

　　時至近今，學者編寫儒學史，儘管視野已比往昔宏廓，不再拘守道學道統、排斥異論，然而，其擺置「行道之儒」的方向，依然維持不變。言論、著述中所闡發的哲學、思想，仍是構成儒學史的主要素材。

　　基本上近今的儒學研究，是以學者取則西方哲學觀念，而後重新董理舊經典為主流的。唐君毅、牟宗三等人為代表的新儒家，為學莫不如此。而儒學史的內容，即以「時代」繫連儒者的「客觀思辨」為主。龔師鵬程在〈中國哲學的現代化〉文中，曾對當代中國哲學研究狀況有所批評，其實也可移作對儒學研究的觀察。其言曰：

> 哲學只探討存有與人性，又被規定只能出諸客觀之思辨，感性直觀以及體驗的資料，多半不予討論……對於孔、孟、朱、陸的學問，只能談它們關於天、道、性、理、心、仁的部分，觀察他們如何「思考」這些而建立其客觀知識。不僅摒略其整齊文獻、詠歌應對、多能鄙事等部分，亦不討論其體道修養或感性生活。結果，便是我們對於中國哲學，有了許多關於道、氣、性、理、仁、心的抽象概念，明白了中國人思考這些普遍者時，觀念與觀念的連結，而對中國「哲學」（如果中國有哲學的話）欠缺具體的了解。不曉得這些觀念是在什麼樣的具體生活場域中浮顯出來的，也不明白這些觀念與具體的人文活動有何關聯。以致哲學研究只是抹去時空的概念編織，用沒有時空性的知識框架去討論活生生的歷史人文思想活動。〔註48〕

總而言之，便是近世學者的中國哲學探索，忽略了中國哲人生命、思維中的

---

〔註46〕程敏政，〈奏考正祀典〉，《篁墩文集》卷十，頁170。
〔註47〕詳黃進興前揭文。
〔註48〕龔鵬程，《龔鵬程縱橫談——當代文化省思》，頁162。

有機整體，也排擠掉了文學、藝術、宗教、政治、社會等等原本宜佔有一席之地的人文活動，僅孤零零地討論客觀的概念。

龔先生此文，雖是對整體的哲學學術研究狀況而發，不過，從其例舉道、氣、性、理、仁、心諸概念來看，這些批評，未嘗不是施予儒家學術研究的針砭。

黃、龔二人為文的目的，及其批評的對象，全然不同。且黃文未及言如何得以由行事建構學術，於諸葛七人的「吉凶同患之學」，也無明確的內容陳述；而龔文主旨本不在研討如何建構個別人物的哲學內涵等問題。因此，關於如何具體建構前人學術的方法，二人所想也未必合轍。然而，他們的主張卻有異曲同工之妙，一前一後強調了「事為」或者「人文活動」的重要性，提醒討論者在建構前人學術時，不宜全憑言說與客觀知識，而應顧及討論對象的整全行為及相關的人文活動。

在世人普遍以著述論學術的風氣下，這樣的看法，特別值得重視。本題的研究，即引此為指導原則，遵行「由行以建學」的論學途徑，思欲以范仲淹的事為，建構他的學術，進而評論他對儒學的特殊貢獻。建置范氏義莊是范仲淹事為中耀眼的一項，也就成為我們論述的結穴所在。

底下分五章：

第二章，說明自范仲淹建立義莊至後繼者穩定經營規模的奠基過程，闡發義莊與贍族傳統的關係，及其實際的贍族功能。

第三章，說明范氏義莊不僅是范氏宗族內部的贍濟機構，還成為世人紀念范仲淹的最佳場域、社會上的教化中心，並分析其間性質擴展、移轉的歷史契機。

第四章，說明范氏義莊作為社會教化中心，主要產生的正俗勸世作用，及其具體實踐的儒學理想。並將這些成果劃歸為范仲淹的學術成就，指出其透過創制達到儒學傳播的特殊形式，是儒學史上所罕觀而難能的表現。

第五章，則推度范仲淹的學術淵源、及其內容，以此為基礎，結合前章的論述，提出異於往昔的范仲淹儒學史地位的新詮釋。

第六章，結論，綜括全文條陳論述之脈絡。

# 第二章　范氏義莊的建立

## 第一節　范仲淹創置義莊的可能動機

　　宋仁宗皇祐元年（1049）范仲淹六十一歲，任職杭州，他與致仕退居蘇州故里、時年六十五的異母兄范仲溫，商議在蘇州購置十頃良田，計畫將此田的收成「歲給宗族」，濟助族人的生活，期使「雖至貧者不復有寒餒之憂」。〔註1〕購地的資本，主要來自范仲淹職田所得俸餘。與購地同時，他們也起造了奉祀先人遺像的影堂，建築材料更由范仲淹在杭州採買好木後，差人送往的。這些細節，可從下列幾則家書中看到：

　　△某拜聞中舍三哥：急足還領書，承尊候已安，只是少力，宜調飲食……
　　　在此公田不損盡將置義田，請選好者典買取。更託陳六一哥用心，
　　　此事難成，而易因循，切切。屯田（按：仲淹某位族兄）言須是開
　　　春，請更相度相度。

　　△某再拜：人回領書，知尊候萬福。水災人疫，奈何奈何……所置田
　　　如何？若置得一莊，須是高田，則久遠易爲照管。若在木瀆側近，
　　　則只典田段亦得。影堂在此已買好木事，造只三小間，但貴堅久
　　　也……

　　△某再拜：昨日屈德來，領書，知爲季家孩兒病，……今令魏祐押職
　　　田錢并影堂材植去，及帶匠人，惟石碇未知彼中易得否？必然，便

〔註1〕見〈太子中舍致仕范府居墓誌銘〉，《范集·文正集》卷十三，頁117。

可了當……〔註2〕

對於購置義田一事，參與商量的似乎不止范仲溫而已。而對義田地段與地利的撰擇，都經過仔細討論，顯示他們審慎而期望行之久遠的態度。根據范仲淹的描述，其仲兄的志行如下：

> 府君秩滿還家，與鄉舊遊，曰：「吾樂矣，何用官爲？」遂請老……
> 府君退居四年，賓親盈門，以東皋所入，日爲雞黍之具，故貧而常樂。顧鄰里鄉黨有急難，則竭力以濟之。〔註3〕

由於他親睦宗族，樂善好施，贏得鄉里的敬愛。皇祐二年（1050）的秋天，當他因病逝世時，「中外宗親莫不過哀，里人無老少皆涕下」。

兄弟二人，儘管一個退居鄉里、一個遊宦四方；一個官高俸厚，一個致仕清貧，卻都懷有救恤宗族，使族人免於困窮無靠的心願。范氏義莊便在他們感念先祖而愛及宗族的心態下，逐漸形成。

除了簡單地提到購置田產是爲了「歲給宗族」，使「至貧者不復有寒餒之憂」外，現存的范仲淹文字撰述中，並沒有提到還有其他的動機或目的，不過後人卻有進一步的闡述。最爲人熟知的是一個以遺事形式出現的記述，記述中是由范仲淹明白地說出自己救恤吳中親族的動機。這則遺事，因被朱熹收在《宋名臣言行錄》中而流傳：

> 公語諸子弟曰：「吾吳中宗族甚眾，於吾固有親疏，然吾祖宗視之，則均是子孫，吾安得不恤其饑寒哉？且自祖宗來，積德百餘年而始發於吾，若獨享富貴而不恤宗族，異日何以見祖宗於地下，今亦何顏以入家廟乎？」〔註4〕

在考究歷史人物的行爲事跡，尤其是心跡上，由後人搜記的遺事，嚴格說來可信度並不高。因爲，既稱作「遺事」，則其事必是曾有一段不爲人所知，或爲前人刻意忽略的遭遇，而後才經由某些時代稍後的人重視它、加以記述，重新見知於世。在這一失而復的傳說過程中，有時事跡即產生了增益或削減的變化，與原事有所出入；〔註5〕甚或有可能是全由後人想當然耳的推想，產

---

〔註2〕 以上三則皆見《范集·尺牘》卷上，頁223、224。

〔註3〕 同註1。

〔註4〕 《宋名臣言行錄》前集，卷七，頁84。

〔註5〕 即以言行錄此則遺事爲例，文中並未言及范仲淹如何「恤宗族」，但俞文豹《清夜錄》則云：「范文正歸姑蘇，有絹三千匹，盡散與閭里親族朋舊，曰：『親族鄉里，見我生長，幼學壯行，爲我助喜（疑善之誤），何以報之？祖宗積德

生一全新的「遺事」。但這並不表示遺事對我們理解歷史毫無幫助，當該棄置而不論。畢竟時光不復，往事無法重演，只能憑藉記錄與傳說加以認識。而所有的傳說與記錄，既爲抽象的概念傳達，而且記述者的主觀意識又出入於其間，則所謂的「歷史眞相」，實是人類永不可能觸及的。面對此種限制，必須承認歷史研究實少不了研究者主觀的、合乎情理的想像，以便從其掌握的諸多紛雜史料中，整理出邏輯性，建立對歷史的理解。所以，如果只因遺事有可能出於後人想像之筆，即否定其價值而不採，實屬不智。

但這也不意味我們可以不由分說地接受遺事，毫不懷疑地信以爲眞，而失卻審愼的判斷。就前文所舉文正公遺事來說，我們倒不必以爲范仲淹眞的曾經如是向子弟表明過，但如果拿范仲淹的言行事跡相勘驗，則遺事所傳達的訊息與范仲淹的心跡是相當契合的，不論是救恤吳中宗族的行爲，或是崇敬祖先的誠心，以及積德庇蔭子孫的觀念，都可在前舉家書及范仲溫的墓誌銘中找到印證。〔註6〕換言之，我們相信范仲淹是有可能這麼說的。

那麼，從這一則記錄，可以得知：范仲淹所以救恤吳中親族，是出於回報祖宗，以免愧對祖宗的動機了。然而，這是否就是他創置義莊的動機呢？或者說，創置義莊的動機，是否僅止如此呢？要回答這兩個問題，應先明白：遺事中所言救恤吳中親族饑寒，是否即指設置義莊這件事？

「義莊」之名，一樣未見於范仲淹的記述，不過，皇祐四年（1054），富弼爲范仲淹撰作墓誌銘，即言「在杭，盡餘俸買田於蘇州，號義莊，以聚疏屬」，〔註7〕而英宗治平元年（1064）范純仁的奏書亦云：

> 切念臣父仲淹先任資政殿學士日，於蘇州吳長兩縣置田十餘頃，其
> 所得租米，自遠祖而下諸房宗族，計其口數，供給衣食及婚嫁喪葬
> 之用，謂之義莊。〔註8〕

參照之下，幾乎可說范氏義莊的設置與遺事所言救恤吳中宗族，是同一件事。

---

百餘年，始發於我。今族眾皆祖宗子孫，我豈可獨享富貴？』乃置田數千畝爲義莊」，顯然隮括言行錄所載，並置於散絹、置田的情節脈絡中。其內容謬誤頻出，既不考仲淹生平，而說蘇州族人「見我生長」；又不察義田之數，而夸曰「數千畝」。遺事傳說容易失眞，於此可見。

〔註6〕 家書提到構築影堂，即是念祖敬宗的表現。而積德觀念，也可從范仲溫墓誌「諸稚在前，未知否臧。我其教之，俾從義方。積善不誣，厥後其昌」諸語覘之。

〔註7〕 〈范文正公墓誌銘〉，《范集・褒賢集》，頁317。

〔註8〕 《范集・義莊規矩》，頁309。

如此,則設置義莊的動機也就是前述救恤宗族的動機了。

然而其中仍須再辨,蓋在義田購置之前,范仲淹也曾有賙濟吳中宗族的行動。前引差遣魏祐押職田錢并影堂材植前往蘇州的那封信,同時提到:

> 更知諸親屬歲荒不易,旋糴米二十石去,請便俵散,其逐月供米者,卻不得銷。杜大家曾供米否?亦每月與一石。

如果依范仲淹所定義莊規矩,「逐月實支每口白米三斗」,則二十石(二百斗)實可貼補近七十口各一個月的米糧。如此看來,則是:對吳中親族的救恤,先前曾由不同於設置義田的另種方式施行過。當無法肯定上一則遺事中范仲淹是針對何種救恤行動而發言時,我們難以直截斷言遺事所說「救恤吳中宗族」的動機,即是創置義莊的動機。

因為義田義莊的設立,既然後出,且有別於其他宗族救恤形式,則范仲淹採取此一方式的背後,宜有不同於採取彼一方式的理由。也就是說,在救恤吳中宗族的大目的下,范仲淹可以因不同的考量,而採直接輸財輸糧的方式為之,或選擇在吳中設置義田為之。而這兩種不同的救恤方式,效果顯然有別。前者參雜仕宦遊移的不穩定性,救恤行動可能因遠宦而受到影響。再者,其救恤對象僅止生活於同一時期的族人,救恤活動更將因施與者生命的衰竭而結束。至於義田,則設置在里中,成為族人的共產,只要宗族的關係繼續維持,後世的子孫只要不離鄉背井,一樣可以獲得濟恤。〔註9〕其救恤對象延及後世,救恤活動也不因施濟者遠離或死亡而生變化。在相互比較下,我們相信義莊之所以成立,其動機宜較單純的救恤饑寒更為深遠。遺事的記載,只可感知范仲淹對祖宗的追思,展現個人與宗族融為一體的精神;而義莊的設置,其宗族一體的精神則表現在為後世子孫造福的謀慮上。因此,遺事所言,實不足以盡范仲淹創置義莊的用心。倒是前引富弼所說的「以聚疏屬」,到了南宋獲得較多的發揮。

南宋高宗紹興十九年(1149),距離范氏義莊的創立剛好滿百年,這年十月范仲淹的曾孫范直方,曾寫了一篇短文,附記於〈義田記〉後,〔註10〕其文如下:

---

〔註9〕參考清水盛光著,宋念慈譯,《中國族產制度考》第二章〈族產之起源及發展〉,頁46、47。

〔註10〕《范集・褒賢祠記》卷二,頁329。〈義田記〉併此後記,原本刻石置於天平山忠烈廟。元至正十年,范文英以趙雍所書重新刊石立於文正書院忠厚堂前廡。詳《家乘》右編卷二十二〈碑記錄〉。

　　昔逮事忠宣公，親聞緒論，嘗云：「先文正置義田，非謂以斗米尺縑
　　始能飽煖族人，蓋有深意存焉！」時年尚少，未甚領略，綿歷三紀，
　　當宣和末，避亂南渡，紹興乙卯（五年、1135）自嶺海被召至行闕，
　　丙辰春出使至淮上，始過平江，（按：蘇州於徽宗政和間升爲平江府），
　　時義宅已焚毀，族人星居村落間，一旦會集於墳山，散亡之餘尚二千
　　指，長幼聚拜，慈顏恭睦，皆若同居近屬。以家譜考之，自麗水府君
　　下逮良字諸孫，蓋十世餘矣。然後見文正公用心，悟忠宣之知言也。

范直方首先點出曾祖設置義田，不只爲了飽煖族人，而是有更深層的用意，
此中涵意，自幼即從其祖父范純仁處聽聞。等到北宋政權瓦解，經歷戰亂流
離，隨政府南渡，他首次到達蘇州（平江），看到族人強烈的宗族凝聚力後，
才深刻了解先祖的用心。彼時義莊殘毀，族人星居，但當祭掃祖墳時，爲數
約二百的族眾自然輻輳而至，彼此情同同居的近屬，親睦而有倫序。其中輩
分最小的是他的孫輩：記中所謂的「良字諸孫」。這是依范仲淹續修家譜所定
的世次字號而來的。當時他自仲字輩以下凡定二十世爲：仲、純、正、直、
公。良、士、宗、文、伯。叔、子、希、昌、彥。友、善、可、彌、安。良
字輩是范仲淹六世孫，迴溯遷吳始祖——即記中「麗水府君」——范仲淹的
高祖范隋，則范氏在吳中已經繁衍十世了。〔註 11〕全文並沒有直接陳述范純
仁所說范仲淹的「深意」到底是什麼，但此時他已心領神會了。

　　對范直方而言，有如此深刻的感動，是可以理解的。蓋范仲淹雖稱蘇州人，
但生與長皆在外地。太宗端拱二年（989）他出生於徐州，二歲時便因父亡隨母
改嫁而爲長山朱氏子。後來知道自己的身世，他奉母命復范姓定名仲淹，卻也
因仕宦的關係，或許加上范氏族人的疑忌，〔註 12〕他始終未回歸蘇州，定居故
里，除了在仁宗景祐元年至翌年（1034～1035）短暫知蘇州，〔註 13〕而曾寄居
於斯土外。死後，他葬在河南府洛陽縣萬安山下母親的塋側，其後子若孫，終

〔註 11〕詳《家乘》右編，宗支世次。
〔註 12〕樓鑰〈范文正公年譜〉載：「初任廣德軍司理，後迎侍母夫人，至始蘇欲還范
　　　　姓，而族人有難之者，公堅請云：『止欲歸本姓，他無所覬』，始許焉。」可
　　　　見蘇州族人對當時欲歸本姓的「朱說」，有所嫌難。見《范集・年譜》，頁 241。
〔註 13〕宋代牧守通常有迴避本籍的慣例，或以爲范仲淹知蘇州乃是朝廷破格任用，
　　　　如陳學霖〈范仲淹與蘇州地區之發展〉（收在《紀念范仲淹一千年誕辰國際學
　　　　術研討會論文集》，頁 1083～1150），但我們不妨換個角度推想：或許當時並
　　　　不認爲范仲淹的本籍是蘇州。畢竟他是以朱說之名登進士第的——朱說，本
　　　　籍原不在蘇州。

北宋一朝大柢以附近的穎昌爲族聚地。〔註14〕因此，若非時値禍亂，北方淪陷，仲淹一系子孫不見得會遷回蘇州。而當范直方輾轉回到蘇州，與族人敘齒論輩、自然融聚一處、親如近屬時，對家園失落、流離避難的不堪，必然有鉅大的撫慰安定作用。在此情緒背景下，回想祖父的教誨，當能體會先祖收合族眾的深遠眼光與精心謀慮。

職是之故，我們又可經由范直方的感受、范純仁的微言，進而追索范仲淹設置義莊的另一可能動機，即在於：收合宗族，長期凝聚族眾互助的力量，達到宗族綿延不絕的目的。日人清水盛光研究中國社會的族產制度，即認爲義田的直接目的在贍養親族，間接目的則在睦族與收族，而終極目的則是保族，促進宗族的存續與繁榮，〔註15〕頗能中其肯綮。

除此之外，近年歷史學者也有從范仲淹的政治改革脈絡，對義莊的設置提出解釋的。

首先是錢穆在《國史大綱》中提及：宋明以下的社會由於世族門第消滅，社會間雖日趨平等，但也散漫無組織。所以讀書人必須出面主持領導社會一切公共事業，倘若讀書人缺乏此種承擔，不管社會事，只顧一身的榮進與利益，則政治、社會事業勢必腐敗。他認爲宋明儒家學者改革政治的抱負，始終未能達到，但從事社會事業卻著有成就。義莊，便是其中首被提及的一項。〔註16〕

錢穆的解釋架構，後來爲劉子健所接受，而在〈宋初的改革家──范仲淹〉〔註17〕一文中立言：

> 義莊可說是「正欲永遠養贍宗族子孫」。他在朝廷與政治上受到挫折後，決定自己來推進他的社會理想。社會上牽制地方官的影響力很小，因而常有官吏橫暴欺虐百姓的事，范仲淹強化氏族組織可能也是爲保護族人不受苛政之苦。

〔註14〕《宋史》范純仁本傳：「純仁乞歸許養疾，徽宗不得已許之。」許，許州，已於神宗元豐年間升爲穎昌府；同傳附子正平傳又云：「會赦，得歸穎昌」；《家乘》右編，右丞世系：「崇寧五年……時毀奸黨石刻，並放還諸流人自便，公（純禮）遂歸穎昌，三月十九日卒於家」；侍郎世系：「政和七年復徽猷閣待制依前朝散大夫提舉亳州太清宮。是歲新復燕山等州，徽宗欲用公爲帥，而公以疾薨於穎昌第」，足證范仲淹的子、孫與穎昌的關係。

〔註15〕同註9。

〔註16〕詳見《國史大綱》第七編，第四十一章〈社會自由講學之再興起〉，頁615。義莊之外，尚有社倉、保甲、書院、鄉約諸事。

〔註17〕文收段昌國等譯《中國思想與制度論集》。兩段引文在頁134、135。

又云：

> 范仲淹在政治上的失敗給他一個教訓，就是士大夫需要一個基地，
> 來發展他在社會福利上的領導能力，不論在他自願或強迫退休時，
> 而氏族組織便是一個答案。

歸納其說，劉子健認為范仲淹設置義莊，除了傳統說法是為「永遠養贍宗族子孫」外，義莊之為一有意為之的氏族組織，乃有其二項目的，其一：以強化的宗族，作為與政治機構折衝的力量，避免族人遭受苛政的侵擾。其二：就讀書人而言，他們可以透過組織宗族的過程發展在社會福利上的領導能力，以補強政治上的退敗。

這個推測，未嘗沒有其可能性。只是劉文似乎特意強調范仲淹的保族養族措施，是他「在朝廷與政治上受到挫折後」、「政治上的失敗」後，所採取的行動與出路。雖然實際上義莊的確是在慶曆新政遭受挫折，范仲淹罷參知政事後五年才創置，但是，創建義莊的構想，並非在這五年間才發生。按照錢公輔〈義田記〉的說法，設置義田以養濟群族，是范仲淹未貴顯時，即已著手規劃的理想。而當時他是否已感到政治的無力感，想轉而他求呢？答案顯然是否定的。否則，豈有後日在政治上大刀闊斧的改革呢？如果以為錢文不足為憑，則我們不妨反問：士大夫從事社會事業，與從政是否相互牴觸？難道無法同時進行嗎？而范仲淹自認政治失敗、政治上已不可有為的時間，究竟是在何時？罷相是關鍵嗎？在這些問題得不到明確肯定的答案時，我們實無理由接受將強化宗族組織的舉措與遭遇政治挫折作因果關聯的解釋。

我們亦非全盤否定劉子健的看法，而以為范氏義莊的創置與政治毫無關聯。相反的，我們認為義莊的存在，確實有其政治上的意義，關於此點，在第三節及第五章，將有較詳細的論述。

行文至此，我們已分析了三種重要的關於范氏義莊設置動機的看法：第一、為救恤族人，以求無愧於祖先；第二、為收合族眾，以求宗族繁衍；第三、為組織宗族，推動社會事業，以彌補政治改革的不足。這些看法，對我們理解義莊的設置有很好的啟發，但是在范仲淹未曾明白表示其創設動機的情形下，我們只能以「具有可能性」來看待，而不能充當「范仲淹為何創設義莊？」這一問題的確定答案。

不過，范仲淹是否確曾如是作想，倒也不是研究者關心的重點。其實，問題背後，提問者與解答者更想認知的應該是：「范氏義莊的建立有何意義？」

前述所有關於動機的解答，也都適合用以回答此一設問。其中第一種看法是在范氏義莊與范仲淹個人生命的關係上找尋意義，第二種看法是將范氏義莊的意義，建立在義莊制度對實踐收族保族理想的貢獻上；第三種看法則涵蓋面益廣，試圖說明在北宋政治大環境下，范仲淹（或其他儒者）努力尋求自我實現中，建立義莊所代表的政治、社會意義。總而言之，探索義莊創始人的創置動機，不過是後人的解說形式，或表達習慣而已，其實，真想掘發的無非是義莊存在的意義！

最後，必須點明的是：這樣的解說手法雖無不妥，但是，由於解說時注意力過度集中在創始人身上，容易造成錯覺，讓人以為義莊的設置，功勞全在一人，從而忽略自草創到穩固階段尚有許多人的努力。這是應該小心避免的。畢竟，若無范仲溫、范純仁諸人，甚至其他族外人士的襄贊，范氏義莊不見得能成功建立。而這些人的觀念、構想、用心，何嘗不及於范仲淹呢！

## 第二節　贍族義行的制度化

### 一、贍族的傳統

在中國社會史上，義莊的出現絕非偶然，它是在傳統社會對贍濟宗族行為的重視中，醞釀成形的。義莊出現之前，中國歷代社會即存在許許多多由一家一人提供其私有所得以賙贍貧乏族人的事例，這些行為受到社會普遍的讚許，被慎重地紀錄在史傳中，作為教育後人的榜樣。

其實，義莊的精神與這一傳統行為沒有不同，雖然它在如何賙贍的方法上，有著重大的超越。於是，我們有必要對此傳統稍作了解，探問：這樣的行為模式究竟負載著何種社會意義？而開始的年代，又在何時？

錢公輔作〈義田記〉，似乎有意指出晏嬰對於三族、賢士的養濟，是此一傳統首出的顯著事例，因此特別拈來與范仲淹設置義田相比較。文中說：

> 昔晏平仲敝車羸馬以朝，陳桓子觸之曰：「君位至上卿，祿至百萬，而敝車羸馬，是隱君之賜也。」晏子曰：「自臣之貴，父之族無不乘車者；母之族無不足於衣食者；妻之族無凍餒者；齊國之士待臣而舉火者，三百餘家，如此為隱君之賜乎？彰君之賜乎？」於是齊侯以晏子之觸而觸桓子。

據此，錢公輔認為晏子行為具有「親親而仁民，仁民而愛物」的仁者情操。
這段文字頗有意思，我們可以看到：同一行為，因不同人持不同立場，而可
以有不同的解釋，產生不同的意義。晏子對自己的父族、母族、妻族因他的
地位而富貴，所作的解釋是：如此可以彰揚君主厚養的美意。顯然與錢公輔
仁義之說不同。當然，這或許只是在宴會場合中，晏子表現的機智言鋒，實
際上，未必非如錢公輔所揣想。但卻也足以提醒我們設想到：晏子的時代 ─
─ 一個養士三百之多而可以被國君接受的時代 ── 上卿貴臣的親族因他而
富貴，免於飢寒，其意義是否與後世賙贍宗族者相彷彿？也就是說，同樣是
使族人免於飢寒，晏嬰與范仲淹各自實現於相隔一千五百年的世代裡，其意
義會毫無差異嗎？

　　況且，從晏嬰的年代到宋朝一千五百年間，中國社會已經歷幾次重大變
遷，而在宗族的功能結構上，尤有明顯的改變。今人杜正勝的研究指出：

> 家和族的歷史功能最顯著的分野大概發生在春秋時期。春秋以前雖
> 然有家，但社會的基礎在族，一般稱為氏，氏下有宗，是以當權貴
> 族為主導，兼具戰鬥、行政、祭祀和財產等多項功能的共同體，近
> 親血緣團體的家庭則蔭附於其下。這種共同體在當時的文獻卻也稱
> 為「家」，是一個政治單位，與「國」對稱。

又說：

> 春秋晚期以後封建崩解，社會基本單位逐漸轉變成為個體家庭，集
> 權中央政府才有可能實現。集權政府的財源取於每家的賦稅，軍隊
> 出自每家的壯丁，沒有財源和軍隊便不可能有集權的政府。這些家
> 庭就是史書所謂的「編戶齊民」。編戶齊民奠定秦漢以下兩千五百年
> 政治和社會的基礎，直到今日依然未曾改變。〔註18〕

晏子正是生處春秋時代，封建即將崩解，而新的社會結構尚未萌芽的過渡時
期。當時宗族的內部關係，即如杜文所說的是個具備戰鬥、行政、祭祀和財
產諸多功能的共同體。《晏子春秋》中即載有「嬰之宗族待嬰而祀其先人者數
百家」〔註19〕的自陳，與後世的宗族結構比較，其差異明顯可見。如此說來，
則晏子從仕而得到的俸祿，在當時社會觀念裡，恐是應該公共於家族內的其
他家庭的。隋初儒者劉炫，曾在一次關於喪服的議論中提到：「古之仕者，宗

〔註18〕杜正勝，〈傳統家族結構的典型〉，《古代社會與國家》，頁780。
〔註19〕見《晏子春秋》卷七，頁12。

一人而已，庶子不得進。由是先王重適，其宗子有分祿之義。」，〔註20〕由於入仕與否還牽涉到個人在宗族內的身分，並非人人有相同的機會，可以平等競爭而取得，所以入仕者，其實是一宗族的代表，而不僅僅是個人而已。因此，晏嬰宗族內的其他家庭享有由晏子仕祿而得到的優越生活，乃是理所當然；而晏嬰之使三族免於飢寒，則是他所必須實踐的義務。

秦漢之後的宗族關係，顯然不是如此。因為既然已經編戶，而每一戶均須分攤政府的財力負擔，則每一戶乃為一個經濟獨立體，彼此間並沒有通財共產的義務。在這種情況下，個體家庭可以各自累積私有財富，而不會遭受非議。反之，當一家一人自願貢獻其財產，分散給予其他家庭時，則產生了道德意義。〈義田記〉文末批評世人多有因富貴而疏遠族人，自享利祿而不顧族人死活的不義之行，事實上，這樣的行為趨勢正是編戶齊民的社會所不能避免的。既然無法從制度面改變事實，有識之士，如錢公輔，為扭轉社會此種自私的風氣，也唯有凸顯賙贍好施的道德意義，以「名譽」為誘因，來引人循行了。

因此，嚴格說來，晏嬰的例子並不適合與秦漢以下——中央集權而非封建時代——的贍族行為混為一談。

時代稍後於晏嬰，而活動於吳越地區的范蠡，則是另一個能散財贍族的例子。這位被范仲淹視為遠祖的傳奇人物，〔註21〕司馬遷說：

> （范蠡）之陶為朱公，以為：陶，天下之中、諸侯四通，貨物所交易也。乃治產積居……十九年之中，三致千金，再分散與貧交疏昆弟，此所謂「富，好行其德者也。」年衰老而聽子孫，子孫業而息之，遂至巨萬。〔註22〕

〔註20〕見《隋書》卷七十五，頁 1720。
〔註21〕范仲淹詩〈題翠峰院〉云：「翠峰高與白雲閑，吾祖曾居水石間，千載家風應未墜，子孫還解愛青山。」翠峰院即范蠡舊宅。詩中以「吾祖」稱范蠡，並且將自己隱退山林的內心想慕，視為自范蠡扁舟五湖以來的「家風」。見《范集·文正集》卷三，頁 28。不過，范仲淹家族是否系出范蠡呢？因無明確的譜系可稽，《家乘》持保留態度，只將范蠡視為「遠宗」。〈遠宗傳〉序云：「流長莫辨、派衍難分，考之國史既里居互殊，稽之家乘又世系中墜，為附會而不能，視塗人而何異？次第昔人，上自周秦，迄於梁魏，宗而不宗，遠之又遠，……非引為同宗之誼，正嚴立亂宗之防也」（《家乘》左編卷二）「遠宗」者何？蓋指遠而難考同宗之誼者也。
〔註22〕司馬遷，《史記》卷一百二十九，頁 3257。

這段記載顯示：范蠡的財富是由他善相商機，經營貿易而得來的，他具有處理財產的充分自主權，既可以分散財富給予他人，年老時則可交付子孫繼續營業，說明了這是屬於私人的財產。而由其兩度散給「貧交疏昆弟」而獲得「好行其德」的評價來看，這些貧交疏昆弟的經濟生活，原本就不是范蠡所應承擔的責任。如果要爲秦漢以後的贍族傳統尋求根源，或許這是個值得參考的例子。

　　兩漢以下，這類賙贍宗族孤貧的事蹟，史不絕書。表一是從正史中揀擇出來自漢至唐的事例（可能還會有遺漏的，容待後補），觀此可知此傳統所受到的重視。這些行爲或許有出於特殊理由者，如徐勉之「人遺子孫以財，我遺之清白」（第二十三則）是強調對子孫的精神教育，不過，這一形成傳統的社會現象，應有其共通的文化價值以爲根基。

## 表一：西漢至唐正史所載贍族事蹟簡表

| 編號 | 時代 | 人　名 | 贍　族　事　略 | 出　處 |
|---|---|---|---|---|
| 一 | 西漢 | 蘇　武 | 武所得賞賜，盡以施予昆弟故人，家不餘財。 | 漢書卷五四 |
| 二 | 西漢 | 張　臨 | 臨亦謙儉……且死，分施宗族故舊。 | 漢書卷五九 |
| 三 | 西漢 | 楊　惲 | 惲受父財五百萬，及身封侯，皆以分宗族。 | 漢書卷六六 |
| 四 | 西漢 | 鄭寬中 | 關內侯鄭寬中……退食自公、私門不開，散賜九族，田畝不益。 | 漢書卷八八 |
| 五 | 西漢 | 朱　邑 | （邑）身爲列卿，居處儉節，祿賜以共九族鄉黨，家無餘財。 | 漢書卷八九 |
| 六 | 東漢 | 韋　彪 | 彪清儉好施，祿賜分與宗族，家無餘財。 | 後漢書卷二六 |
| 七 | 東漢 | 樊　重 | 重性溫厚有法度，三世共財，……貲至巨萬，而賑贍宗族，恩加鄉閭。 | 後漢書卷三二 |
| 八 | 東漢 | 張　奮 | （奮）節儉行義，常分損租奉，贍卹宗親，雖至傾匱而施與不怠。 | 後漢書卷三五 |
| 九 | 魏 | 荀　彧 荀　攸 | 彧與攸，皆謙沖節儉，祿賜散之宗族知舊，家無餘財。 | 三國志卷十 |
| 十 | 魏 | 楊　俊 | 俊以兵亂方起，而河內處四達之衢，必爲戰場，乃扶持老弱詣京密山間，同行者百餘家，俊振濟貧乏，通共有無，宗族知故爲人所略作奴僕者凡六家，俊皆傾財贖之。 | 三國志卷二三 |
| 十一 | 晉 | 羊　祜 | 祜立身清儉，被服率素，祿俸所資，皆以贍給九族，賞賜軍士，家無餘財。 | 晉書卷三四 |
| 十二 | 晉 | 魏　舒 | 舒有威重德望，祿賜散之九族，家無餘財。 | 晉書卷四一 |

| 十三 | 晉 | 劉 寔 | 寔少貧窶……雖處榮寵，居無第宅，所得俸祿，贍卹親故。 | 晉書卷四一 |
|---|---|---|---|---|
| 十四 | 晉 | 山 濤 | （濤）及居榮貴，貞慎儉約，雖爵同千乘，而無嬪媵，祿賜俸秩，散之親故。 | 晉書卷四三 |
| 十五 | 劉宋 | 劉懷慎 | 懷慎少謹慎質直，……雖名位轉優而恭恪愈至……祿賜班於宗族，家無餘財。 | 南史卷十七 |
| 十六 | 劉宋 | 臧 燾 | （燾）雖外戚貴顯而彌自沖約，茅屋蔬餐，不改其舊，所得奉祿，與親戚共之。 | 南史卷十八 |
| 十七 | 劉宋 | 江秉之 | 江秉之，……少孤，弟妹七人並幼，撫育姻娶，盡其心力，得秩悉散之親故，妻子常飢寒。 | 南史卷三六 |
| 十八 | 南齊 | 陸 瓊 | 瓊性謙儉，不自封植，……四時祿奉，皆散之宗族，家無餘財。 | 南史卷四八 |
| 十九 | 梁 | 夏侯亶 | 亶歷六郡三州，不爲產業，祿賜所得，隨散親故，性儉率，居處服用充足而已。 | 南史卷五五 |
| 二〇 | 梁 | 范 雲 | 雲性篤睦，事寡嫂盡禮，……初雲爲郡號廉潔，及貴重頗通饋遺，然家無蓄積，隨散之親友。 | 南史卷五七 |
| 二一 | 梁 | 韋 叡 | （叡）性慈愛，撫孤兄子過於己子，歷官所得祿賜，皆散之親故，家無餘財。 | 南史卷五八 |
| 二二 | 梁 | 任 昉 | （昉）奉世叔父母不異嚴親，事兄嫂恭謹，外氏貧闕，恒營奉供養，祿奉所收，四方餉遺，皆班之親戚。 | 南史卷五九 |
| 二三 | 梁 | 徐 勉 | 勉雖居顯位，不營產業，家無蓄積，俸祿分贍親族之貧乏者，門人故舊或從容致言，勉乃答曰：人遺子孫以財，我遺之清白，子孫才也，則自致輜軿，如不才，終爲他有。 | 南史卷六十 |
| 二四 | 梁 | 徐 陵 | （陵）性又清簡，無所營樹，俸祿與親族共之，太建中食建昌戶，戶送米至水次，親戚有貧匱者，皆召令取焉。 | 南史卷六二 |
| 二五 | 陳 | 孫 瑒 | 瑒事親以孝聞，於諸弟甚篤睦，性通泰，有財散之親友。 | 南史卷六七 |
| 二六 | 北魏 | 司馬裔 | 裔性清約，不事生產，所得俸祿，並散之親戚，身死之日，家無餘財。 | 北史卷二九 |
| 二七 | 北魏 | 房彥謙 | （彥謙）家有舊業，資產素殷，又前後居官所得俸祿，皆以周恤親友，家無餘財。 | 北史卷三九 |
| 二八 | 北魏 | 雷 紹 | 紹性好施，祿賜皆分贍親故，及死日，無以送終。 | 北史卷四九 |
| 二九 | 北齊 | 張 曜 | （曜）每得祿賜，輒散之宗族，性節儉率素，車服飲食取給而已。 | 北史卷五五 |
| 三〇 | 北周 | 柳裘之 | （裘之）前後使二國，得贈馬二千餘匹，雜物稱是，皆散之宗族，家無餘財。 | 北史卷六四 |
| 三一 | 北周 | 蔡 祐 | （祐）性節儉，所得祿秩皆散宗族，身死之日，家無餘財。 | 北史卷六五 |

| 三二 | 北周 | 唐　瑾 | （瑾）好施與，家無餘財，所得祿賜，常散之宗族，其尤貧乏者，又割膏腴田宅以振之。 | 北史卷六七 |
|---|---|---|---|---|
| 三三 | 唐 | 李襲譽 | 襲譽性嚴整，所在以威肅聞，凡獲俸祿，必散之宗親，其餘資多寫書而已。 | 舊唐書卷十九 |
| 三四 | 唐 | 王　珪 | （珪）事寡嫂盡禮，撫孤姪恩義極隆，宗姻困匱者，亦多所周恤。 | 舊唐書卷七十 |
| 三五 | 唐 | 李百藥 | （百藥）所得俸祿多散之親黨。 | 舊唐書卷七二 |
| 三六 | 唐 | 蘇　頲 | 頲性廉儉，所得俸祿盡推與諸弟或散之親族，家無餘資。 | 舊唐書卷八八 |
| 三七 | 唐 | 唐休璟 | 休璟初得封時，以絹數千匹分散親族，又以家財數十萬，大開塋域，備禮葬其五服之親。 | 舊唐書卷九三 |
| 三八 | 唐 | 楊　綰 | 綰儉薄自樂，未嘗留意家產，口不問生計，累任清要，無宅一區，所得俸祿隨月分給親故。 | 舊唐書卷一一九 |
| 三九 | 唐 | 李　勉 | 勉坦率素淡，……及在相位，向二十年，祿俸皆遺親黨，身沒而無私積。 | 舊唐書卷一三一 |

　　分析賙贍族人的行為意義，可以從三方面著手。第一，從施濟者自願提供私有財產而言，凸顯的是輕財、好施的精神；第二，從受施者能因此受惠而免於困頓瘠亡而言，凸顯的是救濟行為的仁、義精神；第三，若從受施者與施濟者的血緣關係來看，其中更蘊蓄著濃厚的宗族認同感，以及對祖先的孝敬之心，凸顯的是孝睦的精神。

　　第一、二項表現的精神，固然為中國文化價值體系中從未消褪的德目，而關於第三項，則在秦漢以下——宗法消散的年代裡，特別不斷受到鼓舞。

　　按「宗族」一般是指同血緣的一群人，以男性為主，并加上小部分來自外族而負責生育繁殖下一代的女性。這一群體中又包含許多個範圍較小、血緣關係較親密的「家族」。「家族」之內，則又包含許多範圍更小、血緣關係更親密的「家庭」。家庭是同居共財的社會和經濟單位，有的其成員廣及同出於祖父的人口，而有的則只由父子兩代組成，用人類學術語來說，前者是共祖家庭（Lineal Family）和主幹家庭（Stem family），後者是核心家庭（Nuclear Family）。家族則指同出於高祖父的人口，不必然共財同居。至於宗族，則廣及共五世祖以上的人口了。〔註23〕

　　自然的生育法則，使生命在不斷地繁衍製造中增加其數量，但也在數量擴大中沖淡了某些個體之間的親密度。親與疏的關係，即在新的個體產生後不斷地各為中心地重新劃定。大體而言，這是一種藉由分裂而擴大的演變。

―――――――――

〔註23〕參註 18 所揭文，尤其頁 784。

由分裂產生的疏離感，使得全宗族的成員，甚至範圍縮小一點的同高祖成員，在實際生活中，即難以聚為一體，共同營生。

《儀禮》有云：

> 父子一體也，夫婦一體也，昆弟一體也。……昆弟之義無分焉而有分者，則避子之私也，子不私其父則不成為子。故有東宮，有西宮，有南宮，有北宮，異居而同財，有餘則歸之宗，不足則資之宗。〔註24〕

即指出分異的因子亦存在於同父昆弟如此親密的關係裡。由於新生代的出現，昆弟各為人父，使得「昆弟一體」之關係必須重新釐定，以維持另一親密關係——父子——的優先性。只是，在周人宗法制度的規範下，昆弟雖然異居，但仍統一於宗子的領繫，並由財產的共通來確保其同體的實質性。秦漢以後，宗法之制一往不復，秦律又強制成年男子必須離開父母獨立成家，〔註25〕而分家伴隨的財產瓜分，〔註26〕更助長了分裂的趨勢，使得宗族內各個親近關係組合彼此加速地疏離。

可是，不管關係如何疏遠，同一宗族網絡內的不同個體，總可以在血緣的上溯中，找到一位共同的祖先，而歸於同源一氣，進而生發彼此連枝共脈的感覺。這種歸一的感覺與分裂的大勢同時存在，而受到強調孝道的儒家社會所重視。〔註27〕所以，雖然西漢家庭結構仍多承襲秦代，成人昆弟通常在父母生前即已分居異財，但到了後漢，情形乃有了轉變，普遍的觀念不直生分的行為，數世同居的家庭於是逐漸增多了。〔註28〕北宋一朝此風不減，太祖於開寶初年（968、969）即有詔禁百姓祖父母、父母在而子孫別籍異財；〔註29〕開寶八年

---

〔註24〕《儀禮注疏》卷三十，頁352。

〔註25〕《史記》卷六十八記商鞅之法：「民有二男以上不分異者，倍其賦」，又「令民父子兄弟同室內息者為禁」，自漢以來都是理解為父子別居之令。頁2230、2232。

〔註26〕中國社會關於家庭財產繼承問題，是採兄弟諸房均分原則，並無由某一子，如長子，獨自完全承受的慣例。可參考陳其南〈房與傳統中國家族制度〉，《家族與社會：臺灣和中國社會研究的基礎理念》，尤其頁151～168。

〔註27〕宗族一體的精神，表現在對宗子的尊崇上，宗法完備的封建時代固然如此，後世社會也不例外，家族祭祀之時必以宗子執爵，清人蔡衍鎤云：「家長必是宗子，否則亦惟行高而齒優者得稱焉。夫執爵，用宗子，禮也；用行高齒優，則不合禮矣。」（〈亦政篇〉見張伯行輯《課子隨筆鈔》卷六，頁4。）宗子上繼祖禰，為支子所宗，意義上即是始祖的代表。

〔註28〕參註18所揭文，頁797～815。

〔註29〕李燾，《續資治通鑑長編》卷九開寶元年六月癸丑條、卷十開寶二年八月丁亥

並以父子不可析家為喻反駁南唐偏安江南的請求。〔註30〕而太宗至道年間（995
～997）十三世同居的江州陳氏義門，上奏〈家法〉二篇，也受到太宗高度的重
視，下令史館繕寫複本，分賜干公之家。〔註31〕

　　不過，要維持累世數百口的宗族聚居一地，同財共爨，畢竟有其現實上
的困難。天災、戰亂以及內部相處問題，〔註32〕都可以輕易地使族人四處奔
走或互不相恤，所以並未普遍存在於社會。而生分的情況，事實上也未因法
令的禁止便完全遏阻。〔註33〕因而，退而求其次，則雖不同財不共爨然猶族
聚的行為以及賙贍族人的行為，皆能體現宗族一體性的觀念與情感，乃備受
肯定。

　　如此說來，則既能體現宗族一體感，符合於社會收聚族人的理想，同時
又具足輕財、好施、仁義等崇高德行，想必是賙贍宗族的行為普遍獲得社會
認同，進而蔚成風氣的原因吧！

## 二、范仲淹對贍族的重視

　　北宋社會的贍族風氣如何？我們未作詳細的考察之前，不敢斷言。但衡
諸北宋日益高漲的宗族意識，〔註34〕推想贍族的行為必然也不少。韓琦在記
錄其夫人崔氏的事跡時，曾有一段敘述：

　　　　（夫人）唯一釵之微未嘗在首，時質縉錢以濟諸親。琦每賑給宗族、
　　　　暨周人之急，夫人必欣然贊助，惟恐不充。此天下之共知而婦人之
　　　　尤難也。〔註35〕

此文說明韓琦夫婦兩人都有賑贍宗族的觀念與實際作為。而他認為這是當時

---

　　　　條。
〔註30〕宋太祖攻南唐，南唐派遣徐鉉請求緩師。徐鉉認為宋師出無名，因為南唐李
　　　　煜「以小事大，如子事父，未有過失。」然而，太祖的回答是：「爾謂父子為
　　　　兩家，可乎？」徐鉉不能對而還。見陳邦瞻《宋史紀事本末》卷六。
〔註31〕見胡旦〈義門記〉，文收《全宋文》卷五九，冊二頁279。
〔註32〕唐鄆州張公藝，九代同居。麟德中高宗有事泰山，路過鄆州，親幸其宅并問
　　　　如何維持義聚？「其人請紙筆，但書百餘忍字」，事見《舊唐書·孝友傳》，
　　　　可見要維持累代同居的家族型態，族人必須有高度的容忍心及自制力。
〔註33〕參註18所揭文，頁819～826。並參龔師鵬程〈宋代的族譜與理學〉，《思想與
　　　　文化》，頁254～255。
〔註34〕參註33龔師鵬程著文，及〈唐宋族譜之變遷〉，文亦收前揭書。
〔註35〕《安陽集》卷四十六，頁502。

天下人普遍接受的基本道理，雖然婦道人家較難於毫無計較地實踐。由此可見，處於同時的范仲淹對此贍族賙人的傳統當也不陌生。

豈止不陌生，范仲淹可能要比其他人更加著意於此，他在幾篇記錄前輩、友僚生平的文章中，對於傳主的贍族行為，都特別予以表揚。諸篇引文如下：

△〈宋故乾州刺史張公神道碑〉「孝親之心，皓首如孤時，言必涕下，感動左右。復常好施與，宗族同其有亡，中外孤藐一養于家。」〔註36〕

△〈胡公夫人陳氏墓誌銘〉「純儉而仁，笲服之餘皆均于親之貧者。」〔註37〕

△〈尚書度支郎中充天章閣待制知陝州軍府事王公墓誌銘〉「公生相門而弗驕弗華，以貧為寶。文正（王旦，傳主之伯父）作舍人時家甚虛，嘗貸人金以贍昆弟，過期不入，輒所乘馬以償之。公因閱家藏書而得其券，召家人示之曰：『此前人清風，吾輩當奉而不墜』……故厚於宗族，每拳拳焉憂樂同之。」〔註38〕

△〈太常少卿直昭文館知廣州軍州事賈公墓誌銘〉「居家有節，與親族同其有無，常謂諸子曰：『吾家清白可傳，何生業之為？』啟手足之日，門中索然。」〔註39〕

△〈天章閣待制滕君墓誌銘〉「中外宗族，無不盡其歡心，其育人之孫急人之難，多矣！」〔註40〕

△〈太子中舍致仕范府君墓誌銘〉「皇祐初，某來守錢塘，與府君議置上田十頃於里中，以歲給宗族，雖至貧者不復有寒餒之憂。」〔註41〕

現存范集中同屬傳人平生的文章如神道碑、墓誌銘、墓表等共二十七篇，載及傳主賑贍行為的有此六篇，占全數四分之一弱。六篇的數量或許不為多，但是若與與范仲淹同時或前後文士的同類文章相比，我們可發現：此近四分之一的比例，已足以反映范仲淹對贍族行為的重視。在此我們選擇十八位撰

---

〔註36〕《范集·文正集》卷十一，頁91。
〔註37〕《范集·文正集》卷十二，頁103。
〔註38〕《范集·文正集》卷十三，頁106。
〔註39〕《范集·文正集》卷十三，頁108。
〔註40〕《范集·文正集》卷十三，頁115。
〔註41〕《范集·文正集》卷十三，頁117。

有多篇傳狀碑誌文章者為比較對象，詳表二。其中每一個作者的狀誌總數，實際上是將所撰行狀、傳略、神道碑、墓誌銘以及墓表等具備傳人功能的文章體式一併計算。但傳主若為方外之士、早夭幼童的篇章，則排除在外。而記有贍濟族人事蹟的篇章，特別列出篇名，以備查考，只是為了簡便，我們統一直稱傳主之名或最簡單的稱呼，而略去原題一大串的官勳爵祿頭銜。由表二，可以清楚看到十八人當中，柳開、王禹偁、夏竦、宋庠、范鎮、李覯六人所撰，都沒有明顯的贍族行為的記載。另外十二人：徐鉉四十篇中有兩篇（佔 5%）、楊億十七篇中有二篇（佔 12%）、胡宿十二篇中有二篇（佔 17%）、宋祁三十七篇中有二篇（佔 5%）、余靖二十篇中有一篇（佔 5%）、尹洙三十二篇中有四篇（佔 13%）、富弼八篇中有二篇（佔 25%）、歐陽脩一百一十篇中有十篇（佔 9%）、張方平五十一篇中有六篇（佔 12%）、韓琦三十篇中有四篇（佔 13%）、蘇舜欽十六篇中有二篇（佔 13%）、蔡襄三十四篇中有三篇（佔 9%），除了富弼可能因篇數較少而比例稍高於范仲淹外，其餘諸人記載傳至贍族行為的比例都不高。十八位作者四百八十四篇中，只有四十篇載及傳主贍濟行為，平均起來，只佔百分之八而已。

**表二：宋初文士所撰碑誌載及贍族行為比例統計表**

| 作者 | 碑誌總數 | 全宋文冊／卷 | 載及贍族行為之篇目 | 比例 |
|---|---|---|---|---|
| 徐　鉉 | 四〇 | 1／13～34 | 1. 陳德成墓誌銘（頁 497）<br>2. 文水縣君王氏墓銘（514） | 5% |
| 柳　開 | 一三 | 3／124～125 | 無 | 0% |
| 王禹偁 | 一三 | 4／156～157 | 無 | 0% |
| 楊　億 | 一七 | 8／297～302 | 1. 錢若水墓誌銘（頁 48）<br>2. 李沆墓誌銘（頁 59） | 12% |
| 夏　竦 | 七 | 9／355～356 | 無 | 0% |
| 宋　庠 | 八 | 11／432～433 | 無 | 0% |
| 胡　宿 | 一二 | 11／467～470 | 1. 李仲偃墓誌銘（頁 578）<br>2. 李昭述墓誌銘（頁 584） | 17% |
| 宋　祁 | 三七 | 13／524～29 | 1. 張蘊神道碑銘（頁 91）<br>2. 張士遜舊德之碑（頁 93） | 5% |
| 余　靖 | 二〇 | 14／573～576 | 1. 黃仲通碑（頁 117） | 5% |

| 尹洙 | 三二 | 14／588～590 | 1. 謝濤行狀（頁404）<br>2. 皮子良墓誌銘（頁448）<br>3. 韓國華墓誌銘（頁462）<br>4. 盧察墓誌銘（頁469） | 13% |
|---|---|---|---|---|
| 富弼 | 八 | 15／609～610 | 1. 韓國華神道碑銘（頁45）<br>2. 范仲淹墓誌銘（頁53） | 25% |
| 歐陽修 | 一一○ | 18／745～759 | 1. 連舜賓墓表（頁253）<br>2. 歐慶墓表（頁257）<br>3. 周堯卿墓表（頁262） | 9% |
| 歐陽修 | 一一○ | 18／745～759 | 4. 謝絳墓誌銘（頁274）<br>5. 呂士元墓誌銘（頁298）<br>6. 杜衍墓誌銘（頁325）<br>7. 許元墓誌銘（頁347）<br>8. 孫甫墓誌銘（頁348）<br>9. 劉敞墓誌銘（頁371）<br>10. 張九思墓誌銘（頁415） | 9% |
| 張方平 | 五一 | 19／819～829 | 1. 向仲模神道碑銘（頁553）<br>2. 韓億墓誌銘（頁590）<br>3. 李君墓誌銘（頁612）<br>4. 秦國太夫人墓誌銘（頁626）<br>5. 蔡抗墓誌銘（頁637）<br>6. 蔡子正墓誌銘（頁652） | 12% |
| 韓琦 | 三○ | 20／855～859 | 1. 錄夫人崔氏事跡請為行狀（頁366）<br>2. 張亢墓誌銘（頁395）<br>3. 東平縣君呂氏墓誌銘（頁411）<br>4. 趙宗道墓誌銘（頁415） | 13% |
| 范鎮 | 一二 | 20／871～873 | 無 | 0% |
| 蘇舜欽 | 一六 | 21／879～881 | 1. 王質行狀（頁93）<br>2. 廣陵郡太君墓誌銘（頁123） | 13% |
| 李覯 | 二四 | 21／916～917 | 無 | 0% |
| 蔡襄 | 三四 | 24／1020～1023 | 1. 葉賓墓誌銘（頁243）<br>2. 沈平墓誌銘（頁261）<br>3. 王益恭墓誌銘（頁269） | 9% |
| 備註：篇目下繫頁碼為該篇在《全宋文》分冊的頁數。 | | | | |

　　通常作者撰寫傳狀碑誌時會刻意「掩疵揚善，以安孝子之心」，[註42]那麼，范仲淹在墓誌中樂於稱道傳主的贍族行為，正表示：和睦宗族、贍濟族

[註42] 韓琦與范仲淹〈論師魯行狀書〉中語，《安陽集》卷三十七，頁438。

人的行爲，是他認爲重要的、值得表揚的善事。

前舉范仲淹的六篇碑記，傳主都是他所熟識之人，其中有前輩、有摯友、有親家、有兄長，換句話說，在他交接的人物當中，是不乏能行孝睦、以財贍族的範例的。而事實上，他相與的人物，尙有多人有可堪稱道的贍族表現，如張蘊（見宋祁所撰神道碑），謝濤（見尹洙所撰行狀），謝絳、杜衍、孫甫（見歐陽脩所撰墓誌銘），蔡子正（見張方平所撰墓誌銘），張亢、趙宗道（見韓琦所撰墓誌銘），以及前面提到的韓琦。

除此之外，與應天府書院息息相關的宋初儒者戚同文，其關贍宗族的事蹟，〔註43〕范仲淹應該也知之甚詳。雖然我們從兩人的生卒年可以判斷范仲淹早年赴應天府依戚同文學的說法，只是個誤傳。〔註44〕但是范仲淹曾就讀於斯、掌學於斯，對於書院濫觴於戚同文的聚徒講學這段歷史，理應不陌生，〈南京書院題名記〉可以爲證。〔註45〕元人牟巘即認爲范氏義莊的成立，與戚同文的啓示有密切關係。〔註46〕

凡此種種，在在顯示一個事實：范仲淹生活的周遭，是充滿著爲宗族奉獻的熱烈風氣的。

既然范仲淹拳拳於贍族濟貧，不止知之於內，也行之於外。由此而外推，必然希望世人也能如此，更希望他的子孫也能服膺這一種價值觀。這想法可以從〈竇諫議錄〉一文中看到。〔註47〕竇諫議，名禹鈞，范陽人，以左諫議大夫致仕，爲人樂施好善，教子有方。五子八孫都有顯赫的功名，他本人則以壽終。福祿壽齊備，贏得世人豔羨的眼光，也使燕山的竇家成爲名滿天下的模範之家。范仲淹在敍述其義行時，當然不忘大書其贍族關人這一項，云：

> 其同宗及外姻甚多，貧困者有喪不能自舉，公爲出金葬之，由公葬
> 者凡二十七喪；親戚故舊孤遺，有女未能嫁者，公爲出金嫁之，由

〔註43〕戚同文事跡可見《宋史》隱逸傳，其人「純質尚信義，人有喪者力拯濟之，宗族閭里貧乏者周給之，冬月多解衣裘與寒者。不積財，不營居室，或勉之，輒曰：人生以行義爲貴，焉用此爲？由是深爲鄉里推服。」

〔註44〕參考錢穆《國史大綱》第六編，第三十二章〈士大夫的自覺與政治革新運動〉，頁416。

〔註45〕《范集・年譜》繫於天聖六年下，范仲淹四十歲時作。文見《范集・文正集》卷七，頁56，文中對南京書院早年建學的經過有所交代。

〔註46〕見牟巘〈義學記〉，《范集・襃賢祠記》卷二，頁334。

〔註47〕《范集・文正別集》卷四，頁168。

> 公嫁者孤女凡二十八人。故舊相知與公有一日之雅，遇其窘困，則
> 必擇其子弟可委以財者，隨多寡貸以金帛，俾之興販。自後由公而
> 活族者數十家，以至四方賢士賴公舉火者，不可勝數。公每量歲之
> 所入，除伏臘供給外，皆以濟人之急，家惟素儉，器無金玉之飾，
> 室無衣帛之妾。

竇氏自奉惟儉而濟人惟恐不及的行跡，事實上，也在范仲淹的生平中時時重現。這篇記錄之後有范仲淹簡短的說明云：

> 某祖與竇公故人，祖嘗錄於書冊以示子孫為法。惜其不傳天下，故
> 錄以示好善者，庶見陰陽報應之理，使惡者知所戒焉。

自小離開范家的范仲淹，不知何時得知祖父的書錄？而他樂於贍族濟人的志行，是否因受教於祖訓而然？已不可考。但可肯定的是：錄下竇氏事跡，一則為了傳示天下，以昭報應之理；一則是要延續祖訓，示子孫以為法。

關於後一項，范仲淹的心願是達成了。他不但自奉儉約，樂於施濟，對於兒輩也是如此要求。宋人筆記頗多載錄，可為參考。〔註48〕他的四個兒子中，以仲子范純仁最能世其家，也最有父風。范純仁在皇祐元年考上進士，但他並不汲汲於祿食，曾二度命官而不赴。不赴的原因是為了要盡子孝，《宋史》於此節有生動的描寫：

> 純仁字堯夫，……中皇祐元年進士第，調知武進縣，以遠親不赴；
> 易長葛，又不往。仲淹曰：「汝昔日以遠為言，今近矣，復何辭？」
> 純仁曰：「豈可重於祿食而輕去父母邪？雖近，亦不能遂養焉！」
> 〔註49〕

待到父喪除服之後，他才真正出仕。他的仕途雖然也有橫逆，在政治勢力的角力中曾屈居下風，遭到主張新政者的打壓，但哲宗朝兩度拜相，臨終之年又受徽宗眷顧有加，也算是極為尊崇。若依世俗之見以官位高低來衡量，則他的成就超越其父。身後，曾肇為撰墓誌銘，云：

> 自為布衣以至宰相，廉儉恭遜不少加損。政府恩賜屢斥以廣義莊。
> 晚年南遷，貧甚，得賜輒均及眾人。前後任子恩，多先疏族。〔註50〕

其對待宗族的態度，乃與其先公如出一轍。范仲淹生前當然無法預卜子輩的

---

〔註48〕 詳丁傳靖《宋人軼事彙編》卷八，范仲淹父子部分。
〔註49〕 《宋史》卷三百一十四，頁10281。
〔註50〕 文見《范忠宣集‧補編》，頁840。

前程如何，不過，對於范純仁能盡子孝、無改父之志，往後能持續關注義莊的經營，或許是他早已了然於胸的了。這不是出於臆測，而是根源於對自己家庭教育的信心。〔註51〕

### 三、永續贍族的規劃

　　贍族濟人的行為，既為傳統中國社會所固有，歷代行此義舉者亦不勝枚舉，那麼，范仲淹感受此傳統而有所作為，其有別於前人者，何在？答案是：在於提出一種方式，以確保贍族行為有效且長期地進行。

　　此處所謂的「有效」，蓋包含兩層意思：第一，行事便利，足以應急；第二，配給平均，避免因不平而生怨隙的反效果。歷史上能夠達到如此有效而又經常無間的贍族行為，自范氏義莊始。南宋寧宗慶元六年（1200）孫應時在〈范氏義莊題名序〉上說：

> 昔之貴富而能仁其族者，當其盛時而止耳，終其世而止耳，逮其子若
> 孫而止耳。其間親疏遠近愛憎之不齊，固已或薄或厚，有及有不及。
> 至於祿謝而力單，子若孫猶不自保，則於其族何有？嗚呼！若吳范氏
> 之有義莊也，然後能仁其族於無窮，非文正公之新意歟？〔註52〕

即是從范氏義莊能均下而常久地贍族這方面，肯定范仲淹的獨開新局。然而，范仲淹的新意，新在那裡呢？第一節曾經提到：在族人聚集之所購置田地，從事救恤，比起自外地運糧支金以相接濟的方式要來得經久而及時。這種置田的方式，是否為義莊的新意呢？未必是。范仲淹的世交謝絳（995～1039）之家，早在義莊設置之前，已有以田產收入贍族的經驗。

　　謝絳的家族自其曾祖父以下，三代屬籍於杭州富陽，死後安葬在此。到了謝絳，因病逝於鄧州任內，由於地遠無法歸葬，而葬於鄧，子孫遂為鄧人。〔註

---

〔註51〕《宋史》范仲淹本傳史臣論曰：「仲淹謂：諸子純仁得其忠，純禮得其靜，純粹得其略。知子孰與父哉！」此中是否有所誤傳？猶待考。如純粹，是繼室曹夫人所生，在仲淹過世時才七歲，稱其得略，未免言之太早！然若指長子純祐，則頗恰當。或許後人因純祐疾廢，而純粹又有軍事幹才，所以傳說之間作了轉換，亦未可知。然而謂純仁得忠，實得其情，而忠君孝親原非二致，則仲淹知子能孝，又可知矣。

〔註52〕《家乘》左編，卷二十三〈文序錄〉。又見周鴻度等編著《范仲淹史料新編・遺蹟彙錄》，頁126。

〔註53〕詳歐陽修〈尚書兵部員外郎知制誥謝公墓誌銘〉，《歐陽文忠公集・居士集》卷二十六，及范純仁〈朝散大夫謝公墓誌銘〉，《范忠宣集》卷十三。

53〕他原本有田在蘇杭，留鄧子孫並沒有前往處理變賣取資，而是保留作爲濟助當地族人之用。事見范純仁爲謝景初（1019～1084）撰寫的墓誌銘，云：

> 陽夏公（即謝絳）賙急宗族之無依者幾百口，及捐館，家無貲，公撫給孤遺如陽夏公之存。有田在蘇杭，歲入千斛，悉留以給宗族之在南者。〔註54〕

謝景初是謝絳的長子，謝絳卒於仁宗寶元二年（1039），當時他二十一歲，已經成年。因此，他承繼父志所作的上述決定，應不致於太遲。那麼，捐田地以贍濟特定地區族人的方式，便不是由范氏義莊首度實施了。

漢學家推捷（Denis Twitchett）認爲義莊「捐田贍濟」的模式，是倣自佛寺的常住田。他深爲一個代表著儒家宗族意識的機構而有佛教的淵源感到驚訝，並花了不少筆墨陳述范家與佛教的因緣。〔註55〕這個看法雖然新穎，然而著眼於宗教意識的介入，卻不免歧出。蓋常住田之供養寺院僧侶，只能說是產生於中國社會的供養形式，實質屬於土地利用的手法，而不必具有佛教義理上的意義。換句話說，僧侶接受信眾供養，固然爲佛教之特徵，出於其教義的要求，然而信眾要如何供養僧侶，其形式不必然受佛教教義的制約。在百姓有權力支配其私有土地的時代，又是農業發達的國度裡，捐贈土地，以地出之利長期應特定人的衣食所需，其構想並不難於想像。歷代用於邊兵的屯田，用於地方官的職田，也有類似的供養特定人的功能，只是兩者提供土地的是政府而非私人而已。前人既然能有如此的設想，那麼，後人利用一筆土地的經常收入以濟養宗族之人，其觀念也未必非得承襲而來不可。故若要指實地說佛寺的常住田才是義莊根源所在，乃不免膠固。謝絳父子的例子——一個因應於情勢，而很自然地捐出土地所得供給宗族的事實，或許足以反映：在范仲淹所處的年代，捐贈田土並且有規劃地使用地利，並不是件新鮮的事。

既然如此，則范仲淹的新意只能在其規劃上求了。爲了達到救恤吳中族人的目的，計算要籌措多少資本？要供給多少族人？而如何將資源有原則地均分族眾？以及能維持多久？等等問題是他不能避而不想的。范仲淹不僅捐出土地而已，伴隨著土地進入宗族的是他管理的理念。顯然的，在謝景初的例子裡，看不到這一點；而在佛寺的常住田方面，捐其田的政府或私人，介入管理所得分配如范氏之深的，大概也未曾聽聞。

---

〔註54〕《范忠宣集》卷十三，頁677。
〔註55〕〈范氏義莊：一○五○～一七六○〉《儒家思想的實踐》，頁126～129。

范仲淹的規劃中，贍族的資源是由在吳與長洲兩縣的千畝良田供應的。〔註56〕這些田地租給外姓佃農耕作，每年可有八百斛粳稻的收入，用以支給蘇州約九十口的族人。〔註57〕應該說明的是：義田的收入，並不是蘇州族人的唯一收入，事實上每房族人本自有其私產，義田提供的，等於是額外的資助。至於每年八百斛供給九十口族眾，算不算充足呢？〈義田記〉云：「沛然有餘而無窮」，下列兩則取自《宋史・孝義傳》的文獻，可以讓我們更具體的衡量。

△許祚，江州德化人，八世同居，長幼七百八十一口。太平興國七年（982），旌其門閭，淳化二年（991）本州言祚家春夏常乏食，詔歲貸米千斛。

△（陳）昉家十三世同居，長幼七百口，不畜僕妾，上下姻睦，人無閒言。每食，必群坐廣堂，未成人者別為一席……淳化元年（990）知州康戩又上言競（昉之姪也）家常苦食不足。詔本州每歲貸粟二千石。後競死，其從父弟旭每歲止受貸粟之半，云：「省嗇而食，可以及秋成。」〔註58〕

這兩個例子，都是由政府貸公粟，以紓解族群食糧不足的問題。對許、陳二族來說，政府支貸的米粟，只是額外的收入，能補不足而已，不致於太過充足。合兩例看，每年一千斛（石）的米粟，可以貼補七、八百人口的最低食用消費。同樣也是額外貼補，范氏義莊每年以八百斛粳稻支給九十口，個人的平均配額幾乎是前者的七倍。相較之下，豐儉立判。不過，義莊對范氏族人的補貼，並不是定額，它會因年歲的熟荒而受到影響，因此，七倍的估算，或許太過於樂觀，但不論如何，〈義田記〉「沛然有餘」的說法是可以接受的。而年荒的問題，更可能是設立義莊主要想解決的，在下文中我們會看到范仲

〔註56〕范純仁治平元年奏書所言，詳《范集・義莊規矩》，頁309。
〔註57〕〈義田記〉云：「於其里中買負郭常稔之田千畝，號曰義田」又云「族之聚者九十口，歲入粳稻八百斛」，所言八百斛的歲入，應指租收實數，而非義田產量。因當時蘇州之田，每畝產量不只八斗，根據范仲淹〈答手詔條陳十事〉：「臣知蘇州日，點檢簿書，一州之田係出稅者三萬四千頃，中稔之利，每畝得米二石至三石，計出米七百餘萬石」。千畝之義田，總產量應有二至三千石（斛）之譜。又據《宋史》卷一百七十三〈食貨志〉南宋理宗景定四年限田，六郡回買公田：「畝起租滿石者償二百貫，九斗者償一百八十貫，八斗者償一百六十貫，七斗者償一百四十貫，六斗者償一百二十貫。」可知南宋租課之數每畝大概在六斗至一石之間，或可供參考。義田歲入八百斛，則每畝歲租約在八斗左右。
〔註58〕以上二例見《宋史》卷四百五十六，頁13390、13392。

淹對儲糧的重視，歲入八百斛，並未全數均分給族眾，有一部分是儲存起來備荒的，范仲淹理想的目標是義莊維持有二至三年的存糧。

從另個角度來說，范仲淹一開始即建立如是的規模，未嘗不是為往後族人的增加預作打算。如同當初建立蘇州郡學一樣：廣大的學習空間，他人都以為太大，只有他擔心將來不敷使用。〔註59〕義田的面積即使不再擴充，根據上述簡單的估計來推算，只要族人「省嗇而食」，何嘗不能貼補五倍的人口呢？而從後代的記載可以知道：義莊的人口，在一百五十年之後才增加到原來的五倍。〔註60〕

可見將義莊長期地經營下去，應該是范仲淹早已有的謀劃。

為了要長久經營，義田的面積與肥沃度的講求是必要的，〔註61〕而制定完善的管理規則、並選擇可靠的族人協助執行，更不容忽略。

先談人事的安排。范仲淹三個兒子的經營心力是在稍晚的幾十年間發揮的（下一節會有詳細的介紹），義莊成立伊始，貢獻良多的是范仲溫，可惜他在義莊尚未正式運作前便去世了。義莊的庶務，主要交給經過挑選的賢能族人負責。〔註62〕除此之外，范仲淹還特地安排范純誠擔任長洲縣尉以相照應。

范純誠是范仲淹的再從姪，在他九歲時，父親范鈞亡故，未冠，又失母恃。由於他「孝謹俊辯」「才性通敏、精於文史」，深得范仲淹的賞識。母喪之後便由范仲淹「攜而教養」。這些事都記在范純仁寫的〈范府君墓誌銘〉〔註63〕裡，誌中即說：

> 皇祐二年，文正公置義田於蘇州以贍族人，因謂君曰：「非汝莫辦吾事。」乃奏以為長洲縣尉，俾立規法以貽永久。

清楚地說明范仲淹永續經營義莊的決心。范純誠在仁宗嘉祐初（1056）因幹才被推荐到衡州監葵源銀場，才離開長洲，總計擔任長洲尉七年之久。這個安排對義莊的起步多少有些效果，但也可能因范仲淹隨即去世而打了折扣，

---

〔註59〕詳《范集・年譜》景祐二年，頁248。
〔註60〕孫應時〈范氏義莊題名序〉云：「蓋公之時所贍族九十口，今而五倍之矣。」孫序作於南宋寧宗慶元六年閏二月（1200）距離皇祐元年（1049）已滿一百五十年。
〔註61〕本章第一節所載范仲淹家書，可以覘知他在這方面的用心。
〔註62〕詳范純仁治平元年上奏及錢公輔〈義田記〉。
〔註63〕《范忠宣集》卷十三，頁673。

因為，義莊在建立五七年之後，便由於無法約束不肖族人，而出現險象了。徒法不足以自行，可見恰當的管理人選是維持義莊的重要關鍵。

然而，事實上范仲淹的〈義莊規矩〉是頗為周詳的。這十三條規矩是在皇祐二年十月——義田已經有足夠收穫時，由范仲淹公布的。其文如下：

1. 逐房計口給米，每口一升，並支白米，如支糙米，即臨時加折。（支糙米，每斗折白八升，逐月實支每口白米三斗。）

2. 男女五歲以上入數。

3. 女使有兒女，在家及十五年，年五十歲以上，聽給米。

4. 冬衣每口一疋，十歲以下五歲以上，各半疋。

5. 每房許給奴婢米一口，即不支衣。

6. 有吉凶增減口數，畫時上簿。

7. 逐房各置請米歷子一道，每月末於掌管人處批請，不得預先隔跨月分支請；掌管人亦置簿拘轄，簿頭錄諸房口數為額。掌管人自行破用，或探支與人，許諸房覺察勒賠填。

8. 嫁女支錢三十貫，（七十七陌，下並准此。）再嫁二十貫。

9. 娶婦支錢二十貫，再娶不支。

10. 子弟出官人，每還家待闕、守選、丁憂，或任川廣福建官留家鄉里者，並依諸房例給米絹并吉凶錢數。雖近官，實有故留家者，亦依此例支給。

11. 逐房喪葬，尊長有喪，先支一十貫，至葬事又支一十五貫；次長五貫，葬事支十貫；卑幼：十九歲以下，喪葬通支七貫；十五歲以下，支三貫；十歲以下，支二貫；七歲以下及婢僕，皆不支。

12. 鄉里、外姻、親戚，如貧窘中非次急難，或遇年饑不能度日，諸房同共相度詣實，即於義田米內量行濟助。

13. 所管逐年米斛，自皇祐二年十月支給逐月餼糧并冬衣絹。約自皇祐三年以後，每一年豐熟，椿留二年之糧。若遇凶荒，除給餼糧外，一切不支。或二年糧外有餘，卻（疑：即之誤）先支喪葬，次及嫁娶，如更有餘，方支冬衣；或所餘不多，即凶吉等事，眾議分數均勻支給；或又不給，即先凶後吉；或凶事同時，即先尊口，後卑口；如尊卑又同，即以所亡所葬先後支給。如支上件餼糧吉凶事外，更有餘羨數目，不得糶貨，椿充三年

以上糧儲，或恐陳損，即至秋成日方得糶貨，回換新米樁管。

右仰諸房院依此同共遵守。皇祐二年十月日

資政殿學士尚書禮部侍郎知杭州事范押〔註64〕

規矩是就支給項目、支給對象、支給數額及注意事項等方面展開的。餼糧、喪葬補助、婚嫁補助及冬衣四項是主要的支給項目，除餼糧外，其餘三項視義田收入情況，依急緩先後序而有行住，並不是常項。而支給對象的一般資格，不僅有具體歲數的規定，特殊資格如女使、如官人留家、如鄉里外姻，在何種狀況下施予多少濟助，也都有所考慮；至於支給的數額，凡是可能會引起紛擾的如：白米與糙米的折換比、錢貫每陌實額，都有註記，以避免出入。

另外，從規矩中我們還可看到負責實際支給行動的組織情形。房，是與義莊接洽支給業務的單位，單位內包含人數不等而關係密切的家人。此與義莊族人後來分屬十六房的房，大有差異。十六房的房是指涉包括數十代的父系群集，接近社會學者所說的「擴展房」；而這裡的房則可能是簡單的核心家庭或未分家的共祖家庭、主幹家庭，其男主人相對獨立於所從出的父親，而稱一「房」，是一個經濟獨立的單位。近於社會學者所說的「基礎房」。〔註65〕

此時，義莊族人分屬若干房，每一房必須將房內實際合於支給資格的人口上報義莊，並且備置請領紀錄簿——「請米歷子」，每月向義莊依其名額支領該得的米糧後，畫記為憑。相對地，義莊則設掌管人，負責按月開倉發給米糧，可能還須查察各房上報的資料是否確實。房與掌管人互相監察，以防止可能發生的弊端。

總而言之，范仲淹籌置義莊所投入的心力是相當大的。其目的無他，只求一個構想完善的贍族計劃得以實現——建立一個可以依法而行，不以人廢的宗族內部制度，久遠地保障其族人享有最基本的生活條件。然而，再周全的規劃，總無法因應運作後層出不窮的問題，尤其難以防範鑽營者的蓄意破壞。范仲淹死後，義莊同樣面臨來自族人不守法規、爭奪私利而產生的破壞力的挑戰。這些，是他無法在規劃之初便加以防範的負面因素。解決之道，

〔註64〕同註8。

〔註65〕「基礎房」與「擴展房」的觀念，詳註26所揭文，尤其頁131～135。作者分析「房」的中心概念是「兒子相對於父親的身分」。而且認為房在系譜上的擴展性是連續的，一個「房」，可指一個兒子，也可指包含屬於同一祖先之男性後代所構成的父系團體，前者即稱「基礎房」，後者稱「擴展房」。義莊十六房，詳第三章。

或許只有留待下一代去尋找了。

# 第三節　范氏義莊的鞏固

## 一、官家權力的挹注

　　范氏義莊在經營幾年之後即生弊端，甚至危及存廢，根本原因在於：義莊規矩並無強制性，對於違反規矩的行為，宗族無法採取法律的制裁行動。缺乏制裁的力量，規矩隨時都有可能淪為具文而已。規矩公布的次年春天，范仲淹離開杭州，移知青州；再次年五月，即病逝於前往潁州的中途——徐州，義莊的經營成果如何？有何缺失？已成身後之事。出面解決義莊上述弊端的，是范純仁。

　　英宗治平元年（1064），他知開封府襄邑縣時，上奏言：

> 切念臣父仲淹先任資政殿學士日，於蘇州吳長兩縣置田十餘頃，其
> 所得租米，自遠祖而下諸房宗族，計其口數供給衣食及婚嫁喪葬之
> 用，謂之義莊。見於諸房選擇子弟一名管勾，亦逐旋立定規矩，令
> 諸房遵守。今諸房子弟有不遵規矩之人，州縣既無敕條，本家難為
> 申理，五七年間漸至廢壞，遂使饑寒無依。伏望朝廷特降指揮下蘇
> 州，應係諸房子弟有違犯規矩之人，許令官司受理。

這封奏書，很快地得到皇帝正面的回應，敕令蘇州府依所奏施行。

　　對朝廷與義莊來說，這項決定是絕對有利的。一方面，范氏義莊從此可以在朝廷公權力的支撐下，有效地約束族眾，以執行宗族內部規約，完成養贍救恤的目的。可以這麼說：范仲淹計畫多時的自發性的宗族養贍制度，至此始告完成。另一方面，朝廷之利至少有三：第一，朝廷不費一官一祿，而有禮遇大臣之名。第二，有一健全的社會救濟組織自發地承擔養民的任務，朝廷只要地方官被動地予以協助，即有安養百姓的實效。第三，在以孝治民的觀念下，此舉維持了朝廷政策的一貫性，從中再次加強因觀念的實踐而獲得的滿足感。此種心理作用，稍微減輕了帝國來自顧慮存亡而產生的疑懼。也就是說，在某種程度上朝廷認為此舉是有利於其政權穩固的。此點尚待分說。

　　自三代以來，朝代與朝代之間，政權的移轉不是經由和平的手段，而是出於武力的角逐，是革前朝之命而非讓賢能以位。因此，每一王朝建立之後，恒

存有政權不能順利地由子裔繼承，而爲外姓攘奪的憂懼。由於這股憂懼，也促使每一王朝中的英明之主，努力尋求維持王室安定之道，或者美名之曰「天下長治久安之道」。尋求安定之道是全面展開的，於是任何有利於穩定王朝的方略，隨時不斷由帝王及其朝臣、以及那些有意於透過政治作爲以發展治世理想的知識分子提將出來，其中，有一種穩定政權的理論是從管理宗族開始的。

這種理論認爲宗族組織是社會的基本結構，如果基本結構安定，那麼，整個社會相對的安定；而社會安定，則負有治民養民責任的掌政者，其潛存於社會的反對力量，便可相對地減少，因而取得較大的權位穩定性。〔註66〕

至於宗族的安定要如何達成呢？則從教育宗族的組成分子著手。宗族之內的各分子，被要求必須能在行爲上體現孝悌、恭順、親親、尊尊等德目，而後宗族內部錯綜的人際關係才能和諧地安頓，宗族，始成爲一內聚力極強的穩定團體。而這些德行要求，既內化而爲人的基本行爲模式，則當其走出宗族，參與其他社群時，必然能習以爲常地秉其素養，對待社群中的其他分子，尊者尊之，長者敬之，而且恭遜自持，以求人際的和諧安定。若以國而論，則對待一國之尊，必然出之以如同對待宗子、父母般的孝敬之心，而不敢違拗。〈大學〉所謂「孝者，所以事君也；弟者，所以事長也。」，而有子所以說「其爲人孝弟，而好犯上者鮮矣；不好犯上，而好作亂者，未之有也！」〔註67〕便是這個道理。

這套由個人德行的培養到宗族的穩固，以安定社會、穩定朝廷的理論，所發展出的政治思想，簡單地說就是「孝治思想」。

---

〔註66〕此中道理，蘇軾論之極爲透徹，云：「夫民相與親睦者，王道之始也。昔三代之制，盡爲井田，使其比閭族黨，各相親愛：有急相賙，有喜相慶，死喪相恤，疾病相養。是故其民安居而事，則往來歡欣而獄訟不生；有寇而戰，則同心並力而緩急不離。自秦漢以來，法令峻急，使民離其親愛歡欣之心，而爲鄰里告訐之俗……天下無事，則務爲欺詐相傾以自成：天下有變，則流徙渙散相棄以自存。嗟夫！秦漢以下，何其多故而難治也。此無他：民不愛其身，則輕犯法；輕犯法，則王政不行。欲民之愛其身，則莫若使其父子親、兄弟和，而妻子相好。夫民仰以事父母，旁以睦兄弟，而俯以恤妻子，則其所賴於生者重，而不忍以其身輕犯法，三代之政，莫尚於此矣。今欲教民和親，則其道必始於宗族。」所以他具體建議「復古之小宗，以收天下不相屬之心。」（見《東坡七集・應詔集》卷三，第十三）而同一時代，張載也認爲宗法應該重建，他說「宗法若立，則人人各知來處，朝廷大有益……公卿各保其家，忠義豈有不立？忠義既立，朝廷之本，豈有不固？」（見《張載集・經學理窟》宗法篇）

〔註67〕見《論語・學而篇》第二則。

兩漢以下，孝治思想不斷地被政府提倡。兩漢以孝廉舉官、唐代大臣允設家廟，都是政府以孝治國的表現。趙宋王朝也不例外，歷位天子封號都冠以「至孝」之名，而「太祖、太宗以來，子有復父仇而殺人者，壯而釋之；刲股割肝，咸見褒賞；至於數世同居，輒復其家」，〔註68〕充分說明朝廷對孝的重視。太宗淳化二年（991）有臣僚上奏，云：

> 理國之道，聚人為先。人聚則野無閑田，家無乏用，義夫節婦由是而生，內則恭睦于親姻，外則協和於鄉黨，爭訟無所作，邪偽無所安，欲其教化不行不可得也。〔註69〕

言論的節奏非常明快，從家庭、宗族、而到社會、國家的治理，似乎是順理成章地自然完成，絲毫沒有考慮會有階段性的困難橫梗其中。簡簡單單的推論，唯一告訴我們的是：這種由家治到國治的「道理」，在他認為，是不必詳辯、也無需費唇舌舉證，便能為帝王所接受的。顯然，當時社會即普遍存在孝治的意識型態，為君臣所信持，所以，如此簡單素樸的議論會被鄭重其事地在廟堂之上提出來。

在孝治的時代裡，朝廷鼓勵百姓孝悌恭睦，目的不僅在於化民正俗，使趨於文明，更在為自己的王朝命脈加深根基。所以，當宋廷看到范氏義莊的創置，具有促使宗族貧富相恤、親疏與共的設計原意時，斷然沒有不予以支持的道理。一點一滴地鼓勵每一個孝義典範，無疑是王朝避免顛躓的穩健步法。

英宗這項決定，成為以後朝代比照的前例，這對范氏義莊往後的發展，至為重要。而對中國社會而言，這項決定表明的政府肯定義莊制度的態度，引發了更多有能力者起而效倣，終至形成兩宋以後義莊普遍設置的社會特色。〔註70〕

## 二、范純仁昆弟的經營

北宋，大臣的子孫要取得官籍並不困難，他們可以享受廕官制度的優待，不經考試，直接獲得官職。范仲淹的四個兒子，也都因父廕而得官，其

---

〔註68〕見《宋史》卷四百五十六，頁13386。
〔註69〕陳靖，〈上太宗聚人議〉，文收於《全宋文》卷一三一，冊四頁100。
〔註70〕關於兩宋以降，中國社會義莊存立的情形，可參考清水盛光前揭書、田中萃一郎〈義莊の研究〉（收在《田中萃一郎論文集》）、梁庚堯《南宋的農村經濟》、王琛〈義莊雛議〉（收在《范仲淹研究論集》）等專著篇章。

中范純仁、范純禮，並皆登進士第，〔註71〕更加厚植其仕途發展上的潛力。范氏昆仲得入官籍，並且位居顯要（純祐因疾早廢官止將作監主簿；純仁官至尚書右僕射，諡忠宣；純禮官至尚書右丞，諡恭獻；純粹官至戶部侍郎），對他們督導義莊的運作，絕對是有幫助的。一來，他們有豐厚的俸祿，可以繼續擴展義田的規模，施恩宗族，而累積他們對族人的恩義；再則，仕宦者本身即擁有國家所賦予的高乎常民的權勢。權勢與恩義的結合，足夠讓他們的意見在宗族中分外有影響力，尤其在對義莊的管理經營上。

范純仁昆弟大大地增加義田面積，根據孫應時〈范氏義莊題名序〉的記載，義田面積，在他們的擴充下，有了將近三倍的成長，由原先歲入八百斛，增加到歲入二千斛。宗族的歷史裡也傳寫神宗元豐二年（1079），范純仁曾購置一千畝土地在天平山祖塋附近，歲收主要提供每年的祭祖所需費用，餘則供輸義莊贍族的需求。〔註72〕

然而，范純仁等人對義莊的貢獻，重要的尚不在此。昆弟三人相繼在半個世紀左右，為義莊規矩所作的增修工程，無寧是影響深遠的成就。治平元年的關鍵性建議，為范氏義莊管理規則張起了無比堅固的後盾之後，自神宗熙寧六年（1073）至徽宗政和五年（1115）間，總共進行十次的修訂，增訂二十八條規矩。詳表三。

表三：范純仁昆弟續訂義莊規矩一覽表

| 條　　　　文 | 訂定者 | 訂定時間 |
|---|---|---|
| 一、諸位子弟得大比試者，每人支錢一十貫文（七十七陌），下皆准此。並須實赴大比試乃給；即已給而無故不試者，追納。<br>二、諸位子弟縱人採取近墳竹木，掌管人申官理斷。<br>三、諸位子弟內選曾得解或預貢有士行者二人，充諸位教授，月給糙米五石。（若遇米價每石及一貫以上，即每石即支錢一貫文）雖不曾得解預貢，而文行為眾所知者，亦聽選，仍諸位共議。（本位無子弟入學者，不得與議。）若生徒不及六人，止給三石；及八人，給四石；及十人，全給。（諸房量力出錢以助束修者，聽。） | 范純仁 | 熙寧六年（1073）六月 |
| 四、掌管人侵欺及諸位輒假貸義莊錢斛之類，並申官理斷償納，不得以月給米折除。<br>五、族人不得租佃義田。（詐立名字同） | 范純仁 | 元豐六年（1083）七月十九日 |

〔註71〕 詳註 14 所引資料，范純仁為仁宗皇祐元年進士，范純禮為哲宗元祐六年進士。
〔註72〕 范純仁增置千畝祭田，事見《家乘》左編，卷十四〈義澤記〉義田總數。清水盛光以為千畝祭田規模太大，推測其歲收並非專用於祭祀，一部分可能同義田所入用於贍養族人，見前揭書，頁 60。

| 規條 | 訂定者 | 時間 |
|---|---|---|
| 六、掌管子弟，若年終當年諸位月給米不闕，支糙米二十石。雖闕而能支及半年以上，無侵隱者，給一半已上。並令諸位保明後支。若不可保明，各具不可保明實狀申文正位。<br>七、義莊勾當人催租米不足，隨所欠分數剋除請受。（謂如欠米及一分，即只支九分請受之類。）至納米足日全給。（已剋數更不支。）有情弊者，申官決斷。 | | |
| 八、身不在平江府者，其米絹錢並勿給。<br>九、兄弟同居，雖眾，其奴婢月米通不得累過五人。（謂如七人或八人同居，止共支奴婢米五人之類。）<br>十、未娶不給奴婢米。（雖未娶，而有女使生子，在家及十五年，年五十歲以上者，自依規給米。）<br>十一、義莊不得典買族人田土。 | 范純仁 | 紹聖二年（1095）二月初八日 |
| 十二、義莊費用雖闕，不得取有利債負。<br>十三、義莊事惟聽掌管人依規處置。其族人雖是尊長，不得侵擾干預。違者，許掌管人申官理斷。即掌管人有欺弊者，聽諸位具實狀同申文正位。 | 范純仁 | 紹聖二年四月二十九日 |
| 十四、義倉內族人不得占居會聚，非出納勿開。<br>十五、因出外住支月米者，其歸在初五日以前，取諸位保明詣實，聽給當月米。<br>十六、義宅有疏漏，惟聽居者自修完。即拆移舍屋者，禁之。違者，掌管人申官理斷。若義宅地內自添修者，聽之。（本位實貧乏無力修完，而屋舍疏漏實不可居者，聽諸位同相視保明詣實，申文正位量支錢完補。即不得乞添展舍屋。）<br>十七、諸位請米歷子，各令諸位簽字圓備，方許給。給訖，請人親書交領即去。失歷子者，住給，勒令根尋，候及一年，許諸位及掌管人保明，申文正位，候得報，別給歷頭起支。<br>十八、積存月米併請者，勿給。<br>十九、諸位不得於規矩外妄乞特支。雖得文正位指揮與支，亦仰諸位及掌管人執守勿給。<br>二十、義莊人力船車器用之類，諸位不得借用。<br>二一、諸位子弟官已升朝，願不請米絹錢助贍眾者，聽。<br>二二、諸位生男女，限兩月，其母或所生母姓氏及男女、行第、小名報義莊。義莊限當日再取諸位保明訖，註籍。即過限不報，後雖年長，不理為口數給米。<br>二三、遇有規矩所載不盡事理，掌管人與諸位共議定保明，同申文正位。（本位有妨嫌者，不同申。）雖已申，而未得文正位報，不得止憑諸位文字施行。 | 范純仁、范純禮、范純粹同參定 | 元符元年（1098）六月 |
| 二四、諸位關報義莊事，雖尊長，並於文書內著名，仍不得竹紙及色箋。違者，義莊勿受。 | 范純禮 | 元符二年（1099）正月十七日 |
| 二五、義莊遇有人贖田，其價錢不得支費，限當月內以元錢典買田土。輒將他用，勒掌管人償納。 | 范純粹 | 崇寧五年（1106）十月十二日 |

| | 范純粹及范純仁（按：純仁已故，恐有誤） | 大觀元年（1107）七月初十日 |
|---|---|---|
| 二六、諸位輒取外姓以爲己子，冒請月米者，勿給。許諸位覺察報義莊。義莊不爲受理，許諸位逕申文正位公議，移文平江府理斷。（其大觀元年七月以前已收養給米者，不得追訟。） | 范純粹及范純仁（按：純仁已故，恐有誤） | 大觀元年（1107）七月初十日 |
| 二七、諸位子弟在外不檢生子，冒請月米，掌管人及諸位覺察，勿給。即不伏，掌管人及諸位申文正位，移文平江府理斷。 | 范純粹 | 政和三年（1113）正月二十一日 |
| 二八、族人不得以義宅舍屋私相兌賃質當。 | 范純粹 | 政和五年（1115）正月二十九日 |

　　他們並沒有定期檢討修訂規矩的成規，所以這十次修訂工作的時間間隔，顯得零落而無規律，有時前後相隔十餘年，有的則只有不到半年的時距。

　　新的規矩訂定之後，族眾是否確實獲知訊息並遵照履行呢？爲了加強這方面的效果，在第十次修訂工作完成後，范純粹認爲應該刻石公告，使范氏族人能確實明瞭所有的條文。所以在徽宗政和七年（1117）正月，他將這個構想付諸實現，收輯治平奏書與朝旨，以及義莊始定規矩、十次的續定規矩，一併上石。書寫的工作，由他的第二個兒子──當時任潁昌府長社縣知縣事的范正圖負責，實際的立石工作，則由義莊掌管莊事范直闓完成。〔註73〕刻石上鈐有「高平開國」的爵印，范純粹題署官職銜爲「朝散大夫充徽猷閣待制提舉亳州太清宮」，他發表兩段話，第一段緊接在治平朝旨之後，說明編類刻石的緣由，云：

　　文正位勘會：先文正公於平江府興置義莊，賙給宗族，德澤至厚。
　　其始定規矩，雖有版牓，不足久傳；及有治平元年所得朝旨，亦未
　　揭示族人；兼有後來接續措置可爲永式者，未曾刊定。深慮歲久漸
　　至隳廢，今盡以編類刻石，置于天平山白雲寺先公祠堂之側，子子
　　孫孫遵承勿替。

這段說話之後便是文正公初定規矩及十次續定規矩。規矩之後，即由第二段話作爲結束，云：

　　右仰義莊及諸位遵守施行。內文意前後相妨窒礙者，從後規。若有
　　違犯，仰掌管人或諸位備錄治平元年中書札子所坐聖旨，申官理斷。
　　各令知委。

〔註73〕詳《家乘》左編，卷十五〈家規記〉，一般文集所載〈義莊規矩〉多略此節。

　　原來，義莊成立將近七十年當中，一直只有公布初定規矩，後來的朝旨及續訂規矩，並未以慎重的形式公告周知，這次刻石公告，實別具意義，它提醒族人應配合遵守規矩，否則將送官辦治。至於不同時期所訂條文間，可能有的矛盾規定，范純粹也指示了「從後規」的遵循原則。

　　上面的敘述中，我們刻意交代范純粹與范正圖當時的官職，無非是要再次強調一個事實：蘇州（或平江府）不是范仲淹及其子若孫的生活基地。他們父子生平遊宦各地，固然是南北之人，而閒退的居所，也絕非所謂的「蘇州故里」。〔註74〕他們既不曾支領來自義田的補助（續定規矩第八條、第二十一條的精神如此），也不是義莊的掌管人，〔註75〕更不是蘇州在地族人的族長。〔註76〕我們可以想像，在當時蘇州范氏族人的眼中，范仲淹父子二代，是已經離開蘇州族聚地的一個支系，而這一支系卻長期地以其仕宦所得的資財回饋鄉里，救恤族人。

　　認識這樣的事實，一方面可以將范氏義莊與某些聚族共財的事例作一區別，〔註77〕另方面也才能對續定規矩中「文正位」的意義與實質有較切當的理解。

　　從表三可以看到，「諸房」一詞，只在第三條的註文中出現過一次。范仲淹初定規矩中常用的「諸房」，其指意似乎漸爲「諸位」所取代，「位」成爲族人與義莊接洽支給業務的基本單位了。義莊是負責義田糧資存儲發送的一方，「諸位」則是支領糧資的一方，形式上是相對的，實際作業中可能也有因

---

〔註74〕詳註14。

〔註75〕王琛在〈義莊雛議〉中敘述范純仁多次續定規，並歸結其重要內容，第四項云：「加強義莊管理。范純仁自任爲掌莊。以后又逐漸產生主奉、提管、主計、典籍等：管理人員。」將產生於南宋以後的主奉、三執事諸職置於此處敘述，容易讓入誤解是續定規矩中的設計；而云范純仁自任爲掌莊，更是大謬。文見《范仲淹研究論集》，頁222。

〔註76〕宗族內之地位高低，除宗子外，餘則論行輩，敘年齒，富貴者雖有其勢力，但仍被要求謹守尊卑之序。范仲淹當時在蘇州范氏譜系地位恐怕不高（其母非元配，本身又隨母改嫁易姓等因素，當有影響），諸子能否憑政治上的尊貴，便取得族長地位？值得懷疑。更何況他們身不在蘇州，如何統族呢？雖然范仲淹的宗族地位到了南宋以後有所提高，後裔成爲義莊族眾領袖者也漸增多，但無論如何，這是後世的發展，並非北宋實事。詳第三章。

〔註77〕范氏義莊成立之初，捐輸者並未在實際生活上與受恤的族人共處一地；而且未與受恤族人共享義田的收穫，是散分其財而非共享其財，與聚族共財的事例頗有差異。其後范仲淹子孫回歸蘇州，共享義田之惠，兩者意義才較相近。

利益分配或管理維護而引起的衝突。在此種情形下,「文正位」的地位便顯得特別重要,它相對於義莊與諸位,站在超然的立場,掌握義莊規矩的解釋、修訂,以及個別事件的仲裁權責,是爲諸位與義莊遇到紛爭問題時的申訴對象。從續定規矩,表三的第六、十三、十六、十七、二十三、二十六、二十七諸條,都可看出「文正位」的特殊性與崇高性。然而,其崇高性也是有限制的,第十九條強調即使是「文正位」也不能在既有規矩的約制下便宜行事。它的指揮內容若是不合於規矩的約定,義莊掌管人與諸位是有權加以拒絕的。

至此,當可知規矩中的「文正位」絕非類似祭儀中的神位。把「文正位」當作神位,這種虛位意義的指稱,事實上乃存在於後世義莊的祭祀活動中:當舉行行春秋祭典時,莊中設有「文正位公座」,如有違犯規子孫,「輕則罰神位前跪香,重者令房長朴懲,如學宮儀」。〔註78〕類此只有精神象徵意義而不具行使意志能力者,與續定規矩中具有仲裁、指揮能力的「文正位」,是顯然不同的,不容淆混。「文正位」應有類似「文正公房派」的意思,至於代表「文正位」行使權責的實體是誰呢?我們認爲即是范純仁昆弟,兄終弟及地依序爲之。他們是范仲淹的血脈,范仲淹房派的繼承者,而且持續增廣義田,因此,足以代表范文正公,而在義莊管理機制中佔重要地位。也正因爲他們不在蘇州,所以義莊的行政事務必得交由「掌管人」依規矩處理;掌管人若有欺弊情事,則是由在吳諸位族人具狀申告的(見表三第十三條),他們無法進行直接的行政與監督。而當遇到既有規矩無法適用的情形時,掌管人與諸位可以共議處理原則,再呈報文正位,並等候文正位回報裁奪後,才憑以施行。(見表三第二十三條)。其不能直接與文正位共議的原因,當也是出於空間距離的問題。

這些續定規矩,是在范純仁昆弟自覺地承襲父親遺志,秉著文正公之名,長期關注義莊發展而陸續產生的。然而,他們制定規矩時考慮的重點,與范仲淹初立規矩稍有不同。南宋樓鑰曾經指出這點,云:

> 文正公初立規矩,止具給予之目,僅設預先支請之禁。不數年,忠宣公已慮其廢壞,故治平奏請敕旨違犯義莊規矩之人許令官司受理。又與右丞、侍郎自熙寧以至政和隨事立規,關防益密。〔註79〕

大致說來,續定規矩在防弊方面的考慮較多。

---

〔註78〕《家乘》左編,卷十八〈祭法考〉祭例。
〔註79〕〈范氏復義宅記〉,《范集·襃賢祠記》卷二,頁331。

分析二十八條續定規矩，我們發現純屬於補助性質的條款，只有第一、三兩條，而且其補助對象非常狹隘，一是參加科考的考生，一是在義莊擔任教學工作的教授，都是身分特殊的族人。不過，這兩條規矩因具有鼓勵宗族子弟讀書、進取功名的精神，而格外受到重視。近代有些學者並引以爲「義莊自始即設有義學」這一命題的支撐證據。〔註80〕關於這點，其正確性如何？在此暫且不予討論，第四章將有詳細的交代。而部分帶有補助意味的條文，則是第十六條，其中對居住在義宅內的貧戶，有支給修屋補助款的規定。

除此之外，其他的條文，大抵屬於限制、規範性質。這些條文大部分可說是爲加強義莊行政效能而設計的，如第十三、十九、二十四條，原則上賦予掌管人在處理義莊庶務時，有絕對的權力，以避免族內長輩不當的干擾；又如第四、六、七、二十五條，對掌管人或義莊執事（勾當人）明示獎懲，有制約其行爲的用意。這些是從行政人員方面著手的。另一方面，則又對可能增加義莊行政負擔、或者因而產生紛爭、虞詐的情形，預作關防。如第十五、十七、十八、二十二條，清楚載明發放補助的行政手續要點，可使發放簡便確實，減少麻煩；如第八、九、十、十四、十九、二十六、二十七條，則可防止族人冒領、溢領、強取等情事；如第十六、二十八條，對義宅管理作細部規定，以避免義宅遭受破壞；如第五條禁止族人租佃義田，可以省袪因族內關係而造成的催討租糧時的尷尬與不便；〔註81〕如第十一條禁止義莊典買族人田土，除與第五條有相近的考慮外，可能還爲了避免引發族人將私田抵押爲義田，以享賦稅優待的念頭，杜絕假義莊之名以逃稅的陋行；〔註82〕如第十二條規定義莊不得向外借貸有利息的資金，可以預防財務不慎所造成的雪上加霜；〔註83〕如第二十條，

---

〔註80〕 范仲淹設立義莊之時也設立義學的說法，大抵始於元朝，牟巘〈義學記〉云：「范文正公嘗建義宅、置義田義莊以收其宗族，又設義學以教，教養咸備，意最近古」（《范集・褒賢祠記》卷二），辭意非常肯定，以致元明以來少有爭議。但近人則因不見有兩宋關於范氏義學記載的文獻，而懷疑其眞實性，如推捷（Danis Twichiett）前揭文。日人小川嘉子研究中國近代教育史，則支持牟巘的說法，爲了回應推捷的致疑，便以續定規矩的這兩則史料，說明「在義莊內早就有教育子弟的活動」，含蓄地表示他不反對牟巘之說，見〈范氏義學之成立與發展〉。陳榮照《范仲淹研究》、邱添生〈試論范仲淹創設的義田〉在討論這兩條續定規矩時，也都提及它們與義學的關係，持論接近小川嘉子。然而，這是有待商榷的。

〔註81〕 參註55所揭文，頁137。

〔註82〕 參近藤秀樹〈范氏義莊の變遷〉，頁101～102。

〔註83〕 這項原則，後來並未被嚴格遵守。尤其在清乾隆年間，義莊稱貸興修祠宇墓

則可保持義莊行政上的便利，並排除因借用不均而引起的困擾。凡此，都是對義莊正常營運、並維持行政效能有所幫助的。

　　整體而言，所有的規矩不外是對義莊的贍族理想作最完備的維護。因此，規矩中也可見到鼓勵性的條文，呼籲生活情況有保障的官籍族人能主動放棄義莊的補助，響應贍族濟貧的原意（如第二十一條）。相反地，對於部分族人只知利己而不顧宗族，如破壞祖塋的行徑，其強烈的撻伐之情，也在規矩中表露無遺（如第二條）。閱讀這些規矩，可以清楚感受到范仲淹的贍族心願，正被他的子嗣們小心翼翼地繼承著。

　　就在規矩上石這一年，范純粹病逝於潁昌家中，享年七十二，〔註84〕他的辭世，代表范仲淹父子兩代對義莊的經營到此結束。規矩的上石，實為他們的努力畫下完美的句號，也為范氏義莊奠立傳遠的基礎。此後，北宋國運衰竭，不到十年間大半江山為金人所掠，趙構倉皇渡江，在臨安建立新政權。位在蘇州的義莊，雖然遭受部分毀壞，卻也在這次的動盪中，有了新的發展。它，不僅渡過此次變局，往後八百多年的大大小小紛亂世局，也都未能撼動它的根基，安然地在土地私有制的社會上屹立不墜。

　　范氏父子「長期贍族」的理想，終究是獲得實現了。

---

舍，子母相權的結果，積累至五千餘金的負債，險些瓦解義莊，終在官方的協助下，才渡過難關。詳《家乘》左編，卷四〈宗子傳〉儀照、儀掞、儀炳三主奉傳，以及卷十六〈義莊歲記〉乾隆三十六、三十八、四十一等年記事。由此反面的事例，正可顯示當初製定「不得取有利債負」規矩的用意。

〔註84〕詳《家乘》右編，侍郎世系，范純粹傳。

# 第三章　范仲淹紀念中心的形成

## 第一節　范氏義莊長存的原因

　　讓義莊持續地經營下去，「永遠養贍宗族子孫」，[註1] 是范仲淹、范純仁等人衷心的期盼。然而在他們的心中相應於「永遠」的概念，有否具體的時間估算呢？永遠，到底是五百年？還是一千年？十世？還是二十世？設若當初有此一問，不知他們能否明確地根據某些可掌控的理由而自信地回答？九百年，一段比中國歷史上任何一個王朝生命都要長久的時間，也就是范氏義莊實際的存在歷史——可曾在他們的腦中閃過？

　　皇祐元年以後的九百年，范氏義莊經歷了南宋與大金的對立期、蒙元的統一期，也經歷了明清、清民兩次的改朝換代，並且進入二十世紀接受更大的社會變動的衝擊：先是二千年的帝制終告瓦解，再則主張無產階級專政的共產黨取得政治優勢，大舉進行社會改造。范氏義莊是在最後這一波天翻地覆的運動中終止的。今人朱明霞〈范仲淹族史研究〉一文提到：

> 范仲淹后裔在蘇州支衍蔓繁，一九四九年前，蘇州范氏義莊仍具有
> 相當規模，並定期春秋兩祭，對范氏家族產生著極大的凝聚作用。
> 最后幾任范氏義莊的執事人員情況是：
> 一、義莊主奉（首席負責人）
> 　　　范伯英（後去北平，1939 年亡故於北平）——范承昌（亞侃，

---

〔註 1〕 此爲元世祖至元年間朝廷准蠲免義莊義學科役省據中語，見《范集‧朝廷優
　　　　崇》，頁 341。

直到 1949 年）

二、義莊棣管（掌家法，教管族人）：

范子平——范承昌（後升主奉）——范承通（直到 1949）

三、義莊主計（掌財物）：

范玉蓀（直到 1949）

一九四九年以後，蘇州范氏義莊的田產，在土地改革中沒收，一切經濟來源斷絕而停止活動，但仍有人對某些事務承擔約定成俗的責任。〔註2〕

朱文並且說明范伯英、范子平、范玉蓀等人約屬范仲淹二十九世孫，范承昌、范承通約屬三十世孫。以范氏義莊所聚族眾世次字號分明的習慣看，朱文所記前三位義莊重要執事命名全不符宗譜，又不能肯定世次，實令人費解。〔註3〕不過，范氏義莊在共產黨土地改革政策中，無立足之地，才告瓦解，應是可以理解而且值得探信的。〔註4〕綿延九百年的范氏義莊，其代表的宗族共產的精神，無非隱褪於超越宗族範圍的社會共產制度之中了。

這的確是一段讓人不得不驚歎的歷史。事實上，從范氏義莊維持百年而未墜開始，即不斷有人爲其能夠長時期存在而發出浩歎，上一章提到范直方〈義田記後記〉、孫應時〈范氏義莊題名序〉，分別作於義莊成立後的百年、百五十年，都含有這樣的意味。欽羨浩歎之餘，叩問范氏義莊何以能如此長久的經營？乃是必然有的反應，尤其以其他義莊短暫的起落作爲對照之時，更是如此。

〔註2〕 文收《范仲淹研究論集》，頁 311～320，其中「義莊棣管」名稱，疑是「義莊提管」之誤。

〔註3〕 義莊范族世次字號，范仲淹當時定有二十世，前章已見。惟監簿房世次字號至六世之後，乃依范之柔（良能）另編十五世爲：「之家邦國延、天元從汝啓、惟允必能興」，與他房猶遵文正公所定者不同。而二十一世之後世次字號（至四十世），是明世宗嘉靖三十五年監簿房范惟一續定，監簿房爲：「儀德宏來學、端承敬懋方、秉中延孝立、引穀裕名揚」，其他諸房爲：「君章徵顯用、循迪廣欽崇、存本宜克後、時遵道晉隆」，載於《家乘》右編卷首，並爲全族遵用，各房世系井然可辨。是故范承昌、范承通當屬監簿房二十七世孫，朱云「約屬三十世孫」，非是。而范伯英、范子平、范玉蓀諸人名未合世次字號，疑或非譜名，或是其字，待考。

〔註4〕 近藤秀樹〈范氏義莊の變遷〉一文提到：日人天野元之助曾於昭和十四年（1939）三月，根據吳縣人當時的報告，確定范氏義莊仍然存在。這與 1949年，不過相差十年而已。

　　社會結構以及社會整體的價值觀適合義莊的發展，如同上一章二、三節所討論者，當然是范氏義莊能夠長久不廢墜的基本原因，但這卻無法有效地作為范氏義莊所以異於其他義莊而巍然獨存的解釋。因為，同處一個社會，所有有利范氏義莊生存的基本條件，也同樣為其他義莊所享有。況且，這些後起者，在管理規則上大部分規倣范莊，並且參入避免弊端的設計，然而卻未能跟隨范莊在生存時間上有特別的表現。由此可見，范氏義莊的長期存在，必然有其重要的個別原因。

　　關於這一問題，清人常訴諸天助與陰德之說，如方苞云「范氏宗法久行，非以其義田之多，乃文正忠宣之德行功業足以覆露其子孫，以陰為之保定，故食其福者七八百年，而未有艾也。」〔註5〕或如覺羅雅爾哈善云「歷觀史傳所載，敦本睦族，時有其人，然多及身而止，未有時更四代，世歷數十，綿綿苗裔，猶被實惠，如公在時者，苟非上天鑒公之德，時生賢子孫以維持之，能有是耶？」〔註6〕都將原因指向冥冥漠漠無可驗證的境地。這種說法，其實最與傳統社會的信仰契合，在當時自有其解釋的效度，然而卻不見得能為現代學者接受。

　　近代外籍學者如清水盛光、推捷也都曾就此表示過意見。清水盛光歸納清人的看法，得到兩點原因：第一是由於范氏一族世有賢子孫，他們挺身而出為義莊的存亡盡力；第二是由於朝廷及官廳給予特別優待與保護，有利其發展。〔註7〕此兩點解釋，雖然都有充分的根據，無違史實，卻未見透徹。因為我們還須問：朝廷與官廳何以獨厚於范氏義莊？而范氏賢裔在相距十世、甚至二十世之後，猶能挺身而出維繫義莊，為五服已盡、血緣早已淡薄的族親奔走，其原動力究竟何在？

　　而推捷則指出：范氏義莊所以能延續二十二代（按：受限於研究資料，他對范氏義莊的觀察只到清乾隆年間為止），大半是由於族外來源的資助，尤其是朝廷的認可以及地方官的支持，觀點相去前說不遠。不過，他進一步說明：族外人士是源於對義莊創始者范仲淹——一個典型的儒者——的尊崇與景仰，並且視范氏義莊為一組織宗族的模範機構，所以才展開實際的資助行

---

〔註5〕方苞，〈赫氏祭田記〉，《方望溪先生全集》文集卷十四，頁 207。

〔註6〕覺羅雅爾哈善，〈重修文正書院興復義莊記〉，文收於《范仲淹史料新編》，頁 136，又收於《家乘》左編卷二十二。

〔註7〕見《中國族產制度考》第二章「族產之起源及發展」，其第一節專論范氏義莊，這些意見主要在頁 67～74。

動。〔註8〕簡單地說，推捷認為族外人士對范仲淹的尊仰心態，以及對范氏義莊的珍護心態，才是促使范氏義莊得以長期延續的原動力。

這個看法相當中肯。而以此為基礎，我們可以再作推想：族外人士所懷有的此二心態，范氏子孫是否同樣具備呢？首先，對宗族某些賢子孫來說，答案顯然是肯定的。范安柱，明末清初的范氏族裔，在〈范氏家乘續修序〉中言：

> 吾宗幸承大賢之後，仰功德之巍巍，沐燕詒之井井，其以不愧科名，
> 不忝先訓者，厥有攸在，徒曰吾文正裔也，又多乎哉！〔註9〕

《家乘》中還有一則范家婦女勗勉其子繼承先志的記載：

> （節母徐孺人）子學庭，隨其翁元勳公入莊襄理，越數載翁又歿，
> 節母獨肩家務，茹苦含辛，居恒嘗勗其子曰：文正公創置義田，子
> 姓攸賴。司其事者，宜何如勤慎公正，以繼先志。〔註10〕

可見身為名臣儒賢後裔，范氏賢子孫實更具有外人所沒有的責任感與榮譽心，在宗祖的感召下，自豪自任地維持義莊的存續。

其次，以現實利益來揣想，當族外人士懷此心態以善待范氏義莊時，范氏族人若能體察其用心，則為了接收更多的援助，必然的作法是更加強調自己的尊崇與珍護心態。這種被動的態度，雖然羼染功利色彩，不甚可取，與賢裔孫之用心不同，但最後的結果卻是相同的。〔註11〕

綜上所述，則可斷言；尊崇范仲淹與珍護范氏義莊的心態，正是維繫范氏義莊存續的原動力，不論范氏族人或是善意的族外人士皆缺此不得。清水盛光解釋的不足處，由此說明，當可獲得補充。

族內族外的這股力量，使范氏義莊能夠長期地延續其生命，同時，卻也使范氏義莊在性質上產生微妙的變化。它，已經不是一個宗族內部的機構而已。宗族的封閉性，在某種程度上自我消解，使得社會力量能夠加入義莊的

---

〔註8〕見〈范氏義莊：一〇五〇～一七六〇〉，《儒家思想的實踐》，頁161。

〔註9〕《家乘》左編卷首，序文第五首。

〔註10〕《家乘》左編，卷六〈德媛傳〉，「節母徐孺人傳」。

〔註11〕這種心態當然很難從文獻中搜討例證。不過，范氏宗人挾引祖宗之賢能以為己身庇蔭的例子，亦非全無，如明初范從文，為監簿房十三世孫，《家乘》傳其事云：「洪武中……擢監察御史改戶部主事，以奏免株連盜倉百餘人得罪，且死。呼曰：『幸以祖先賢赦宥！』上問祖為誰？曰范仲淹。上曰：『得非先憂後樂者耶？』於是末減謫役。」文在《家乘》左編卷五〈賢裔傳〉。丁傳靖《宋人軼事彙編》范仲淹下亦附此事而略有出入。因此，我們推想范氏族人中理應不乏有此利用先祖名聲以乞外援之心態者，而且，若善用之則往往而能奏效。

管理，作用於范氏宗族之內。它的存在，自范氏族人看來，或許是攸關族眾權益的問題，然而，自外人的角度看，范氏族人的權益並非重點，焦點所在無寧是范仲淹這位前賢的理想，能否維繫於不墜？或者說，范氏義莊所凝聚的價值觀——也是這些族外人士普遍認同者——能否持續地在社會上被醒目地標示著？在此觀照下，范氏義莊不只是蘇州范氏族人的族產而已，它是中國社會中一個具有象徵意義的存在體。

由族內外雙重意義的交疊輝映，范仲淹個人受到無與倫比的重視，以至於我們可以稱說：范氏義莊，其實是一座範圍廣衾而形式特殊的「范仲淹紀念中心」。這座「紀念中心」與上述的兩種心態，恰成一良性循環：尊崇與珍護的心態，促使此一「紀念中心」愈形茁壯；而壯大的「紀念中心」則又吸引更多後人，沈浸在某種氛圍裡，油然而生對范仲淹的尊崇之心與對義莊的珍護之情。

換言之，范氏義莊所以異於一般義莊，而得以長期地經營、存在，與它由一宗族機構，轉而成為具社會性意義的先賢紀念中心，是息息相關的。

不過，其間性質的轉變，或者說，這座別具意義的紀念中心的形成，是有複雜的歷史因緣的。以下的三節，將從范仲淹直裔子孫回歸蘇州的史實開始，說明南宋以後范氏義莊的內部組織概況，以及義莊性質改易終至形成一范仲淹紀念中心的曲折過程。

## 第二節　靖康變局對范氏義莊的影響

### 一、范仲淹直系子孫的回歸蘇州

北宋王朝自始至終都受到北方民族入侵的威脅。徽宗一朝，君臣企圖聯金滅遼以收復燕雲諸州，不料卻引狼入室，金人滅遼之後即進而侵犯宋疆。自從徽宗宣和七年（1125）金兵直抵汴京城外開始，中國彷彿不設防，金國的部隊可以橫行於中原。欽宗靖康元年（1126）二月，他們帶著豐厚的戰利暫時撤軍，宋廷卻未能趁機積極佈置戰守策略，於是，十一月，金人又以宋廷未履行和約為由，輕易地再度南下，攻陷汴京，擄走徽、欽二帝，立張邦昌為傀儡皇帝號大楚，史稱「靖康之難」。就在政局危急之時，宗澤等人扶持康王趙構即位於南京（應天府，在今河南商邱），改元建炎（1127 始），即是後來

的南宋高宗。趙構原想招誘契丹（遼）圍金復仇，結果事跡洩露，於是金太宗下令攻宋，宋高宗南幸揚州，黃淮平原終於淪為烽煙干戈之地。

在這動盪的時代，北地臣民除了戰亡、殉難、就擄、投降之外，逃往南方避難，大概是他們唯一的選擇了，落籍在潁昌府（今河南許昌）的范仲淹直系子孫，也面臨同樣的命運。

《家乘》中對范仲淹一系子孫墓葬地的記錄，〔註12〕提供一些線索，可以獲知從范仲淹的第三代（幾個年紀較小的孫子）起，他們的墓葬地已不在北方的洛陽，而是散落長江以南了，並且有許多夫婦二人葬地睽隔的現象，這些都說明了這場戰亂對他們的衝擊。

范仲淹的家族，遷居於吳地是始自他的高祖父范隋。范隋在唐懿宗咸通二年（861）贈勳柱國，出任處州麗水縣丞（故族人稱「麗水府君」），死後葬於天平山，〔註13〕此後子孫定居，即以天平山為族塋之區，范仲淹的父、祖、曾祖，以及未遷徙於外地的五服親屬，即大多安葬在此。但，范仲淹死後，子弟並沒有移柩歸葬先塋，其中緣故並非因路途遙遠，〔註14〕最大的理由應是為了成全范仲淹對母親的孝思。

我們都知道：范仲淹是繼室所出，生母謝氏在他二歲時，喪夫，清貧無以為立，所以攜子改適長山朱氏。長大成人的范仲淹，雖然可以憑據血緣關係認祖歸宗，恢復范姓，而且從朱家接回母親，獨立奉養，卻萬不可改變生母已非范氏族人的身份。謝氏死後，當然無緣入葬蘇州范氏祖塋，於是范仲淹為他選擇在河南府洛陽縣彭婆鎮萬安山上，一處風景優美的地方作為墓地。此處「北倚黃花等山，南包江左一河，嵩少峙其左，伊水遶其右，山重水複，氣聚風藏」。作為「范母謝夫人」唯一的子嗣，為盡祭掃的孝心，范仲淹當然不能攜其子眷遠離洛陽，回歸蘇州。而且，也惟有他死後同葬在此，才能為其生母延續子孫的祭拜，血食不冷。所以，萬安山也是范仲淹及其夫人李氏安息的所在，其墓就在謝夫人墓的西南方不遠處。嘉祐二年（1056）

---

〔註12〕 《家乘》左編，卷二十〈墳墓考〉，有詳細的范仲淹子孫輩的墓葬記錄。

〔註13〕 詳《家乘》左編卷一〈始祖傳〉及卷二十〈墳墓考〉。又卷十九〈遺跡考〉，江南天平賜山條下云：（山在）吳縣西二十七里，為郡之鎮山，峰巒峭拔，石皆卓立，誌稱「萬笏朝天」，喬木森蔚，多產芝蕙，秀甲諸山。文正公高曾考四世墓域俱在山麓左右，其下有寺曰白雲，即文正公奏賜之功德院也，寺西南為忠烈廟，廟寺之間為登山徑路，山多名勝。

〔註14〕 范仲淹卒於徐州，其地距潁昌較蘇州為近，但與洛陽的直線距離，大概相等於蘇州。其死後歸許而葬洛，宜非受地理因素限制。

范純仁請以彭婆鎮法會院置功德墳寺，奉文正公香火，仁宗特賜「褒賢顯忠」寺額，並敕賜墓地八百餘畝。〔註 15〕因此，范仲淹的第二代，也全都下葬左右。純祐祔葬文正公墓左；純仁墓在文正公墓西北，夫人王氏合祔；純禮墓在純仁墓稍右，夫人王氏合祔；純粹墓又在純禮墓稍右。其中純祐夫人李氏，以及純粹的元配邢氏，是否祔葬？並無明確記載。但是，純粹的繼配晁氏未能合葬此地，則是因爲被金兵所擄，亡故異地的緣故。〔註 16〕據此可推，范仲淹第三、第四代孫輩，大部分必然得面對宋金戰亂的威脅了。

第三代中，死後猶葬於萬安山者，有純祐的獨子正臣，純仁五子中的長子正民、次子正平、第三子正思、第四子正路，以及范純粹五子中的長子正夫、第三子正譽。他們的夫人也大部分祔葬，只是其中正平的側室、正思的元配，墓地分別在長沙、武昌兩地。其他如純仁第五子正國，葬蘇州天平山附近的仰天山，夫人葬江西撫州；純禮的獨子正已，葬天平山，夫人葬萬安山；純粹的第四子正興、第五子正需，則先蒿木葬寧國府（今安徽省境）涇縣，後分別改葬南陵縣的龍首山與金峰山，至於其次子正圖，在靖康之亂中與妻子皆陷於敵，葬地失考。〔註 17〕

觀此墓葬記錄，即可感受他們的倉皇驟散。其中范正國與范正已，選擇回到蘇州祖先的故里，他們從避亂到回歸的情形是這樣的：

> 正國，字子儀……靖康之亂奉生母趙太宜人避兵蔡州（今河南汝南縣），旋丁趙宜人憂。建炎三年，隆慶太后如洪州（今江西南昌縣），公以樞密院幹辦官扈從。……告老卜居臨川（今江西臨川縣），而念先世塋在吳，紹興二十三年至吳展謁，遇疾卒於天平山白雲功德寺。〔註 18〕

> 正已，字子修……靖康之亂，金兵深入畿甸，時公以朝奉郎簽書寧海軍節度判官，朝旨赴行在……高宗即位，公捧表詣杭州……建炎二年帝駐蹕維揚，召公入見，公極陳天下安危利害，遂權京西路轉運判官

---

〔註 15〕詳《家乘》左編卷二十〈墳墓考〉。范仲淹選擇北地葬母，而非蘇州，還有個重要原因，是他認爲蘇州風俗太薄。而先祖本爲北人，因此轉而就北。詳《范集・尺牘》卷下，「仲儀待制」，頁 239。

〔註 16〕范純祐諸人墓地所在亦詳〈墳墓考〉，晁氏亡故異地，事見《家乘》右編「侍郎世系」范純粹條及范正興條。

〔註 17〕《家乘》右編，「侍郎世系」范正圖條。

〔註 18〕《家乘》左編，卷五〈賢裔傳〉，范正國傳。

> 兼撫諭使……三年以剿減群寇功，加直徽猷閣，四年以破李成功，進
> 朝請大夫……紹興六年起知衢州（今浙江衢縣），郡中多權貴，所爲
> 不法，公一切繩之不少屈，由是嫉公者日至。公自知不爲眾所容，八
> 年三月遂乞祠致仕，居天平山白雲寺，十年七月卒。〔註19〕

前者是生命結束前，因展墓而回歸的；後者則晚年已家居蘇州了。

第四代的行輩雖次，生年卻不見得皆晚於第三代。幾個較年長者，可能
未逢國厄，便已亡故了，如純仁的長孫直彥與其元配，便合葬於萬安山。

范仲淹第四代孫（曾孫）中，承繼范純祐香火者，事實上是過繼爲後的。
純祐獨子正臣，卒於英宗治平元年（1064），享年二十，已婚無子，過繼承嗣的
是族兄范世京的第三子，原名耕，入繼後改名直隱。〔註20〕范世京是范仲淹三
從姪孫——仲淹的高祖，即世京的六世祖——這個關係，並不在五服之內，
是很疏遠的族親。世京的祖父范琪，與范仲淹同年生而稍長，兩人爲同高祖兄
弟（即族兄弟或稱三從兄弟），天聖五年（1027）進士及第；〔註21〕世京的父親
范師道，天聖八年（1030）進士，官至尙書戶部郎中，《宋史》有傳；〔註22〕
世京本人則是皇祐五年（1053）進士。〔註23〕這是蘇州范氏宗族中另一顯宦的
家族，他們並沒有因仕宦而遷居異鄉，死後都葬在天平山。〔註24〕至於范耕是
何時入繼的呢？他生於神宗熙寧四年（1071），所以不會早於此年；而他在哲宗
紹聖二年（1095）因范純仁的關係，廕補郊社齋郎。如果不是已經過繼爲范正
臣之子，而成爲范純仁小功之親，以原本疏遠的關係，是無從奏補的。所以也
不應晚於此年。他的從政生涯是在江蘇、安徽、浙江等地任職小官渡過的，徽
宗政和六年（1116）死於紹興府餘姚縣知事任內，歸葬於天平山。〔註25〕從他
的仕宦地點與葬地來看，他雖入繼爲潁昌范正臣之後，但與蘇州的關係卻是相
當密切的。血統上，他雖非純祐的直系血親，系譜上的身分，卻是不折不扣的
嗣子。可以這麼說：他是范仲淹裔孫中，最早歸居於蘇州的一位。而從後世的
發展看，范直隱（耕）這一脈流衍昌盛，也因爲繼承范仲淹嫡長子之統，所以

---

〔註19〕 《家乘》左編，卷五〈賢裔傳〉，范正己傳。
〔註20〕 《家乘》右編，「監簿世系」范正臣條。
〔註21〕 《家乘》右編，「始祖世系」范琪條。
〔註22〕 《家乘》右編，「始祖世系」范師道條，並見《宋史》卷三○二。
〔註23〕 《家乘》左編，卷三〈房祖傳〉，秘丞房祖范世京傳。
〔註24〕 《家乘》左編，卷二十〈墳墓考〉諸人資料。
〔註25〕 《家乘》右編，「監簿世系」范直隱條。

在宗族內部佔有特殊地位，對范氏義莊饒有貢獻。

其餘第四代裔孫，屬范純仁系者十三人，范純禮系者六人，范純粹系者十人，他們的葬地或下落，列述如後：

（一）純仁十三孫

1. 直彥，元配王氏，合葬萬安山。

2. 直雍，徽宗崇寧初（1102）卒於嶺外，歸葬萬安山。

3. 直清，遷居潭州湘潭縣（今湖南湘潭縣），紹興二十年卒，葬該縣天門山，元配陳氏先卒於潁昌，祔葬萬安山，繼配劉氏、又繼配劉氏俱祔葬天門山。

4. 直舉，卒於家，權厝潁昌西湖菩提寺。

5. 直方，高宗紹興二十一（1151）年卒於吳中至德里第，葬天平山。元配曹氏卒於潁昌，繼配王氏卒於長安，俱葬萬安山，又繼配王氏祔葬天平山。

6. 直英，高宗紹興二十四年（1154）卒於上饒（今江西上饒縣內），歸葬吳縣崒崶山。元配高氏葬萬安山，繼配馮氏，又繼配宋氏俱合葬崒崶山。

7. 直孺，徽宗宣和七年（1125）陷於金，葬地無考。

8. 直筠，孝宗淳熙二年（1175）卒於臨安，葬江西撫州臨川縣。

9. 直聲，高宗紹興三十二年（1162）卒，葬江西撫州臨川縣。

10. 直卿，五歲卒於英州。

11. 直覺，早亡。

12. 直端，早亡。

13. 直顯，孝宗淳熙五年（1178）卒於天平山白雲寺，與元配錢氏、繼配徐氏祔葬天山其父（正國）塋側。〔註26〕

其中直方、直英、直顯三人應是已回歸蘇州了。

（二）純禮六孫

1. 直愚，舊譜云：「兩京再陷不知所終」；紹興譜云：「高宗南渡，扈蹕在越，居十餘年，歸吳。」元配程氏葬萬安山，繼配鄧氏卒於紹興，歸葬天平山。

---

〔註26〕以上十三人資料取自《家乘》右編「忠宣世系」。

2. 直友，五歲卒於西京寧陵陵河亭。

3. 直諒，高宗建炎四年（1130）卒於潭州湘陰縣（今湖南湘陰縣），與元配李氏合葬潭州衡山縣（今湖南衡山縣）。

4. 直康，五歲卒於穎昌宅。

5. 直大，孝宗乾道二年（1166）卒於衡州衡陽縣（今湖南衡陽縣），葬湖州武康縣（今浙江德清縣內），移葬臨安府餘杭縣（今浙江餘杭縣）。

6. 直剛，高宗紹興二十四年卒於臨安府餘杭縣，與元配胡氏、繼配吳氏合葬湖州武康縣。〔註27〕

此六人為純禮獨子正己所生，正己葬天平山已如上述，而六子葬地，除直愚未詳外，餘皆不在吳中，但這並不表示這幾個家庭與義莊疏遠。地理上湖州與蘇州位於太湖兩側，彼此相距不遠，交通並不困難。而且直大的的長子公元曾被推為蘇州范氏族長，有功義莊，〔註28〕其裔孫良璹、士振、士吉，以及直諒裔孫士達、直剛裔孫良實，都曾任義莊掌莊，〔註29〕在在證明范純禮一系回歸蘇州的事實。

## （三）純粹十孫

1. 直心，靖康元年穎昌陷，夫婦俱被擄。

2. 直用，穎昌陷，被擄。

3. 直慮，穎昌陷，被擄。

4. 直遇，穎昌陷，被擄。

5. 直圭，穎昌陷，被擄。

6. 直膚，早亡。

7. 直養，高宗紹興間徙居寧國府涇縣（今安徽涇縣），光宗紹熙三年（1192）卒於池州，無子。

8. 直行，本純禮孫，入繼為正興子，高宗紹興三十年（1160）卒於寧國府南陵縣居第，葬金峰山。

〔註27〕 以上六人資料取自《家乘》右編「右丞世系」。范正己實有七子，第七子直行入嗣侍郎房為正興之後。

〔註28〕 詳《家乘》右編「右丞世系」范公元條，及樓鑰〈范氏復義宅記〉，《范集·褒賢祠記》卷二，頁331。

〔註29〕 詳《家乘》左編卷十六〈義莊歲記〉，良璹於1242年掌莊，士振在1247至1259年間掌莊十年，士吉自1256至1259亦掌莊事，士達在1238至1247年間掌莊五年，良實則在1200至1210年間掌莊四年。

9. 直節，穎昌陷，被擄。

10. 直紹，孝宗淳熙十二年（1185）卒於寧國府南陵縣居第，與元配吳氏
　　合葬金峰金。〔註30〕

　　宋金戰爭對范純粹一房打擊頗為嚴重，九孫之中有六人為金兵所擄不知
所終，而一人早亡，則能延續血脈者僅存二人（即直養、直紹），即使加上後
來入繼的直行，也不過三人而已。更不幸的是，三人中直養乏嗣；直紹單傳
而無孫，又由范純禮玄孫入繼承嗣，旋即乏絕。惟一延傳後裔的是直行這一
系，而且亦無子，乃又由純禮曾孫公奭承嗣，公奭產三子，其二乏嗣，僅次
子良裘傳後，並因仕宦的關係遷居山東。〔註31〕換言之，戰亂使范純粹子孫
散亡各處，也使這一房系傳宗接代的宗族任務，進行得格外辛苦。系譜上范
純粹的子孫，其實也如同范純祐一房，並非嫡系血親，而其中差異的是：純
祐一房在蘇州持續綿延至今，純粹一房子孫卻始終未曾回歸此地。

　　討論至此，我們可以得知：范仲淹的子孫回歸蘇州，雖不全然因為北方
戰亂的關係，但這場亂局，卻絕對是促成其子孫大量回歸的原因。戰爭，破
壞了范仲淹家族在北方剛建立起的族聚地，當然是這一家族的不幸，然而，
對更大範圍的范氏宗族來說，卻有其正面影響。范仲淹直系裔孫的回歸，正
代表吳中范氏宗族史上，對宗族與國家貢獻最多，而事功道德備受世人肯定
的賢子裔，終於在名義及實質雙方面都融納於先祖開創的宗族基地之中，重
新在其先祖經營的土地上延續宗族的生命。

　　這樣的發展，為「范仲淹紀念中心」的形成，舖築了最穩固的基礎。設
想：假若歷史上一直存在「穎昌范家」的話，那麼社會群眾要選擇一處最理
想的范仲淹紀念地，將會遇到何種困難？蘇州與穎昌應該都是可以考慮的地
方。前者有范氏義莊的存在，而後者則聚有范仲淹的直系血脈。以義莊為中
心，當然可以顯示范仲淹的德操；但正統血脈卻攸關祠祀紀念活動中身分代
表性的問題。不過，可能的發展也包括：某些范仲淹的直系裔孫回到了蘇州；
而穎昌范家在某一階段，又有貴顯子弟挺身而出，效法先祖的美意，成立另
一個義莊，救贍此地日益疏遠而清貧的族親（這並非不可能，視蘇州范氏代
有捐田增擴義田數的賢後裔可知也）。如此，則將有兩處同樣具有血緣代表優
勢的「范氏義莊」同時存在，前面提到的抉擇，將會更形困難。再從另一角

〔註30〕以上十人資料取自《家乘》右編「侍郎世系」。
〔註31〕詳《家乘》右編「侍郎世系」，此後衍為芝陽支。

度設想：社會族外人士因景仰范仲淹而生發的資助力量，所造就的現實利益，難保不會誘引范家族眾產生私心，為爭取更多的族外挹注，兩地范氏族人，雖不必然會互相攻訐，貶抑對方以壯盛自己，但無知族人妄生區別，引發無謂的代表性之爭辯，卻又甚有可能。

所幸，這是歷史上從未發生的，提出這些假想，想要點明的無非是：歷史上有「潁昌范家」瓦解，而後族眾大部分回歸蘇州的事實，才使得蘇州范氏義莊一方面保有范仲淹的贍族理想、仁義精神，一方面又取得了厚實的血緣代表優勢，因此，成為舉國之內最具紀念范仲淹意義與條件的理想地點。紀念地點單一化的結果，便是社會上景仰范仲淹而生發的資助力量，自然而然地只向此地集中，一座紀念先賢的實體於是日復一日地壯大了。

## 二、南宋後范氏義莊的宗派結構

要了解南宋以後的范氏義莊，不能不先認識義莊的宗族結構，即所謂的「十六房」。

房的概念是從子與父的相對性而來的，一個核心家庭中的眾多男子相對於其父而彼此獨立、經濟上各為主體的地位，稱作一房。例如，一個擁有五個兒子的核心家庭，基本上即潛存著五個房。

這種相對的概念，也可以應用於世代久遠的宗族之內。統一於宗族始祖的繁多族眾，為求細部區分譜系關係，通常即會衍生房派的概念，每一房派分別繫領房祖以下以至當代的各代宗族成員。這種形態的房，涵蓋的成員包括在世及已逝世者，可能多達數十代，與前述之房，是有所差異的。為區別起見，我們稱前者為「基礎房」，後者為「擴展房」。二者雖然範圍差異很大，現實的功能也有不同，但卻是同出於相對的原則，基礎房相對於其父而成立，擴展房則是相對於其宗族始祖而存在。

范氏義莊的「十六房」，當然是指擴展房，其中每一房各有房祖，相對於蘇州范氏始祖，而領繫房派名下的數代子裔。《家乘》左編卷三〈房祖傳〉序云：

> 祖別為房，支由分也。房系以祖，支所宗也，繼祖繼禰之遺意也。……
> 房所自名，從其爵，從其謚，古者仕為大夫，則為別子。此十六房
> 之名，定於當時，而後遂各以系繫之，凡以統乎支也。分之為十六，
> 合之仍為一本。

序中「祖別為房」之祖，是指其宗族始祖，為諸房子孫的共祖；「房系以祖」

之祖，則指各房房祖，爲個別房派內子孫的共祖，指涉對象並不相同。十六房，每房各有其名，是由房祖的官爵諡號得來的。此官爵或諡號代表房祖特殊的「仕」的身分，因具有相當於古代大夫的地位，所以才有資格被立爲房祖。因此，可以說擁有官爵或諡號，是成爲房祖的必要條件（但非充分條件，因爲范氏宗族內有許多擁有仕宦身分者，並沒有獨立爲一房房祖，後詳。）。

　　表四，以及圖一，是我們對范氏義莊十六房的初步整理，主要參考《家乘》左編卷三及右編卷首，圖、表中我們都以范仲淹爲核心，標記各房祖與他的關係，如此才能方便理解各房彼此間的關係。

## 表四：范氏義莊十六房及其房祖與范仲淹關係表

| 房派 | 房祖 | 生存時期 | 官爵或諡號 | 關係 | 親等 | 備註 |
|---|---|---|---|---|---|---|
| 監簿 | 純祐 | 1024～1063 | 將仕郎將作監主簿 | 長子 | 一等斬衰 | |
| 忠宣 | 純仁 | 1027～1101 | 觀文殿大學士尙書右僕射兼中書侍郎上柱國高平郡開國公，諡忠宣 | 次子 | 一等期 | |
| 右丞 | 純禮 | 1031～1106 | 中大夫尙書右丞上柱國高平縣開國侯，諡恭獻 | 三子 | 一等期 | |
| 侍郎 | 純粹 | 1046～1117 | 朝散大夫戶部侍郎龍圖閣直學士兼鄜延路經略安撫使 | 四子 | 一等期 | |
| 中舍 | 仲溫 | 985～1050 | 太子中舍 | 嫡兄 | 二等期 | |
| 支使 | 巨 | 1010 左右任官 | 宣德郎福州觀察支使 | 堂兄 | 四等大功 | |
| 朝奉 | 純懿 | 1040 左右任官 | 朝奉郎大理寺丞 | 堂姪 | 五等小功 | 范巨長子 |
| 贊善 | 純古 | 1060 左右任官 | 太子右贊善 | 堂姪 | 五等小功 | |
| 儒林 | 鈞 | 卒於 1033 左右 | 儒林郎長洲縣尉 | 再從兄 | 六等小功 | |
| 朝請 | 正倫 | 1055～1113 | 贈朝請郎 | 再從姪孫 | 五服外 | 范鈞孫，范純誠長子 |
| 司理 | 正邦 | 1058？～？ | 鳳州司理 | 再從姪孫 | 五服外 | 范正倫三弟 |
| 駕部 | 聞 | 1076～1126 | 朝散郎尙書駕部員外郎 | 再從曾姪孫 | 五服外 | 范正倫次子 |
| 宣義 | 幾道 | 仁宗時任官 | 宣義郎知南康軍大庾縣 | 三從姪 | 五服外 | |
| 秘丞 | 世京 | 1026～1071 | 著作郎秘書丞 | 三從姪孫 | 五服外 | 范幾道堂姪 |
| 大夫 | 世文 | 1048～1114 | 朝散大夫 | 三從姪孫 | 五服外 | 范世京三弟 |
| 郎中 | 世延 | 1072～？ | 右奉直大夫尙書吏部郎中 | 三從姪孫 | 五服外 | 范世京堂弟 |

### 圖一：范氏義莊十六房宗支關係圖

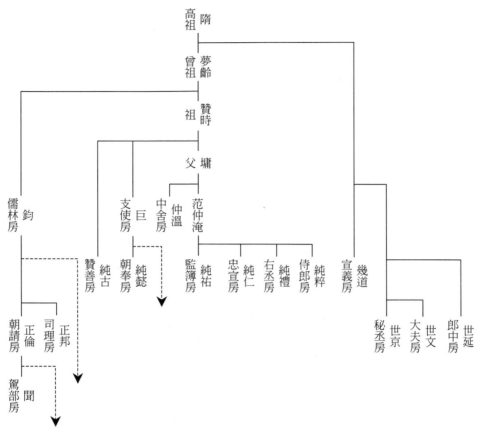

○註：虛線表示該房領繫裔下別分房之外的子孫

此十六房確立的時間，序文中說得很含糊，「定於當時，而後遂各以系繫之」云云，究竟指著何時？並無明示。

《家乘》〈凡例〉第二則云：

> 文正續修家譜，定世次字號，嗣是昆弟群從之，仕於朝者十六人，
> 後遂分爲十六房，各有所宗。

又《家乘》右編〈宗支世次〉按語：

> 自文正公置義田以贍族，後遂即子孫之仕於朝者十六人，分爲十六
> 房而冠以官名，使其子孫各有所宗焉。今在吳者，所存止九房⋯⋯

這兩則出於范氏子孫的說明，不但無法澄清上述的問題，甚且節外生枝，引起誤解。前者的敘述，不免讓人以爲十六房是自范氏的仕宦之家自然演變而

來的，此仕於朝的族人共有十六人，所以房分爲十六。這是很明顯的錯誤。因爲從表四，可以清楚地看到朝請房房祖范正倫的官銜只是贈官，乃是因他兒子范聞（即駕部房祖）的身分而獲得的，〔註32〕並未眞正仕於朝。而翻查《家乘》史料，范氏族人眞正從政於朝的，又豈止十六人？〔註33〕

　　〈宗支世次〉的按語，以文法分析之，「文正公」作爲句中的主語，領屬的述語是「置義田以贍族」而已呢？還是接連著「後遂即子孫之仕於朝者十六人，分爲十六房」這件事呢？換言之，分子孫爲十六房這一敘述，它的主語到底是范文正以外但省略了？還是即爲句中的「文正公」？這裡的含糊其詞，使得讀者可能理解成：十六房是范仲淹爲了「使其子孫各所宗」而分立的。由於如是理解，以致於直截以爲十六房是義莊創立伊始即已存在著。近代學者不乏有此誤解者，如邱添生云：

> 原來，范仲淹以下裔派的范氏宗族，以其直系血親的長子純祐、次子純仁、三子純禮、四子純粹等四房爲中心，另包括仲淹同輩的旁系血親，計分爲十六房，當時共聚的族人有九十口。〔註34〕

觀其語意，顯然認爲北宋之時范氏義莊族聚的九十口族人，即分屬十六房。殊不知范氏義莊成立之時，侍郎房祖純粹、大夫房祖世文，尚在襁褓；而朝請房祖正倫、司理房祖正邦、駕部房祖聞、郎中房祖世延都未出生，如何可能被預立爲一房之祖，又何來房下成員？

　　這些荒謬的認識，實導源於《家乘》編輯者未能就此問題追根究柢。

　　而上述的分析裡，事實上，還有一疑問尚待解答，就是十六房掛名的時間問題。十六房房名是在時間流行中次第標示出來的呢？抑是在某一特定時間被標定的？如果屬於前者，則配合〈房祖傳序〉：「仕爲大夫則爲別子」的說法，宗族內部任何一位從仕任官，甚至只是獲贈官銜的族人，都有可能在傳衍二三代後，成爲一房之祖，子孫即以其官爵標示本房，以與他房相區別。在此情形下，范氏宗族內部，原本當有遠比十六房更多的諸房，後來僅存十六，應是由房下子孫能否繁衍所決定。然而，這不太合乎實情。因爲，如果

---

〔註32〕　《家乘》左編，卷三〈房祖傳〉朝請房祖范正倫傳。
〔註33〕　《家乘》左編，卷十〈登進志〉記錄范履冰以下范族子弟的仕宦情形，其從政於朝的不勝枚舉。
〔註34〕　〈試論范仲淹創設的義田〉，《紀念范仲淹一千年誕辰國際學術研討會論文集》，頁1196。邱添生的認識實襲自近藤秀樹〈范氏義莊の變遷〉一文，惟近藤之文爲日文，不便迻錄，故引此。

這是一項族內的分化原則，爲何後世不再遵守？何以後來的仕宦子弟，即使官位再高，裔孫再多，卻未出現新的房派，仍繫屬於十六房之中？再者，從後世十六房僅存其九，但宗譜猶屢屢稱十六房的情形來看，〔註35〕則原先存在而後來乏絕的十六房以外諸房，何以獨獨未受宗族的眷顧，甚至連房派名稱一次也不曾出現在家族史中呢？

因此，十六房房名不應是在時間流衍中次第標示而來的。我們認爲：這些房名確立於某一時間的看法，是比較妥貼的，而其時間應在南宋初期。以下試舉三項理由作一說明。

第一，郎中房是因房祖范世延任官「尚書吏部郎中」而得名。然而，他是在高宗建炎元年，「以承議郎轉朝奉郎遷尚書吏部郎中知嚴州」的，〔註36〕亦即北宋之時，他並未官吏部郎中。顯然，范世延派下裔孫，要在南宋以後才可能稱作「郎中房」的。

第二，義莊十六房既然是爲了「使其子孫各有所宗」的收族目的而標立，理應以當時凝聚於義莊的宗族成員——不僅是居於義宅之內或居於平江支領義米者，還應包括散於附近但聯繫密切的族人——實際上包含有此十六房派下子孫爲前提。但，誠如上文所述，純仁、純禮、純粹諸裔，乃是南渡之後才陸續回歸蘇州，或遷居於江南一帶。由此可知：范氏義莊標立十六房的舉措，當在南宋之後。

第三，從蘇州范氏族裔的繁衍情形看，南宋之前屬於此十六房之外的族人是存在著的，也就是說，如果十六房的標立，是在南宋之前，則只此十六房必然無法領屬宗族的全都成員。所以，義莊這項舉措，必然是在南宋宗族成員僅存這些房派子孫時，才屬合理。爲了說明此點，我們有必要對范隨遷吳之後子裔的繁衍狀況，稍作了解。圖一，其實只是以十六房爲主而製作的宗支關係圖，圖上省略了許多這一宗族早期成員的系譜位置，所以無法反映吳中范氏繁衍的實際狀況。表五，則是針對范隋裔孫傳續乏絕的狀況，根據

---

〔註35〕十六房中陸續於宋元間在蘇無裔者，計有（一）侍郎房，六世之後無傳；（二）宣義房，八世之後無傳；（三）秘丞房，九世之後無傳；（四）駕部房，十世之後無傳；（五）司理房，十世之後無傳；（六）大夫房，十一世之後無傳；（七）贊善房，十世之後無傳。詳《家乘》右編各房世系。清乾隆間主奉范興本猶倡議「義祭」，爲此無裔之七房與其他九房中之乏嗣者諸靈舉行公祭，以示錫類推恩之意，事見《家乘》左編卷十八〈祭法考〉義祭條。

〔註36〕《家乘》左編，卷三〈房祖傳〉，郎中房祖范世延傳。

《家乘》右編「始祖世系」所作的整理，可補圖一之不足。

## 表五：范隋裔孫傳續乏絕情況說明表

| 一代 | 二代 | 三代 | 四代 | 五代 | 續　絕　情　形　說　明 | 編號 |
|---|---|---|---|---|---|---|
| 隋 | 夢齡 | 禹謨 |  |  | 禹謨乏嗣 |  |
|  |  | 浩謨 | 胵 | 熙 | 熙一子，子乏嗣 | 一 |
|  |  |  |  | 黨 | 黨之後三代單傳，曾孫爲僧，乏嗣 | 二 |
|  |  |  | 賡 | 鍔 | 鍔三子一孫，孫乏嗣 | 三 |
|  |  |  | 度 |  | 度乏嗣 |  |
|  |  | 光謨 | 埴 | 釱 | 釱一子，子乏嗣 | 四 |
|  |  |  |  | 鈞 | 鈞爲儒林房祖，嗣孫別爲朝請、司理、駕部三房祖 | 五 |
|  |  | 贊時 | 堅 | 鎬 | 鎬一子，子乏嗣 | 六 |
|  |  |  |  | 鑾 | 鑾乏嗣 | 七 |
|  |  |  |  | 鑑宣 | 鑑宣爲僧，乏嗣 | 八 |
|  |  |  |  | 仲淵 | 仲淵長子純古爲贊善房祖，次子一子爲僧，乏嗣 | 九 |
|  |  |  | 坰 | 銑 | 銑乏嗣 | 一〇 |
|  |  |  |  | 錡 | 錡一子六孫四曾孫，曾孫中其一爲僧，其三乏嗣 | 一一 |
|  |  |  |  | 巨 | 巨爲支使房祖，長子純懿爲朝奉房祖 | 一二 |
|  |  |  |  | 鎧 | 鎧一子，子乏嗣 | 一三 |
|  |  |  | 墉 | 佚名 | 早亡佚名 | 一四 |
|  |  |  |  | 仲溫 | 仲溫爲中舍房祖 | 一五 |
|  |  |  |  | 鎡 | 鎡一子一孫六曾孫三玄孫，玄孫皆乏嗣 | 一六 |
|  |  |  |  | 佚名 | 早亡佚名 | 一七 |
|  |  |  |  | 仲淹 | 仲淹四子，分爲監簿、忠宣、右丞、侍郎四房祖 | 一八 |
|  |  |  | 埙 |  | 埙乏嗣 |  |
|  |  | 侯謨 |  |  | 侯謨乏嗣 |  |
|  | 均 | 從誼 | 昌運 |  | 昌運乏嗣 |  |
|  |  |  | 立言 | 鶚 | 鶚乏嗣 | 一九 |
|  |  |  |  | 鵬 | 鵬乏嗣 | 二〇 |
|  |  |  |  | 簡 | 簡一子二孫一曾孫，曾孫乏嗣 | 二一 |
|  |  |  | 昌言 | 珣 | 珣長子幾道爲宣義房祖，次子、第四子一傳而乏，第三子乏嗣 | 二二 |
|  |  |  |  | 珀 | 珀一子一孫，孫乏嗣 | 二三 |
|  |  |  |  | 璟 | 璟一子，子乏嗣 | 二四 |
|  |  |  |  | 琪 | 琪三子六孫，三孫乏嗣，另三孫分爲秘丞、大夫、郎中三房祖 | 二五 |

　　此表上半部詳列自范隋至其玄孫共五代的男性家族成員，其下則說明每一位成員的傳嗣情形。經由表列可以清楚地看到：至第五代爲止，范隋嫡傳子孫已可分爲二十五支系，表下的編號即此二十五支系的代碼，范仲淹是其中之一，編號十八。

　　此二十五人當中，及身而乏嗣者有七人（編號七、八、十、十四、十七、十九、二十），一傳而乏嗣者有五人（編號一、四、六、十三、二十四），二傳而乏嗣者有二人（編號三、二十三），三傳而乏嗣者有三人（編號二、十一、二十一），四傳而乏嗣者有一人（編號十六），這十八人的系譜位置，當然在圖一中都被省略了，因爲他們與十六房的傳衍無關。十六房房下子孫是其餘七人（編號五、九、十二、十五、十八、二十二、二十五）的後代。

　　十八支系香火乏絕的時間，並不相同，最晚的一支，當屬四傳而乏絕的范鎡（編號十六），也就是范仲淹的第三兄長。范鎡幼於仲溫，所以年齡應與仲淹相差不到三歲。他的傳嗣情形如左：

　　范鎡，娶李氏，一子。

　　一傳：純禧，一子。

　　二傳：純禧子正中，任觀察支使，六子。

　　三傳：正中長子直諒，無子；次子直躬，無子；第三子直諫，無子；第四子直道，無子；第五子直義，無子；第六子直洵，三子。

　　四傳：直洵長子公仍，無子；次子公實，無子，第三子公哲，無子。〔註37〕資料顯示范正中也曾任官觀察支使。就像支使房得名，是因房祖范巨曾任福州觀察支使之故，那麼，范正中的子孫若得延續下去，又何嘗不能標立房派呢？然則，義莊十六房未見此系，正因他們在宗族尚未別立房派前即已乏絕了。若以二十五至三十年爲一世代計算，以范鎡生於西元九八七年左右，則他的玄孫輩（即公仍等人），當生於西元一○八七至一一○七年之間。而公仍等人乏嗣的原因，是無子，並非早亡，因此推算確定他們無後的時間，至少還需向後延申三十年左右，即在西元一一一七至一一三七年之間也。又因公仍等人是范正中之第六子所生，所以，又當以靠近一一三七年，較爲恰當，此年，是爲高宗紹興七年。如果對照范仲淹長子純祐一脈，其良字輩孫（世次晚公仍等人一世）是出生於紹興十年以後，〔註38〕那麼，以上的推算應該

不太離譜。據此，我們可知南宋之前屬於義莊十六房以外的族人是確實存在
的。

　　合上三項理由，我們可以保守地否定義莊十六房的標立時代是在北宋的
看法，同時，又可以大膽地推測：南宋初期，范氏義莊的宗族內部結構，即
有確定十六房的條件，而且有其適當的分立房派的理由。

　　宋金對戰引起的社會動盪，範圍是廣大的，位於江南的義莊，當然也受
到波及。〔註39〕高宗紹興六年（1136），范直方首次造訪平江府，當時義莊
范氏家族的情況是：「義宅已焚毀，族人星居村落間」，〔註40〕樓鑰寫於寧宗
慶元三年（1197）的〈范氏復義宅記〉，記載范氏義莊曾有一段慘澹時期，
云：

> 中更兵毀，族黨星散，故基榛蕪，編民豪據為居宇，為場圃，僦直
> 無幾，甚失遺意。粟無所儲，寓於天平山墳寺，信有往來給散之勞。
>
> 尋復圮廢，改置城中，反寄他舍。病此久矣。〔註41〕

所以經歷「兵毀」，應即指宋金戰事而言。范氏宗族內原有的義宅、義倉，都
在兵亂中焚毀殆盡，於是造成義莊田收無處收藏，寄放白雲寺及他舍的窘況，
族人也被迫改變居所，散處於各村落間。

　　此一族人散居的現象，及北方潁昌支派的陸續回歸，同是在南宋初期發
生的。當南宋政局穩定之後，范氏子孫為維繫宗族的統一性，必要面對的要
務，即是加強散居各地族人的聯繫，並提昇宗族意識。

　　義莊十六房的標立，便是為凝聚散居各地族人的宗族意識而產生的。可
能的情況是：當時以義莊為中心而散居於各地，或近或遠，但音問互通的范
氏族群，概可因其血緣親疏及居地遠近，區分為十六個群體。而每一群體皆
可從系譜關係推溯先世，找出一位擁有官銜爵祿、堪為代表的祖先為首，構
築為一具有歷史縱深及家族延續意義的群體，此一群體相對於宗族即稱為
「房」，而房名即取自房祖的官銜職稱。也就是說，這是一個先有族群分立的
事實，而後向上推尋其先祖以建「房派」的過程。唯有認識及此，才足以解

---

　　　年、范良遂生於紹興二十四年，見《家乘》右編「監簿世系」。

〔註39〕《家乘》右編「大夫世系」范鍠條，記范鍠之妻黃氏「高宗建炎四年二月二
　　　十六日金人陷平江，從姑崇孺人被難，卒於祖居」，足見當時平江府亦受北人
　　　蹂躪。

〔註40〕范直方〈義田記後記〉，《范集・褒賢祠記》卷二，頁329。

〔註41〕出處參見註28。

釋爲何具有官爵,只能是被立爲房祖的必要條件而非充分條件(若非尋源逆建,我們難以想像某些官爵顯貴者,卻未成爲房祖以領繫其子孫的原因);也才能對儒林房系或支使房系,存在房中又分房的現象,有所理解(若非已有族群分立散居的事實,我們也難以想像駕部、司理、朝請、儒林祖孫四房不合而爲一,而支使與朝奉父子二房須分爲二的道理安在)。

爲分散遠近各地的宗族族群標立房名,主要的用意絕非在追認宗族分散的事實,相反地,乃是爲了統整宗族,收聚族眾。因爲,房的分立是立基於一諸房所共始祖的認知上的,沒有此共始祖的概念,即不能產生相對於它的諸房。是故,范氏義莊標立十六房的宗族舉措,實際上即是推尊始祖以收族的活動。

吳中范氏宗族的始祖是范隋,然而,當此戰亂方歇,亟待統合族眾的關鍵時刻,范氏族人推尊的始祖,除了此「遷吳始祖」之外,乃復以范仲淹爲另一始祖,藉由他彪炳的事功、高潔的德行,以及對宗族的貢獻,所形成的號召力,來凝聚族眾的宗族一體感。在《家乘》中,范仲淹被范氏子孫尊爲「承家始祖」。〈凡例〉第一則「溯本始」即云:

> 我范氏系出帝高陽後,東周晉武子(按:即范宣子士會)爲受姓始
> 祖,漢清詔使(按:即范滂)爲遠祖,唐宰相(按:即范履冰)爲
> 譜系始祖,唐柱國(按:即范隋)爲遷吳始祖,至宋文正公創立義
> 莊,保世敦族,則又我闔族子孫同奉爲承家始祖者也。

這五位宗族始祖,前四位是他們的血緣源流,始祖之名,不容置疑,但范仲淹的始祖地位卻非全由血統而來。義莊十六房子孫系出范仲淹者,實際只有四房,其餘皆爲旁支遠屬,圖一及表四,清楚可驗。他之所以被闔族尊奉爲始祖,實是因爲「創立義莊,保世敦族」的重大貢獻。

至於范氏闔族何時尊奉范仲淹爲始祖呢?我們無法從此則凡例得知,但范氏子孫命名上遵循世次字號的情形,倒是提供我們一些線索。

范仲淹在皇祐年間,爲吳中宗族所作的,不止是置義田、設義宅而已,還包括續脩家譜以及訂定二十世世次字號。前引《家乘》〈凡例〉第二則云「文正續脩家譜,定世次字號,嗣是昆弟群從之」,大抵不差。然而真正達到闔族共同遵從的地步,卻得等到與范仲淹關係最疏遠的秘丞、大夫、郎中三房子孫,都依世號命名才告完成。

秘丞房祖世京、大夫房祖世文、郎中房祖世延,乃范琪之孫,爲范仲淹

的三從姪孫，論其輩分乃同於「正」字輩。其中世京的子、孫命名均與世號不符，至曾孫良字輩以下，才合世號次序；〔註42〕世文的子、孫，除最年幼孫范掌改名公善合依世號外，也與世號不符，至曾孫良字輩以下，才全合世號次序；〔註43〕世延六子，命名不符世號，而孫輩以後則皆遵守。〔註44〕三房始遵依世號命名的裔孫，除了世文有兩位曾孫生於宣和靖康年間外，〔註45〕其餘都在建炎紹興之後。這與前述范氏統合宗族的時間是吻合的。

　　由此疏遠三房子孫之命名遵從世次字號來看，范仲淹的宗族地位是不言可喻的，他被尊奉爲始祖，大要自此時開始。

　　綜觀本節所述，可得一結論，即：宋金戰亂之後，蘇州范氏宗族內部發生鉅變，其一是北方潁昌支派的加入，其二是原本聚處的族眾，因義宅毀壞而星散各地。當此之時，他們爲整合宗族，乃特別加強宗族一體的意識。其具體的作法，即是推尊宗族中知名度最高、形象最佳，而對宗族大有恩德的范仲淹爲宗族始祖，在子孫命名上開始闔族共守世次字號，〔註46〕以整齊倫序，凝聚同宗之誼。而另一方面，則爲顧及當時族群散居與血緣差異的事實，乃標立各族群爲十六房，以保存譜系源流的清晰。

　　這樣的發展過程裡，范仲淹的宗族地位日益鞏固，成爲蘇州范氏子孫世代不移的精神領袖，而「范仲淹，蘇人也」的印象，乃越發深刻地記存在後世史冊中。這片他當時歸不得的故土，竟成爲百年千載之後，精魂歸藏游息的所在，在此，我們彷彿可以看到閃著矍鑠睛光的范仲淹，爲世世代代的子孫與天下人，訴說著他的懷抱與理想。

　　宋金之戰對范氏義莊的發展，影響可謂鉅矣！

---

〔註42〕范世京四子，名回、騫、耕、弓。回與騫乏絕；耕入嗣范正臣，更名直隱；弓三子，名勸、勤、勵。詳《家乘》右編「秘丞世系」。

〔註43〕范世文二子，名彤、貢。彤六子，名光、棠、當、鐺、儻、掌（後更名公善）；貢二子，名常、敞。詳《家乘》右編「大夫世系」。

〔註44〕范世延六子，名彭、彬、參、彤、彩、或。詳《家乘》右編「郎中世系」。

〔註45〕詳《家乘》右編「大夫世系」范良系、范良志條，良系宣和元年生，良志靖康元年生，他們的譜名是有可能命於南渡之後的。

〔註46〕監簿房世次字號自第六世後不依文正公舊定，而另遵新編，獨異於其他諸房，大柢含有分別宗與支的意味，范族是以范仲淹長子所衍房派，類比於宗法制度中的大宗的。其特殊地位，亦刻意從世次字號凸顯出來，不遵文正公所定，並非出於違異之心。

## 第三節　范氏義莊性質的轉變

### 一、義莊文正公專祠的建造

　　范氏義莊的性質由原本單純是宗族內部的救贍機構，轉而演變成為整體社會紀念先賢的中心，自有其漫長的歷程。上節所述：范仲淹嫡裔歸返蘇州，以及范仲淹的宗族地位提昇兩事，略可視為此一歷程的初步階段。然此二事相對於社會而言，終究屬於范氏一家之私事而已，其社會性意義並不大。

　　真正促使范氏義莊朝向成為一紀念先賢的社會機構發展的關鍵大事，則是義莊文正公專祠的建立。

　　此專祠是南宋度宗咸淳十年（1274），由平江府太守潛說友奏請建立的，後人記其事云：

> 咸淳十年，平江府太守潛說友以公鄉郡建專祠，為邦人式。得地于公義莊義宅之傍，祠宇數十楹以奉公祀。奏請于朝，撥田以供春秋二丁祭祀，朝廷從其請。〔註47〕

當時所撥祭田有三百畝之廣。〔註48〕祠成奉安之日，潛說友還作了一場精采的演說，勉勵與會諸君子「相與乎其大」，學習范仲淹「就仁義上立腳，做天地間第一等人」的精神。

　　潛說友盛讚范仲淹在立德立功立言上的成就，細數其生平事跡，以與富弼、韓琦、蘇軾、朱熹等前賢的頌贊相發明，將其衷心的景范情懷，全數掏出，與座下的吳中人士共享，熱忱至今可感。而這場七百多年前的紀念活動，也確實有其值得隆重舉行的原因，因為這座文正公祠的建立，彌補了吳中人士的缺憾。潛說友云：

> 凡公宦轍所至，皆祠而奉之。吳，父母國也，乃無專祠以慰里人不朽之思。說友景行高風久矣，濫茲分牧，亦且逾期，始克肇新斯堂，儼設公像，以補此邦之闕典。是役也，上而朝廷，中而士大夫，下而閭巷之耄倪，莫不謂宜然。〔註49〕

他在演講的最後，指出了建此專祠的特別意義。然而，與其說此專祠是吳

---

〔註47〕〈吳郡建祠奉安郡守潛公講義〉，見《范集・褒賢祠記》卷二，頁332。
〔註48〕詳《義莊歲記》宋度宗咸淳十年欄。
〔註49〕同註47

中首座文正公祠，卻不如說這是規模最完備、與士民最親近、而最具紀念功能的一座，因爲在此之前，蘇州府學以及天平山早已各有奉祀范仲淹的祠廟了。府學的文正公祠，建於北宋，元人汪澤民〈蘇州郡學范文正公祠記〉云：

> 吳學之興始於文正范公，此所以專祠公也。宋景祐初，天下郡縣未有學，公守吳，請而建焉。吳爲公父母之邦，向得錢氏南園地將居之，或謂是必世生公卿，即以其地爲學宮。公之子恭獻公持節過郡，益新學給田，由是立祠禮殿後，忠宣公、恭獻公從祀。〔註50〕

府學之祠，是感念他們父子興學、擴學的貢獻而興建，大概起造於哲宗元祐年間，〔註51〕同時並建有胡瑗祠堂，二祠在府學泮池之南相對而立。〔註52〕

天平山的范仲淹祠廟，則名曰「忠烈廟」，建立於高宗紹興年間，名義上是易地重建。蓋忠烈廟原是慶州（宣和年間升爲慶陽府，今甘肅慶陽縣）地區人民感念范仲淹靖邊之功，所立的祠廟，徽宗之時賜名「忠烈」，其始末如下：

> 徽宗宣和五年經略宇文虛中奏：「諸戰守之備多范仲淹、种世衡規劃……今慶陽府有仲淹廟，環州有世衡廟，合古者『有功於民以死勤事』之法，乞各賜廟額。」因詔賜爲「忠烈」，世衡「威靖」。是時鄜延諸路皆爲立廟，咸易新額。〔註53〕

北宋亡國後，慶陽淪爲異族統治之區，有心人士乃有江南復廟的建議，於是紹興年間建新廟於天平山，明人王直云：

> 紹興以來，西土皆陷，忠烈之廟越在異邦，蘇之守令與其士大夫謀曰：「蘇，公故郡也，而天平山則公祠墳在焉，公之精神必往來乎此！」乃更作新廟，揭「忠烈」之榜于廟門，由是蘇始有忠烈廟。每歲上巳，郡縣長吏率其屬致祭。〔註54〕

---

〔註50〕見《范文正集補編》卷四，頁846。
〔註51〕朱長文，〈修學記〉，文見《范仲淹史料新編》，頁131。
〔註52〕《家乘》左編，卷十七〈廟祠考〉，江南蘇州府學文正公祠條。
〔註53〕《家乘》左編，卷十七〈廟祠考〉，陝西慶州忠烈廟條。
〔註54〕王直，〈重修范文正公忠烈廟記〉，《范仲淹史料新編》，頁113。又見《家乘》左編，卷二十二〈碑記錄〉。關於蘇州忠烈廟，元人牟巘於世祖至元廿三年有記誌其重建，亦收於上述出處，及《范集·褒賢祠記》卷二。引用明人王直之文，乃取其簡捷。

文中「天平山則公祠墳在焉」云云，墳是指范仲淹先人之墳，祠則指宗族奉祀祖先（包括文正公）的私家性質祠堂。忠烈廟的建立，則是出於守令倡議，官方且在每年三月蒞廟致祭，顯然也具有社會紀念先賢的性質，自與宗族內部之祠不同。

這兩處同具有社會奉祀性質的文正公祠廟，儘管在潛說友的演說中被忽略了，不過二十年後，徐琰爲義莊文正公專祠寫記時，〔註55〕並沒有避而不談，只是他認爲：

> 郡學以建學祠公，天平山先壟僧寺舊有祠，然稽協古典，必專祠於
> 此，而後愜於人心。

「愜於人心」，正足以顯示在義莊建立文正公祠的社會意義，而這是其他二處祠廟較爲薄弱的一環。

蓋府學文正祠，與胡瑗之祠同爲府學附屬建築，規模想必不大；而忠烈廟雖爲專廟，且官方歲致祭享，但位於郡郊墳山之區，不免偏僻。〔註56〕因此，二者之表彰范仲淹精神、以引導士民式法的功能都不大。

反之，建立在義莊義宅之旁的文正公專祠則不然，相較於府學之祠而言，它是專祠，規模宏大，有祠宇六十楹、〔註57〕祭田三百畝；相對於忠烈廟而言，它與吳中人士較爲接近。義莊義宅的位置，就在吳縣治內：

> 蘇州郡城內吳縣治東北，雍熙寺後，舊名靈芝坊，文正公高祖麗水
> 府君始遷於吳之故宅，內有西齋，對植二松。公還平江，美先人之
> 故廬有君子之嘉樹，命其齋曰歲寒堂，松曰君子樹，樹側有閣曰松
> 風閣，三詠以紀之，遂改爲義宅以處貧族。〔註58〕

其實皇祐年間設置的義宅，早在金兵南犯時焚毀。潛說友建立文正祠時的義莊義宅，是寧宗慶元三年（1197），由監簿房六世孫良器、之柔（良能）、良遂昆弟三人在原址復建的。〔註59〕地在郡城之內，由此可覘義莊文正公祠與人

〔註55〕潛說友建祠後不久，元人已進逼江南，原本有意增廣祠廟，不果，建祠記亦付之闕如，元至元年間方有徐琰此記，記收《范集‧褒賢祠記》卷二，頁333。
〔註56〕參閱註13。
〔註57〕同註48，或見《范集‧朝廷優崇》潛說友建祠奏文。
〔註58〕《家乘》左編卷十九，江南義宅條。
〔註59〕詳註28所揭樓論文，文略云：「（良器）由是悉得故地，周一千四百四十八丈，首捐私幣，繚以垣牆，創建一堂仍扁「歲寒」，以祠文正，結屋十楹，以處貧族，就立新倉，寖復舊觀。庀役於慶元二年之季夏，中秋告成，不愆於素，

群的親密性。

潛說友選擇在此接近人群的地方，也是范氏始祖故宅，雲初後裔聚居，而范仲淹精心規劃的宗族基地，建造規模宏壯的文正公祠堂，則他想要透過具體的紀念建築，以及紀念儀式，向社會大眾傳播范仲淹的高潔人格、仁義精神的用意，昭然若揭。

祠堂落成的紀念會上，繼潛說友演說之後，另有劉坦爲與會人士講解《孟子》一章：〔註60〕

> 聖人百世之師也，伯夷、柳下惠是也。故聞伯夷之風者，頑夫廉、懦
> 夫有立志；聞柳下惠之風者，薄夫敦、鄙夫寬。奮乎百世之上，百世
> 之下聞者莫不興起也。非聖人而能若是乎？而況於親炙之者乎？

此是〈盡心〉篇之文，從選篇足見：他的重點擺在聖人偉大的人格對當代及後世群眾的自然感染力。講談中，他樂觀地預想著群眾經過濡染之後的人格改善以及進而造成的社會風氣改良效果。此時此刻，他與潛說友正是站在從仕官員牧民的立場，爲群眾提示、表彰一個與當地關係密切、死後兩百年猶受到舉世景慕的偉大人格，希望群眾引以爲模範，親習高風，而達到化民成俗的政治目的。〔註61〕

因此，官方成立此祠堂、進行奉祀范仲淹的意義，當然不等於范氏宗族內部的祠祀。這種區別很清楚地保留在後世的祭儀上，每年的春秋祭典分爲官祭與家祭兩部分，時間是前後錯開的，〔註62〕地點也不相同，官祭在文正公祠堂舉行，仲淹四子配祀；家祭則在歲寒堂舉行，配祀者除四子外，還包括歷代有功義莊的宗族賢良。〔註63〕

---

觀者無不歎息。」

〔註60〕同註47。

〔註61〕「尊賢勵俗，政所當先」（徐琰〈文正范公祠記〉語），應是傳統中國士大夫普遍的思想。蔡襄〈蘇才翁墓誌銘〉記才翁提點刑獄，發現顏杲卿及顏眞卿之後裔流寓溫州，在其治內。由是建言：「近年守臣因賊屈附抵法誅戮，蓋忠義不修，莫爲之勸。今二顏之裔曰惟孜、似賢，皆爲編戶民，若錄其嗣，顯白二顏事，以動天下，可不刑而化。」於是朝廷特官顏氏二子。此一事例，可爲「尊賢勵俗」之說作註。見《端明集》卷三十九，頁671。

〔註62〕有清一代范仲淹祭典是每歲仲春仲秋上丁學官從祀；次丁則官祭於文正專祠；家祭則定期於兩仲下丁日舉行。詳《家乘》左編，卷十八〈祭法考〉，祭例第一條。

〔註63〕官方祭范仲淹是爲紀念先儒，對象專一；家祭則是宗族祭祖，范仲淹只是眾多祖先之一。因此，家祭是按照土地祠、諸賢祠、始遷祖祠、三太師祠，而

　　很顯然地，隨著義莊文正公專祠的建立，已經將社會紀念先賢的熱忱，與宗族感念先祖的精神，縮聚在一個共同的場域之中。同時，范氏義莊的創始人——范仲淹，其「非一家一鄉所得私」〔註64〕的歷史先賢意義，正逐漸擴大，至凌駕於作爲一族姓始祖的意義之上。在這種情形下，范氏宗族持續維繫義田義莊的建制，以及盡心力於修繕祠廟，乃可視爲整個社會委託於他們的任務，而這項「任務」的完成，即是替社會大眾維護一座具有歷史性、紀念性並負有化民正俗意義的社會機構。縱觀范氏義莊的變遷，每當其遭遇危亡頹敗之際，總有官方出面協助解決困境，以維持興復之，便是這一因素使然。

　　職是之故，我們可以說：范氏義莊的性質到此已有某一程度的改變。

　　這座文正公專祠，後來發展成「文正書院」，時間是在元順帝至正六年（1346），主其事者是當時的平江路總管吳秉彝，他建議就祠堂成立書院，額即名爲「文正書院」，且以原撥賜田三百畝充當學田公用，〔註65〕不立山長，〔註66〕祠堂則仍舊保留其內。此後，書院之名延用不廢，卻似乎未實際進行一般的書院教育。然而從祠堂易名爲書院一事看，已經明明白白地標示這裡是向社會開放的教育機構。官方教育民眾、端正風俗的目的，是始終寄存於斯的。

　　書院之爲社會教育機構、義莊之爲宗族濟贍機構，毗鄰而立，形成蘇州地區范仲淹紀念中心的主體結構，後世再經發展，屢有修復改建者，由於空間相鄰，兩方建物櫛比駢列，已然不可分割。《家乘》左編卷首圖繪此區，即名之曰「文正書院義莊全圖」，已將書院、義莊合而爲一名了。圖二即是根據此全圖修製而成的，圖中編號，乃今日所加，藉以指示各建物之名。

---

　　　　後才及文正公祠的順序進行的。康熙十一年，重建歲寒堂爲家祭文正公之所，
　　　　從祀子孫除四子外，其有功義莊弟子，亦不時議定增配，至道光十年止共二
　　　　十五人從祀。詳《家乘》左編卷十八〈祭法考〉歲寒堂文正公祠條。
〔註64〕徐琰，〈文正范公祠記〉語，出處見註55。
〔註65〕詳《義莊歲記》元順帝至正六年欄，又元人李祁〈文正書院記〉，文收《范集‧褒賢祠記》卷二。
〔註66〕當時主奉范文英以義廩不給之故，請免山長，中書省奏可其請，以主奉者兼掌教。事詳《家乘》左編卷四〈宗子傳〉范文英傳。

圖二：文正書院義莊全圖

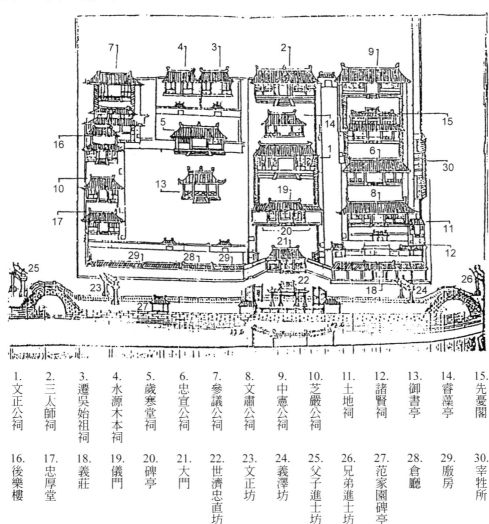

| 1. 文正公祠 | 2. 三太師祠 | 3. 遷吳始祖祠 | 4. 水源木本祠 | 5. 歲寒堂祠 | 6. 忠宣公祠 | 7. 參議公祠 | 8. 文肅公祠 | 9. 中憲公祠 | 10. 芝嚴公祠 | 11. 土地祠 | 12. 諸賢祠 | 13. 御書亭 | 14. 睿藻亭 | 15. 先憂閣 |
| 16. 後樂樓 | 17. 忠厚堂 | 18. 義莊 | 19. 儀門 | 20. 碑亭 | 21. 大門 | 22. 世濟忠直坊 | 23. 文正坊 | 24. 義澤坊 | 25. 父子進士坊 | 26. 兄弟進士坊 | 27. 范家園碑亭 | 28. 倉廳 | 29. 廒房 | 30. 宰牲所 |

　　《范氏家乘》刊於清宣宗道光三十年（1850），所以，全圖記錄的宜是晚清景況，它與宋元舊制，理當有所出入，我們不能據此以追討原貌。不過，原貌如何並非重點，此圖值得注意的是：「文正書院義莊」這一區域內有著濃厚的紀念前人的氣息。其中，有官方對范仲淹的祭祀專祠，即編號 1 文正公祠；有范氏宗族對其始祖及有功賢裔的奉祀祠堂，如編號 4 水源木本祠、編號 3 遷吳始祖祠、編號 6 忠宣公祠、編號 7 參議公祠、編號 8 文肅公祠、編號 9 中憲大夫祠、編號 10 芝嚴公祠；〔註67〕也有范氏宗族對族外人士的紀念

---

〔註67〕 以上諸祠，增建時間不一，水源木本祠奉祀得姓之祖士會、系出之祖范滂、

祠堂，即編號 12 的諸賢祠。〔註68〕此外，尚有手澤祭器庫、文籍譜牒庫（在編號 2 三太師祠東西夾室〔註69〕），寶藏先祖手澤及相關文物；又有御書、睿藻二亭（編號 13、14），陳列帝王所賜褒揚匾額、詩章等書翰摹刻，都同樣具有紀念意義。

這些紀念建築，環繞文正公祠而立，形成以文正公祠為核心的空間格局，此種分佈狀態十足反映著范仲淹正是此紀念場域中的主要人物。

## 二、義莊主奉制的奠立

相應於官方建祠這一有意將范氏義莊導向於社會教育機構的發展趨勢，范氏宗族在義莊行政組織上，也作了一番調整。義莊主奉制即由此得而奠立。所謂「主奉制」，是我們設定的名稱，用以指涉南宋以後范氏義莊一直以文正祠主奉為組織首腦的行政制度。「主奉」一詞，顧名思義，與祭祀活動相關連，其名本是隨文正公祠的設立而來。《家乘》左編卷十六〈義莊歲記〉記載義莊第一任主奉是范士夔，他是右丞房的七世裔孫，其下注云：

> 郡守潛公說友奏建文正公祠於義宅之東，為房六十楹，撥田三頃，供春秋祀事。以士夔年次居長，充專祠主祭，兼司計。義莊之有主奉自此始。〔註70〕

注中所言「兼司計」，完整的意思應是「兼司義莊之生計」，蓋范士夔擔任主奉的次年，即因元軍攻入平江，而在抗元行動中身亡。隔年，也就是宋端宗景炎元年（1276），由監簿房八世孫范邦瑞繼任主奉，他就任之後，即另立義莊「提管」、「主計」兩個職務，前者延請郎中房七世孫范士貴掌理，後者由監簿房八世孫邦翰及支使房八世孫范宗遜二人共掌，義莊事務，即由他們四人共同推動。可見主奉原本兼負義莊經營之責，而且權責頗大，有類義莊行

---

挂線之祖范履冰三人；遷吳始祖祠奉祀范隋；忠宣祠奉祀范純仁，以其增廣義莊；參議公祠奉祀明范允臨（監簿房十七世孫），以其捐義田千畝，復興義莊；文肅公祠奉祀清范文程（忠宣房十九世孫），此為瀋陽支裔，清初開國大臣，其子承謨、承勳及孫時崇先後捐貲修建義莊；中憲大夫祠奉祀清范彌勳（郎中房十九世孫），以其授田千畝，推廣義莊；芝嚴公祠奉祀清范來宗（監簿房二十四世孫），以其主奉廿三年，增田一千八百餘畝，有功宗族。事詳《家乘》左編卷十八〈祭法考〉。

〔註68〕諸賢祠奉祀宋、元以降扶持義莊之族外人士，如潛說友、吳秉彝等官員。
〔註69〕《家乘》左編，卷十七〈廟祠考〉，江南文正書院條。
〔註70〕同註48。

政首長。

　　主奉原為文正祠而設，而義莊之計原有掌莊子弟負責，今以主奉而兼司計，究竟是何緣故？況且，范仲淹既成為宗族始祖，則始祖之祭的主祭者，當為宗族成員之尊長；而義莊掌莊原以族內勤能子弟擔任之，並不以年次居長為優先考量，今乃代之以一族尊長，代表什麼意義？

　　要回答以上的問題，還須回顧上一段引文，討論主奉的身分條件。

　　其實，〈歲記〉云范士羹因「年次居長」，所以充任專祠主祭，並未充分說明出任主奉者的身分條件。蓋祠為范仲淹而立，主祭者當然是以其嫡裔膺任為恰當。而范氏宗族雖然奉范仲淹為始祖，名義上十六房皆為其嫡孫，可是，眾所皆知，真正承傳其血脈的，唯監簿、忠宣、右丞、侍郎四房而已。因此，范士羹膺任第一任主奉，除了年齡、世次為族眾之長外，出身「右丞房」，應該是更重要的原因，《家乘》范士羹傳云：「以公文正後，且年次居長，（潛說友）命主祠事」〔註71〕，即能點出這層關係。而當范士羹謝世，繼任主奉者乃監簿房八世孫范邦瑞，同時被延為提管的郎中房七世孫范士貴，儘管世次居長，終未被舉為主奉人選。

　　再參考表六，我們可以明瞭：「范仲淹嫡傳」的條件，事實上，在宗族選推主奉時，是頗被重視的。表六，是自南宋度宗咸淳十年至清宣宗道光三十年（1274～1850）間義莊歷任主奉名錄，資料顯示，四十一任主奉中，監簿房出身者三十三位，忠宣房出身者三位，右丞房出身者二位，儒林房出身者三位。也就是說非范仲淹所出裔孫而任主奉者只有三人，統族時間共二十二年而已。而其他三十八位主奉，雖均屬嫡系，但又以監簿房出身者佔絕大多數。這並非出於偶然，應是宗族歷代遵循的原則。《家乘》左編卷四，為義莊歷任主奉作傳，標名為「宗子傳」，序云：

> 宗子者何？主奉也。主奉何以名宗子？統族人、潔禋祀，宗道寓焉也。由合族公舉以升，監簿之系居多，宗文正、重義澤也。非賢能弗推，非衣冠弗任。春秋有事祠廟，族有貴顯者弗敢踰，凜乎宗子之遺意也。

正是說明：范氏族內是以宗法制度中的宗子來比擬其主奉的。不過，這畢竟只是比擬而已，古代宗法制度中世傳嫡長為宗子的原則，〔註72〕在此並沒有

〔註71〕見《家乘》左編，卷四〈宗子傳〉。
〔註72〕宗法乃西周時期因應東進領土擴張而產生的制度，其間之宗子繼承法則，自

被引用，他們只是略師其意，而在推舉主奉時，儘量以范仲淹長子所衍房派（監簿房）之成員爲考慮對象罷了。

如上所述，可以得到一個印象，即：品行端正、足以任事、具讀書人身分、且最好是監簿等四房成員，才是范氏宗族選擇主奉的具體條件。范族考慮這樣的條件，無非是要選出一族的領袖，內以統宗收族，外以代表宗族與外界（尤其是官方）交涉。

表六：范氏義莊主奉名錄及統族時間表（1274～1850）

| 任序 | 主奉名 | 房別 | 世次 | 統　族　時　期 | 年數 |
|---|---|---|---|---|---|
| 一 | 士夔 | 右丞 | 七 | 南宋度宗咸淳十年至十一年（1274～1275） | 二 |
| 二 | 邦瑞 | 監簿 | 八 | 南宋端宗景炎元年至元仁宗延祐四年（1276～1317） | 四二 |
| 三 | 國雋 | 監簿 | 九 | 元仁宗延祐五年至文宗至順元年（1318～1330） | 一三 |
| 四 | 文英 | 監簿 | 九 | 元文宗至順二年至順帝至正十三年（1331～1353）間有七年由子廷巒攝主奉，確實時間未詳。 | 二三 |
| 五 | 廷珍 | 監簿 | 十 | 元順帝至正十四年至明太祖洪武十年（1354～1377） | 二四 |
| 六 | 廷采 | 監簿 | 十 | 明太祖洪武十一年至十七年（1378～1384） | 七 |
| 七 | 天倪 | 監簿 | 十一 | 明太祖洪武十八年至明成祖永樂六年（1385～1408） | 二四 |
| 八 | 元紹 | 監簿 | 十二 | 明成祖永樂七年至十四年（1409～1416） | 八 |
| 九 | 元理 | 監簿 | 十二 | 明成祖永樂十五年至英宗天順四年（1417～1460） | 四四 |
| 十 | 從珪 | 監簿 | 十三 | 明英宗天順五年至孝宗弘治十二年（1461～1499） | 三九 |
| 十一 | 汝輿 | 監簿 | 十四 | 明孝宗弘治十三年至武宗正德十四年（1500～1519） | 二〇 |
| 十二 | 啓乂 | 監簿 | 十五 | 明武宗正德十五年至世宗嘉靖二十年（1520～1541） | 二二 |
| 十三 | 允俊 | 監簿 | 十七 | 明世宗嘉靖二十一年至二十二年（1542～1543） | 二 |
| 十四 | 惟立 | 監簿 | 十六 | 明世宗嘉靖二十三年至神宗萬曆十一年（1544～1583） | 三八 |
| 十五 | 友勝 | 忠宣 | 十六 | 明世宗嘉靖三十四年、穆宗隆慶三年（1569） | 二 |
| 十六 | 允恒 | 監簿 | 十七 | 明神宗萬曆十二年至二十四年（1584～1596） | 一三 |
|  | 必式 | 監簿 | 十八 | 萬曆二十二年至二十四年攝主奉三年 |  |
| 十七 | 允觀 | 監簿 | 十七 | 明神宗萬曆二十五年至三十二年（1597～1604） | 八 |
| 十八 | 允節 | 監簿 | 十七 | 明神宗萬曆三十三至三十四年（1605～1606） | 二 |
| 十九 | 可陟 | 忠宣 | 十八 | 明神宗萬曆三十五年（1607） | 一 |
| 二十 | 彌章 | 儒林 | 十九 | 明神宗萬曆三十六年（1608） | 一 |

秦漢而下禮家多沿用《公羊傳》「立嫡以長不以賢」（隱公元年）之說，認爲「世傳嫡長」是其常道。然而，近人研究已指其非是，論證綦詳（如杜正勝，〈封建與宗法〉《古代社會與國家》，頁395～419），當從之。本文仍採禮家舊說，是爲反映義莊立制之時，時人的普遍認知。

| 二一 | 必溶<br>必試<br>必照 | 監簿<br>監簿<br>監簿 | 十八<br>十八<br>十八 | 明神宗萬曆三十七年至思宗崇禎元年（1609～1628）<br>萬曆四十六年攝主奉一年<br>萬曆四十七年攝主奉一年 | 二〇 |
|---|---|---|---|---|---|
| 二二 | 必模 | 監簿 | 十八 | 明思宗崇禎二年至八年（1629～1635） | 七 |
| 二三 | 安柱<br>安鼎 | 儒林<br>儒林 | 二〇<br>二〇 | 明思宗崇禎九年至清世祖順治四年（1636～1647）<br>崇禎十六年攝主奉一年 | 一二 |
| 二四 | 君衡 | 右丞 | 二一 | 清世祖順治五年至六年（1648～1649） | 二 |
| 二五 | 安鼎 | 儒林 | 二〇 | 清世祖順治七年至十三年（1650～1656）<br>順治十六年復任一年（1659） | 八 |
| 二六 | 能絃 | 監簿 | 十九 | 清世祖順至十四至十五年（1657～1658）<br>康熙十年至十一年攝主奉二年 | 二 |
| 二七 | 必英<br>能洪 | 監簿<br>監簿 | 十八<br>十九 | 清世祖順治十七年（1660）<br>清聖祖康熙九年至三十一年（1670～1692）<br>康熙十八年至二十年攝主奉三年 | 二四 |
| 二八 | 安恭 | 忠宣 | 二〇 | 清世祖順治十八年至聖祖康熙八年（1661～1669） | 九 |
| 二九 | 能濬 | 監簿 | 十九 | 清聖祖康熙三十二年至五十四年（1693～1715） | 二三 |
| 三十 | 興禾 | 監簿 | 二〇 | 康熙三十九年至四十一年、四十八年至五十年攝主奉六年<br>清聖祖康熙五十五年至高宗乾隆九年（1716～1744） | 二九 |
| 三一 | 興榖 | 監簿 | 二〇 | 清高宗乾隆九年繼興禾為主奉兩月而卒 | |
| 三二 | 興本 | 監簿 | 二〇 | 清高宗乾隆十年至十三年（1745～1748） | 四 |
| 三三 | 儀照 | 監簿 | 二一 | 清高宗乾隆十四年至二十四年（1749～1759） | 一一 |
| 三四 | 儀掞 | 監簿 | 二一 | 清高宗乾隆二十五年至四十年（1760～1775）、四十五年至五十二年（1780～1787） | 二四 |
| 三五 | 儀炳 | 監簿 | 二一 | 清高宗乾隆四十一年至四十四年（1776～1779） | 四 |
| 三六 | 儀炯 | 監簿 | 二一 | 清高宗乾隆五十三年至五十九年（1788～1794） | 七 |
| 三七 | 來宗 | 監簿 | 二四 | 清高宗乾隆六十年至仁宗嘉慶二十二年（1795～1817） | 二三 |
| 三八 | 學華 | 監簿 | 二五 | 清仁宗嘉慶二十三至二十四年（1818～1819） | 二 |
| 三九 | 德瑔 | 監簿 | 二二 | 清仁宗嘉慶二十五年至宣宗道光二年（1820～1822） | 三 |
| 四〇 | 德琦 | 監簿 | 二二 | 清宣宗道光三年（1823） | 一 |
| 四一 | 宏金 | 監簿 | 二三 | 清宣宗道光四年始（家乘歲記至道光三十年，尚在任） | |

　　主奉的身分如此，然而，由他來掌理義莊出納之計，並不會紆降其尊，反而是合乎大眾期望的。自族外士人觀之，這樣的安排，主奉者便不僅僅是祭祀時行禮如儀、顯示其為文正公裔的代表性人物而已了。惟有他實際擔負維護義莊營運的責任，以行動延續范仲淹贍族的初衷，才能真正傳承其先祖的精神，使之充分彰顯於當世，而完成社會紀念先賢的意義。自族內宗親視

之，則義莊義田偌大的宗族共同產，交由族人推舉的賢能尊長掌治，無疑是自然、合理而安全的處置；也惟有安全地維護此族產的完整性，才有利於宗族一體意識的凝聚。

但問題是，事理既然如此清晰，何以在此之前，范族並未由族長出掌義莊事務，〔註73〕而一直委由掌莊子弟任勞呢？

事實上，義莊改變既有的管理組織，而行主奉制，必須待到此時方始進行，乃又有其不得不然的發展軌跡。在上一章討論義莊規矩時，我們知道義莊掌莊子弟雖然在庶務的推動上，有不受宗族尊長干擾的獨立行政權，但我們也知道真正對義莊的經營具有更高的立法、裁量權的是所謂的「文正位」。此名首先出現於范純仁的續定規矩，簡括而言，此一詞彙包含兩重意義，第一，它是與范族在蘇「諸位」相對的概念，指涉范仲淹所衍生的這一房派（此如義莊十六房中，忠宣一房亦以房祖謚號為名）。規矩中，或者說贍族事業的實際運作中，「文正位」之所以有別於「諸位」，正因為此位乃義田的捐贈者，是田產原本的擁有者。由於身分特殊——他們割捨私產以供全族貧乏、又長期保持在朝為官的優勢——所以，相對地便在義莊經營管理上，具有遠遠大於其他諸位的權力。

但，權力的執行終究必須落在有意志的自然人身上，是故「文正位」這一群體中，又必須產生一位實際執行權力的負責人。此人應是本位的尊長（范仲淹死後，純仁、純禮、純粹曾先後以為長），代表本位接受來自義莊掌管人或諸位的申訴與請示，並作回應，以維繫義莊正常地營運。職是之故，「文正位」乃又可被理解為指涉此一握有實權的本房位尊長，「文正位」也就成為稱呼此人的「名銜」，這正是它的第二重含義。

換句話說，范仲淹的子孫嫡裔，因血統承繼關係，也自然地承襲著義田「捐輸者」、宗族「救恤者」的身分，而被承認對義莊的營運有特殊的經管裁量權，並且明文地規定於規矩之中。亦即儘管義莊為全族所共，義田收入歸

---

〔註73〕從樓鑰《范氏復義宅記》可知當時范氏族長是范公元，而興復義莊的范良器「親掌出納一年以為後式，選族子之廉謹者二人繼之，詳具要束，以補舊規」，〈義莊歲記〉之記事，即始于這年（宋寧宗慶元元年），記中良器名上冠有「掌莊」之稱銜。另孫應時〈范氏義莊題名序〉亦記此事，云：「於是義莊歸然復興，乃更定約束，歲屬廉幹子弟二人掌其莊之事，通選六人，三年而一易」，見《范仲淹史料新編》頁226，又見《家乘》左編，卷二十三〈文序錄〉，可知義莊「掌莊」之職非由其族長出任。

全族共享，但義莊的經管權，卻未隨之由全族有組織地加以承受，而猶掌握於原始捐輸者之家。

范純仁昆仲當時明文訂定「文正位」具有如斯鉅大的權力，理應出於承繼父志、並盡心於宗族的熱誠，而他們掌有此權，也被視爲理所當然。然而，其間卻存在未盡周延的漏失。蓋世代再行推移，六七代之後，當義莊義田爲全范族共有的觀念越形穩固，而范仲淹直系裔孫越衍越多，且漸漸淡化他們與范仲淹的親屬關係、遠離五服範圍之時，監簿四房中，實在沒有人有資格能擅自宣稱居於「文正位」的代表地位，可以掌握優於其他族眾的義莊經管實權。甚至，即使四房自行協調出代表，卻也未必慊於蘇州族眾。道理很簡單，因爲嚴格說來，他們也不過是范仲淹的疏族而已，而義田卻是早已明白捐貢於全族的財產。更何況，北宋之後，情況的演變是：范仲淹家族離開潁昌，大部分孫裔重返蘇州，且依附於義莊，而范仲淹隨後被所有蘇州族眾尊奉爲始祖，名義上十六房全部都是其派衍裔孫。既然范仲淹是始祖，則「文正位」便不宜再保留其指稱宗族內之一房派的次級概念。既不能爲房位名稱，又無人可自然承擔文正位實權，於是前述「文正位」的兩重含義，便當逐漸難以指實。然而，規矩俱在，祖訓昭昭，「文正位」一詞又不便廢棄不用，只有將它導向於「文正公神位」的理解一途了。

只是，虛化「文正位」，並不能解決義莊的經管裁量權無人執行的問題，這一問題不予解決，勢將使義莊規矩的實踐受到相當大的阻撓。因此，南宋末期的范氏義莊、范仲淹的七、八世子孫們，若要使義莊健全地發展下去，所必須思考的，便是如何以全族之公來承接此超然的權力。其承接的形式，原是可以設計、討論的，但就在此時，官方建立文正公專祠，正須有宗族之代表出面負責祠堂的維護、祠田的管理等事務，以及參與祭典儀式。而這位爲官方所承認的宗族代表又是由其宗族公推產生，不是出於官員指定，故其代表性原是先經宗族認肯的，剛好可以代表全族承受原屬於文正房位的權力。所以，水到渠成地，經營義莊的最高權力，便由文正祠主奉一併接受了，而北宋以來「文正位──掌莊」雙層負責的義莊管理結構，遂也告一段落，「主奉制」成爲後來未再改易的義莊行政制度。

相較於以往，義莊「主奉制」可說是進步的設計。公推舉才的形式，確定了公共族產由全族完全接受、共同管理的意義；而舉人著重品德與才能，初步預防掌權者濫權非爲的可能情況；再加上祠堂主奉與官方之間的「被委

託與委託」關係，義莊於是又間接得到來自官方賦予的對主奉的監督權，在主奉發生不法情事之時，得以順利地得到官府介入而明確地黜罷之。〔註74〕此二者，在一定程度上確保歷代主奉的表現大抵能循規蹈矩，盡忠其守，對范氏義莊的延續關係匪淺。

義莊「主奉制」由族外熱心人士與族內賢裔兩相配合、策畫下產生了，它的成立代表范氏義莊真正進入依賴制度運行的階段，同時也大步地展開與社會的互動關係。范祠主奉統領范族、經理義莊、代表全族與外界交接，有力地昭告世人：這是一個有凝聚力的血緣團體，他們是范仲淹的後裔雲礽；也是個有理想性的文化群體，他們以維護一個先賢所創的優良制度為念，以發揚此一制度的內在精神向社會散播仁義孝悌的道德種籽為最高理想。

至此，范氏義莊是為社會上有組織的「范仲淹紀念中心」，也宣告成立！

## 第四節　洛陽守墓支裔的派生及其意義

范仲淹本著宗族一體的觀念創建了義莊，以贍濟宗族貧寒，有效地抑止其宗族成員互相疏離漠視的速度。爾後的發展，義莊成為全國矚目的范氏紀念中心，而族聚於此的雲礽來孫，世世代代不忘始祖，所以世人提及蘇州范氏義莊，莫不識其為范仲淹後裔。但，我們卻不能忘了：並不是所有的范仲淹後代子孫皆聚居於此。

上文的敘述裡，我們已交代了兩宋之際范仲淹孫裔流離崩散的大致情況，而吳中義莊只是他們一個重要的投靠所而已。那些散亡的子孫，有的在後來以其詳明的流寓紀錄，主動地回義莊大本營合譜尋根；有的則終於失去系聯，不知宗本。

而從另個角度看，義莊的聚族功能，乃是透過生活福利的分沾，以及宗族精神的強調而發揮的，族人或許因此而願意根留其地，但義莊組織既不能也無法限制任何一位族人的遷徙自由。因此，在任何時代都有宗人舉家外移、

〔註74〕范氏義莊歷任主奉中，私心自用，貪婪無能者，嚴格算來只有第十二任的范啟義及第廿八任的范安恭。前者性貪狡，掊克義租，婚喪所賙皆不給，宗器手澤典賣殆盡，又聯異姓以亂宗，於嘉靖中經督學使者嚴刑黜革，卒於外。後者廢壞祠屋，不聘提管、主計、典籍諸執事，義米不給子姓，勾結營卒、無賴久踞公地，康熙八年族人訴於官，為江蘇布政慕天顏按罪如律。事詳《家乘》左編，卷四〈宗子傳〉。

遠離蘇州的可能性，這正是宗族擴張所必然面臨的現象。

這些散居吳中以外的范氏後裔，如果譜牒猶存，仍重視本源，往往會與義莊維持連續的接觸，形成一個個的外地支派。《家乘》左編最後詳細地記載他們所能知道的各地支裔，計有：饒州樂平支、遼東瀋陽支、臨川河田支、山東芝陽支、湘潭如皋支、上海圓沙支、無錫堰橋支、蘭谿院塢支、會稽紹興支、寧波鄞縣支、宜興雙橋支、烏程菁山支、仁和王溪支、徽州山支、常熟釣渚支、河間吳橋支、常熟斜橋支、吳江松陵支、武進草塘支、松江龍門支、吳江九曲支、吳門桐涇支、吳江荻塘支、洛陽河南支、崑山崑山支、崇明崇明支、常熟大河支、吳縣北濠支、吳縣金莊支、吳縣虹橋支、吳江同川支、太湖長沙支、太倉太倉支、太倉沙溪支、吳江平川支、鎮江丹陽支、長洲油巷支、清江清江支，總共三十八支派。〔註75〕

三十八支中，最為特別的，當屬洛陽河南支裔，此支裔的出現，始於明朝孝宗弘治年間，是為守護始祖墓塋而來居洛陽。

我們已知洛陽萬安山是范仲淹及其母謝氏、還有眾多子孫安葬之處，范純仁在世時曾增墓田八百畝。要不是戰亂的關係，這裡將是更多的范氏子裔安息的地方。戰亂使得范仲淹家族離開了穎昌，也告別了洛陽塋域，更因其後長期的南北敵對狀態，使得那些南徙的子孫，連展墓祭掃的義務都難以履行。

就賢孝子孫而言，這種無法祭掃祖墳的情形，當然是莫大的遺憾；而就義莊之為范仲淹紀念中心而言，紀念活動無法伸及於洛陽墓祭，亦終屬缺典。〔註76〕所以，當中國再度統一，義莊急切要做的一件事，就是派員前往北方整頓祖墳，致其孝敬之思。元武宗至大二年（1309），當任義莊主奉范邦瑞即派遣其姪范國雋（字彥中，後為第三任主奉）前往洛陽。時人龔璛有文記其事，云：

> 文正公薨於徐，葬於河南，忠宣公而下皆祔焉。宋南渡，子孫抱神
> 主歸吳中，望河南之阡而不可即。大元混一區宇，山川道里如在庭
> 戶間，於是七世孫竹趣（按：邦瑞號）以至大二年正月之吉命其從
> 子彥中往拜墓。〔註77〕

---

〔註75〕詳《家乘》左編，卷二十四〈流寓錄〉。

〔註76〕王士晉〈宗規〉云：「祠乃祖宗神靈所依，墓乃祖宗體魄所藏，子孫思祖宗，不可見，見所依所藏之處，即如見祖宗一般，時而祠祭，時而墓祭，皆展視大禮，必加敬謹。」見陳弘謀編輯，《五種遺規・訓俗遺規》卷二，頁22。

〔註77〕《家乘》左編，卷二十三〈文序錄〉，「洛陽拜墓序」。

范國雋的祭墓文則提到官方的奧援，祭文首云：

> 維至大二年四月，七世孫邦瑞遣八世孫國雋、宗俊、宗是齎江浙行
> 省咨、咨河南行省、河南省箚付河南府路委自同知徐景儒率僚屬詣
> 墓，加禮致祭於先文正公墓下。〔註78〕

可見當時他們是相當慎重其事的。睽違將近二百年之後，范族子孫重省墓區，可以預想的是：那些原屬范家的前代賜地，在板蕩之餘，略無子孫照管的情形下，可能早為當地外人侵占了。這將是美中不足的地方，甚至造成展墓活動的困擾，於是，行前他們便與江浙行省有所接洽，申請官方協助，行文知會當地地方官員照應。

　　由於官方協助，范國雋此行恢復了部分被佔用的墓地。〔註79〕但此後三十九年，為元順帝至正七年（1347），墓地又次第遭到侵削，為此，主奉范文英又派遣其子范廷方、其姪范廷采往洛拜墓並行清理失地。這次他們採取更加積極的作為，主動尋求相識且景慕范文正公的在洛官員協助，試圖徹底解決此類豪民侵地的問題。事後有陳基撰文記其本末甚詳，說道：

> 萬安之原，至大中八世孫國雋僅一至其處，同知徐君景儒為復侵地，
> 亦存什一於千百。自是又三十九年，為至正七年，國雋從弟將仕佐
> 郎文英謂其子崑山州教授廷方曰：「嗚呼！自陵谷變遷以來，故家喬
> 木零落殆盡，吾子孫幸生聖明以孝治天下之時，憑藉餘澤，食有義
> 田、居有義宅、教有義塾，凡養生送死可以無憾。而祖宗二三百年
> 之邱壟，所恃以為藏者，鞠為芻牧之區，徐君所封亦已侵削，尚安
> 在其為子孫哉！洛陽土風號為近古，豪民無知，可以德化、不可以
> 力勝。吾聞御史斡勒君允常，居里第日，以吾先文正公濟貧活族之
> 仁自勉；而僉事李君公平，分憲於洛，又嘗執筆而為公之傳者，誠
> 以狀白之，必有以矜吾之志也。」廷方即日具資糧扉屨，不遠千里
> 致其父之命。於是李君首出俸金為之倡，斡勒君率鄉黨與同知郭君
> 文霈、判官董君鉉，奉牲幣、為文以祭於墓下。所謂豪民之無知者，
> 觀感而化，卒復徐君所封之舊，而其地以畝計者若干焉，既繚以周
> 垣、益之封壤，又築室六楹，俾其甥趙氏廬其上……〔註80〕

---

〔註78〕《家乘》左編，卷二十三〈文序錄〉，「祭文正公墓文」。
〔註79〕詳〈義莊歲記〉元武宗至大四年欄。
〔註80〕《家乘》左編，卷二十二〈碑記錄〉，「范氏復祖塋記」。

此番復地行動，雖如文中所說：已將墓地範圍標識清楚，築牆圈隔；隆重的祭墓儀式，也使當地居戶體會到這塊墓園含有昔人禮敬賢良的深刻意義，不宜隨意佔用破壞；同時還委託姻親趙氏人家就近看管，以為豫防，似乎很徹底地解決了多年沈苛。然而，不論如何，既然蘇州范族道遠罕至、無法就近護守，而人心不古，唯利是圖，則這些土地都將很快地被視為無主之土，而恣意地佔用。加上朝代更替之際，社會形同蒙昧，毫無王法治化，其殘破的情形只有更加嚴重了。是故，待到朱明繼統，范氏洛陽墓塋又是一番必須重整的紊亂景況。

洛陽河南支裔，便是在這拜墓難勤、守墓不易的歷史困境中孕育而生的。

就在明孝宗弘治元年（1488），當時河南巡撫徐恪，因清理治內范仲淹祭田墓地，覺得該地並無范氏子孫世守奉祀，終難以圓滿其事，實非禮敬前賢之道。因此，他透過官方行政系統，要求蘇州范族派員遷河南，以負擔守墓與祭祀重責。檄文既下，范氏子弟應命北徙的是郎中房十四世孫范昌期。《家乘》范昌期本傳云：

> 弘治初，河南巡撫徐公恪，省文正公墓，詢守者，知闕人狀，太息曰：
> 「文正道學先聞洛，而勳業駕富韓，守墓乏賢子孫，保無采樵者耶？」
> 移檄吳中，遴宗人之賢者以往。有司舉公應命，公欣然往。〔註81〕

他懷著高度使命感前往，而且恪盡其責，曾經自言：

> 臣始祖宋太師中書令魏國公謐文正范仲淹，及贈太師許國公謐忠宣范純仁，墓皆在河南府洛陽縣萬安山下，歐陽脩所撰神道碑尚存，其墓地祭田先被附近軍民侵據。弘治間，欽差巡撫河南都御史徐恪，巡歷到於墓所，觸目忉心，悉與查復，仍加封植，令民看守，至今賴以不墜。〔註82〕

武宗正德年間（1506～1521），他膺歲貢上京，趁此接近皇帝的良機，奏請建立洛陽文正公專祠，上引文是其疏奏的片段。他請求建此官立祠廟的目的，無非是想厚殖其守護先塋的資援，疏文末云：

> 乞敕禮部轉行河南府就於府治建立專祠，春秋致祭，仍以忠宣配享，著入祀典。如此則不惟崇獎忠賢、激昂士類，鄉邦之人亦知祠因墓

---

〔註81〕《家乘》左編，卷五〈賢裔傳〉，范昌期傳。
〔註82〕《家乘》左編，卷十七〈廟祠考〉，河南洛陽縣文正公祠條。

　　　而立，祭因有祠而舉，又知祠祭之不可缺，則體魄所藏之地尤宜敬

　　　重，不敢侵毀，庶幾保全先賢墳墓於千百年之久也。

儘管疏內申言剴切，而且援引當朝大學士徐溥「吳中為公故鄉，慶陽特其經
略之地，皆有專祠春秋享祀，今其體魄所在宜有重於彼者」的主張，〔註 83〕
以加強論點，可惜還是沒能獲得朝廷的同意。

　　但守墓的工作，當然不會就此廢弛，此項任務不是范昌期一身承擔而已，
它必須繼續由其延續的世代子孫執行下去，代代相傳，世守其地。如此，便
形成所謂的河南支派了。此支到了清嘉慶末年（約 1820 左右），盧居墓塋附
近者，已達三百餘丁。〔註 84〕

　　然而，有此守墓支派，並不意味有關墓地守護、墳塋修繕諸事全部由此派
成員獨立從事。從一些記載可以略知，這一支派並沒有太大的勢力與財力。由
於勢力不大，所以無法完全杜絕外人侵犯墓地、樵薪墓木的情事，清康熙四十
一年（1702）尚須藉力巡撫勒碑示禁，以警告豪強；〔註 85〕因為財力不豐，所
以嘉慶之時即使有族眾三百餘丁，亦無法修葺墓園週邊的排水工程，而終須仗
仰義莊斥資理辦。〔註 86〕他們無財無勢，卻猶能不負宗族所託，大致維持其祖
塋的完好，乃在於他們懂得尋找適當的管道，反映所需以獲得援助。

　　值得一提的是：在上述兩次護墓行動中，居關鍵地位的策動者，實都與
吳中義莊關係密切。前者為菁山支返吳孫裔、監簿系十九世孫范昱，因出任
河南府知府，謁墓拜掃而知破壞情狀，是以牒請巡撫徐潮禁勒盜採木石；後
者則為義莊監簿房二十二世孫范德璣，因久館於洛陽，得知墓地圮廢，而告
急吳中，是以義莊有次年葺修水道之舉。由此（尤其是第二例）可見與洛陽
迢隔千里的范氏義莊，並沒有因河南支裔的存在，而減少對祖塋的關心程度，
相反地，他們正可藉洛陽宗人的相告，而彌補了因空間睽隔所產生的缺憾，
較為有效率地投注對祖墳的關懷。

　　綜合以上所述，可以明瞭河南守墓支裔在眾多范族支派中是別具意義
的。雖然，不可否認的，在形式上它是宗族大幹的一小分枝，無異於其他支
系，但它的出現卻不是循著宗族分化的自然規律，而是有著不同於他支衍出

〔註 83〕 疏云此為徐溥〈范文正公墓記〉中語。
〔註 84〕 《家乘》左編，卷二十二〈碑記錄〉，「重修洛陽文正公墓記」。
〔註 85〕 《家乘》左編，卷五〈賢裔傳〉，范昱傳；又卷十二〈景行志〉，徐潮條。
〔註 86〕 同註 84。

的緣由。潛藏於其後的是宗族凝聚的精神與企求統整的決心。蓋范氏始祖墓塋與孫裔聚落千里相隔的特殊情形，唯有自宗族的大本營派出守墓裔孫，並且保持密切聯繫，方足以彌縫之，進而成就宗族一體性。

　　從范氏義莊之爲紀念范文正公的社會機構這一觀點上看，則范氏洛陽守墓支派，不妨視之爲義莊的派駐單位。若無此一派駐，則亦不足以顯示蘇州義莊是爲全國性文正公紀念中心的意義了。所以，河南支的形成過程，是始於族外人士（河南巡撫）的感慨與要求，而終於吳中義莊子弟的自願遷居。它的出現，滿足了范氏宗族內部殷切的盼望，也是社會上景仰賢達的有心人士樂於見到的，它再次深刻地向世人宣達：「范氏義莊」即「范文正公紀念中心」的這層含義。〔註87〕

〔註87〕范昌期系出郎中房，其實就血緣上說，非仲淹孫裔，在一般情況下，是不會引爲同一血脈的。此猶如《家乘》中嚴格地區分「遠宗」一般：在譜系不明的情形下，他們不敢遽然將歷史上著名的范姓人物（諸如范蠡、范雎、范增等人），引爲傳系本脈之先祖。然而范昌期在奏疏中卻很肯定地自言「臣係文正公嫡派子孫」（見註82引文）。可見在長期的宗族教育下，蘇州范氏族裔甚至已將「承家始祖」的范仲淹，視爲血緣所從來的一般意義之始祖了。范氏義莊在先祖中特別凸顯范仲淹，紀念之不遺餘力，可見一斑。

# 第四章　范氏義莊的儒學傳播功能

## 第一節　特殊的紀念中心

### 一、他地范仲淹紀念場所的對照

范仲淹是個令人難忘的儒者。在世之時，已享有很高的知名度，才德兼備，素孚士望，「為政所至，民多立祠畫像，其行己臨事，自搢紳、處士、里閭田野之人，外至夷狄，莫不知其名字，而樂道其事者甚眾」；〔註1〕死後世人交口論之，則好評不斷，韓琦、富弼、歐陽脩、王安石、蘇軾、朱熹諸位精神、文章影響後世至深且鉅的兩宋精英分子，無不襃崇有加。《宋元學案》說他是一位「粹然無疵」的儒者，自非夸諛之譽。

距離現今最近的大規模紀念范仲淹的活動，是在一九八九年進行的，海峽兩岸不約而同地都為這位偉人舉辦千年誕辰紀念會。

臺北的紀念活動，由官方——行政院文化建設委員會——策畫，委交臺灣大學主辦，及其他七所北部公私立大學協辦，為期兩天的紀念會議，邀集海內外學者共發表五十七篇關於范仲淹的論文，同時故宮博物院也推出「范仲淹文物特展」，共襄盛舉。〔註2〕而先期一年，文化建設委員會即已編印《范仲淹研究資料彙編》二巨冊，提供學界參考。〔註3〕

---

〔註1〕 歐陽脩〈文正范公神道碑銘〉語。

〔註2〕 參見該研討會議程表，《紀念范仲淹一千年誕辰國際學術研討會論文集》附錄，頁1652。

〔註3〕 詳《范仲淹研究資料彙編》陳奇祿序，頁3。該書由王心均、朱桂、柯基良、李壽林編輯。

　　大陸方面，則以蘇州市為主，該市的政協文史資料委員會、博物館、圖書館，在此年合編出版《范仲淹史料新編》一冊，〔註4〕並成立范仲淹研究會，召開多次學術討論會。〔註5〕

　　這正是現代學術界紀念先賢的常見模式，雖與古人立祠紀念的方式差別甚大，不過，幾百年來，表彰先賢的用意總是落在提振當代士風的教育目的及改善社會的政治目的上，卻一點也未嘗改變。就像臺北的會議，大會主席開幕致辭說：

> 在政治脫序、道德淪喪、重利輕義、窮奢極侈的今天，我們能有機會來發揚一位「人品事業卓絕一時」偉人的潛德幽光，實在是一件很重要而且極具深遠意義的事……我們如能秉持仲淹先生的學行精神，來為人、為學、為吏、為師，以達到為家、為民族的大目標，應該是可行的，必須的，也是萬古長青的一項法則。〔註6〕

而韓澤，在北宋英宗治平二年（1065），淄州長山縣文正公祠落成之後也說：

> 古之治天下所謂不賞而民勸者，非謂絕而不賞之也，賞一善而百善進也，何哉？自京師至於郡縣，郡縣至於鄉黨，其間有德行節義可稱者，取而旌之，爵於朝廷，死，表其門閭，如此，風俗莫不勉勵也。……既而脩虔誠、謁偉像，洋洋乎如在，使夫十室之民朝夕耳傾而目屬，自非蚩頑之類得無聲激？薄者敦，懦者立，如是何患風俗不及古也。故曰不賞而民勸，謂此也。愚之所以建公祠者，非止為乎公也，為民也，非止為乎民也，為天下也。〔註7〕

上下千古，想法極其相近，都是想要透過對先賢的紀念，使人民百姓知所法效，進而提昇道德素質，達到改造社會的目的，這不妨視為任何時代知識分子的共識。

　　因此，近千年以來，中國許多曾與范仲淹有所「牽連」的地方 —— 或生、或長、或仕、或葬之地 —— 當地官員、士大夫總不免有表彰這位模範儒者的紀念活動，留下許多規模或大或小的紀念場所。

---

〔註4〕此書由瀋陽出版社出版，遼寧新華書店發行，實際編輯者是王守勛、何南、周鴻度、吳建生、張維明。

〔註5〕詳蘇州大學出版《范仲淹研究論集》后記，頁322。

〔註6〕陳奇祿，〈開幕詞〉，《紀念范仲淹一千年誕辰國際學術研討會論文集》，頁 1～3。

〔註7〕韓澤，〈淄州長山縣建文正公祠堂記〉，《范集·褒賢祠記》卷一，頁322。

　　對於這些或者依然存在的古蹟、或者已為陳跡往事的一時活動，身在范氏義莊的范氏賢孫，其注意程度顯然要高過一般人。於是，現今我們可以在《范氏家乘》中看到為數眾多的各地范仲淹紀念處所。表七，是由《家乘》左編卷十七〈廟祠考〉及卷十九〈遺跡考〉蒐羅而出的資料。

### 表七、中國各地范仲淹紀念場所一覽表

| 地域 | 紀念場所 | 興建年代 | 說明 |
|---|---|---|---|
| 江南 | 天平山忠烈廟 | 南宋高宗紹興間 | 詳元牟巘天平山忠烈廟記 |
| | 蘇州府學文正祠 | 北宋 | 詳北宋朱長文修學記 |
| | 澔墅關文正書院 | 明世宗嘉靖十年 | 詳明方鵬澔墅鎮宋范文正公書院記 |
| | 支硎山寒泉書院 | 明太祖洪武間 | 詳清韓葵重修支硎山范文正公祠堂記 |
| | 天平山正本堂 | 明武宗正德間 | 在白雲寺旁 |
| | 長洲先賢祠 | | 吳季札、唐韋應物、陸龜蒙、宋魏了翁、文天祥合祀 |
| | 虎邱三賢祠 | 明世宗嘉靖間 | 宋胡瑗、尹焞合祀 |
| | 崑山貴德祠 | 宋寧宗嘉定間 | 唐陸龜蒙、宋張方平、張栻諸賢合祀 |
| | 常熟范公祠 | | 在南門外 |
| | 崇明文正公祠 | 明熹宗天啓間 | 支使房崇明支孫建 |
| | 金山衛文正公祠 | 明神宗萬曆卅一年 | 詳明范允臨金山衛建文正公祠碑記 |
| | 丹徒文正公祠 | | 在縣學尊經閣下 |
| | 華亭五太師祠 | 清世祖順治間 | 唐范履冰、宋范純仁、明范、范景文合祀 |
| | 松江府三賢祠 | 清高宗乾隆六年 | 唐范履冰、宋范純仁合祀 |
| | 揚州文正祠 | 清世祖順治間 | 瀋陽支范文程建 |
| | 揚州三賢祠 | | 宋張綸、元詹士龍合祀 |
| | 揚州崇賢祠 | | 宋岳飛合祀 |
| | 泰州西溪書院 | 元仁宗延祐間 | 范仲淹祠改設書院 |
| | 興化文正公祠 | 宋理宗寶慶元年 | 詳南宋葉大發高郵軍興化縣重建范文正公祠堂記 |
| | 興化太平里范公祠 | 明武宗正德間 | 詳明楊果興化縣太平里范公祠記 |
| | 通州四賢祠 | | 宋胡瑗、岳飛、文天祥合祀 |
| | 通州文正公祠 | | 在州治鹽場便倉西 |
| | 泰州五賢堂 | | 宋張綸、富弼、胡瑗、王觀合祀 |
| | 廣德州文正公祠 | 南宋高宗紹興九年 | 詳南宋樓鑰廣德州重建文正范公祠記 |
| | 廣德州四先生祠 | 元 | 宋錢公輔、孫覺、洪興祖合祀 |
| | 廣德州四先賢祠 | 元 | 南宋眞德秀、王叔英、周瑛合祀 |
| | 池州文正公祠 | 南宋理宗紹定元年 | 詳南宋丁輔池州范文正公祠堂記 |
| | 盱眙文正公祠 | 明太祖洪武間 | 范氏遷盱眙子孫建 |

| | | | |
|---|---|---|---|
| | 寧國府五賢祠 | | 南齊謝朓、唐李白、韓愈、宋晏殊合祀 |
| | 長洲縣學景文堂 | 南宋度宗咸淳間 | 詳南宋趙興鑒景文堂記 |
| | 蘇州府景范堂 | 清高宗乾隆間 | 在府治內衙 |
| | 鎮江范公橋 | 北宋仁宗景祐間 | 范仲淹守潤時建，名清風橋，民呼爲范公橋 |
| | 泰、通、海捍海堤 | 北宋仁宗天聖四年 | 張綸奏以范公知興化縣總其役，民呼曰范公堤 |
| 江南 | 泰州景范樓 | | 范仲淹之舊行衙 |
| | 興化縣濯纓亭 | 北宋仁宗天聖間 | 范仲淹建 |
| | 興化縣景范堂 | | 在興化縣廳後 |
| | 廣德州范公亭 | 北宋眞宗大中祥符間 | 詳清王佶重建廣德州范公亭記 |
| | 廣德州范公井 | 北宋眞宗大中祥符間 | 范仲淹開鑿，又名義井 |
| | 池州讀山 | | 青陽縣東十五里長山，公幼年讀書之地，故名 |
| | 褒賢寺文正公祠 | 北宋仁宗嘉祐間 | 詳范純粹褒賢顯忠功德院記 |
| | 洛陽文正公祠 | 清世祖順治間 | 詳清武攀龍新建河南范文正公祠記 |
| | 開封府文正祠 | 北宋 | 范仲淹知開封府，民立祠祀之 |
| 河南 | 河南二賢祠 | 明代宗景泰六年 | 與元許衡合祀，復名鳴皋書院 |
| | 鄧州文正公祠 | 北宋 | 北宋黃庭堅曾謁祠賦詩十首 |
| | 鄧州三君子祠 | 明世宗嘉靖間 | 詳明王聘鄧州重修臨湍書院記 |
| | 鄧州景范樓 | | 鄧人思范公之德，因建 |
| 直隸 | 開平衛文正公祠 | 明英宗正統間 | |
| | 醴泉寺文正公祠 | 元成宗大德間 | 詳元魯昌祖醴泉寺創修范文正公祠堂記 |
| | 淄州長山文正公祠 | 北宋英宗治平二年 | 詳北宋韓澤淄州長山縣建范文正公祠堂記 |
| 山東 | 青州范公祠 | 明英宗天順間 | 在城西范公泉上 |
| | 淄州釅堂嶺 | | 范仲淹曾讀書其上，因此得名，山有上書堂 |
| | 長山懷范樓 | | 在長山縣東南 |
| | 青州范公泉 | | 詳明熊相范公井記，上有范公亭 |
| | 慶州文正公祠 | 北宋仁宗嘉祐五年 | 詳北宋蹇周輔慶州范公祠碑陰 |
| | 慶州郡學祠 | 北宋 | 慶陽府城內孔廟南廡 |
| | 慶州忠烈廟 | 北宋 | 北宋徽宗宣和五年贈廟名忠烈 |
| | 延州忠烈廟 | 北宋 | 詳明曾鶴齡延州范文正公廟碑記 |
| 陝西 | 靖邊營文正公祠 | 北宋 | 詳明馬中錫靖邊營重建范文正公廟記 |
| | 鄜州二賢祠 | | 唐杜甫合祀 |
| | 邠州祠 | 北宋 | 慶曆間知邠州、州人立 |
| | 慶陽文正公宅 | | 在府治東 |
| | 延州文正公宅 | | 在府治東 |
| | 安鄉縣文正公祠 | 北宋 | 范仲淹少時讀書興國觀，後人以爲祠 |
| | 澧州東溪書院 | 南宋理宗寶慶間 | 范仲淹少時讀書處，書院有祠 |
| 湖廣 | 安鄉縣讀書堂 | | 范仲淹少時讀書處，在縣治西 |
| | 岳州府後樂堂 | 宋 | 取岳陽樓記後天下之樂而樂之義 |
| | 興國州三絕碑 | 北宋 | 蘇軾書范仲淹所作狄梁公（仁傑）碑，時號三絕 |

| | | | |
|---|---|---|---|
| 浙江 | 孤山范公祠 | 清聖祖康熙間 | 清范承謨祠，並奉范仲淹（先祖）、范文程（父）神位 |
| | 仁和縣范府君廟 | | 在梅東高橋東 |
| | 嚴州文正公祠 | 明代重建 | 在嚴陵灘釣台書院內 |
| | 紹興文正公祠 | | 范仲淹知越州，後人立祠祀之 |
| | 寧波文正公祠 | | |
| | 睦州瀟灑樓 | 宋 | 范仲淹知睦州，有瀟灑桐廬郡十絕，後人建樓因以爲名 |
| | 睦州思范堂 | | 在瀟灑樓下 |
| | 嚴州思范亭 | 北宋 | 在能仁寺南，原名竹閣 |
| | 紹興清白堂 | 北宋仁宗寶元間 | 范仲淹建，並名，有清白堂記 |
| | 紹興百代師表坊 | | 在紹興府治前，紀念范仲淹而建 |
| 江西 | 饒州顏范堂 | 北宋 | 顏眞卿合祀，即班春堂祠 |
| | 饒州天慶觀祠 | 北宋 | |
| | 饒州州學祠 | 北宋 | |
| | 饒州范公五老亭 | 北宋 | 詳北宋陳貽範范文正公鄱陽遺事錄 |
| | 饒州九賢堂 | 北宋 | 圖像陸襄、虞溥、梁文謙、周魴、柳莊、馬植、李復、顏眞卿及范仲淹九人 |
| | 饒州范公松 | | 在慶朔堂前，范仲淹植 |
| | 鄱陽郡學范公柏 | | 共十八株，俗傳范公遺言「柏及地則吾再出」 |
| | 南昌縣後樂亭 | 明 | 取岳陽樓記後天下之樂而樂之義 |
| 四川 | 成都府學祠 | 北宋 | 蜀人因范純仁德政，立祠並祀范仲淹 |

　　本表所載八十六處，當然不可能悉盡其數。一方面根據的是清代的資料，至今已又歷經百年，期間恐有增建者；一方面則《家乘》編者原已謙稱「見聞不廣，不克盡登」。〔註8〕另外，很明顯地，自清康熙五十四年（1715）范仲淹入祀孔廟以後，其木主名號奉在通國聖廟廊廡之間，〔註9〕供人瞻仰，理亦爲紀念之處，但本表均不列入。畢竟在至聖光芒的照耀下，兩廡賢儒不過是黯淡的星光，遊息聖廟的士子，不必然會爲一個個的陪祀賢儒駐足興仰，其對個別陪祀賢儒的紀念意義並不強。

　　還好我們列出這些大大小小的紀念場所，主要用意在凸顯范氏義莊作爲范仲淹紀念中心的獨特之處，因此，雖僅取其梗概，當已可得對比的效果。

〔註8〕〈廟祠考〉序云：「後人思公之德，祠而祀之者尤不可勝記也，……見聞未廣，不克盡登，則以俟續入焉。」〈遺跡考〉序亦云：「先公筮仕中外，人懷餘思，牙旗所建，朱幰所經，群用作歌，遂成遺蹟者，指不可勝屈也。聊據見聞，纂之爲考。」皆言就其所聞知者登載，固有闕而不錄者也。

〔註9〕范仲淹入祀孔廟一節，詳《家乘》左編〈盛典記〉。

綜觀這些紀念場所，其紀念形式，大略分為三類。一是祠堂，其中又有專祠與合祀的區別。二是遺跡，即范仲淹生前所嘗經歷的物事，後人誌之不忘，標名其上以為紀念者。其中包括他所興建的工程，如范公堤；他所種植的樹木，如范公松、范公柏；他所開鑿的泉井，如范公泉、范公井；或是他曾寄寓的宅舍，如陝西慶陽延州文正公宅；隱居勤讀的山嶺，如讀山、罾堂嶺；甚至因為他的遊覽題詠而起造的亭臺，如范公五老亭之類。三是後人命名寓託紀念意義的建築物，當中又有引用范仲淹詩文為名，如後樂堂、瀟灑樓者，以及直抒景慕之意，如思范堂、景范樓者的不同。

這三種不同的紀念形式，其實質意義相差不大，紀念功能也都很簡單，不過是不斷提醒周遭之人莫忘范文正公其人其事，以記取其德惠與精神罷了。

與蘇州范氏義莊比較起來，它們的紀念活動，顯得消極而片面多了。以下，我們且對范氏義莊的獨特紀念意義，詳加闡述。

## 二、范氏義莊獨特的紀念意義

范氏義莊的組成分子是范家各代子孫，決定了此一范仲淹紀念中心必然會比其他各地紀念場所，付出更多的心力在紀念工作上。

比較之下，這裡的紀念形式及內容，多元而深入。他們保有范仲淹身家世系的最詳細而完整的資料，〔註10〕也收藏了豐富的相關文物，包括范仲淹的手澤、遺器，〔註11〕文集刻板，〔註12〕以及從史冊或各地碑記蒐集來的紀念文章，〔註13〕和許許多多親臨義莊、觀覽文物的文人仕宦寫下的頌讚與觀感，〔註14〕而皇帝的贈匾與題句，〔註15〕亦廁於其間……凡此種種，若非范氏子孫長期細心的保管整理，是不可能成事的。不過，外人視義莊為范仲淹的故里，視義莊子孫為范仲淹的繼承後嗣，也是便利義莊進行蒐集資料的重

〔註10〕《范氏家乘》以范仲淹為第一世，由他而上有始祖、遠宗傳，由他而下有十六房世系，源流清晰可考。而范仲淹的年譜、言行，亦都有專卷載錄。

〔註11〕見《家乘》左編卷十三〈法守記〉。

〔註12〕詳范時崇〈重刻文正公忠宣公全集後序〉，《家乘》左編卷二十三〈文序錄〉。

〔註13〕見《家乘》卷二十二〈碑記錄〉。

〔註14〕這些頌讚與觀感大部分以題跋的方式，附在范仲淹手蹟之後，亦見收於〈法守記〉。

〔註15〕義莊之內有御書、睿藻二亭，前者展示康熙所頒「濟時良相」匾及所贈翰墨摹刻，後者展示乾隆臨幸義莊時所製詩、贊、匾額摹刻。見《家乘》卷十七〈廟祠考〉。

要因素。此如范仲淹墨蹟〈伯夷頌〉，原爲外人所有，後來被送交義莊，而名之爲「歸還」，〔註16〕最能說明世人的這層心理，也再次證明范氏義莊是世人眼中最爲理想的范仲淹紀念處。

　　事實上，光憑這些宏富的資料、珍貴的收藏品，已足以支撐起此一全國最具代表性的范氏紀念中心的門面了，但如果就此以爲這些便是范氏義莊的最主要的紀念內容，卻也未免見小而不見大。因爲，不管有如何宏富珍貴的收藏，都只不過與他地紀念場所一般，引人緬懷前賢、發思古之幽情而已，別無勝義。

　　那麼，范氏義莊在紀念范仲淹這件事上，有何特殊之處呢？

　　要觀其勝義，還須將焦點擺在：范氏義莊本身──這個具有開創意義的贍族制度──的存在上。范氏義莊多一日的存在，即代表范仲淹的理想獲得多一日的實現；它延續越久的經營，也即顯示范仲淹的高瞻遠矚與制度設計的良善。義田繼續存在，逐代擴展、義莊持續運作、范氏族眾凝聚不散而與日俱增，這些活生生的具體物事，在在使得任何一位熟悉這段歷史、親近義莊的人，打從心底自然浮現范仲淹的形象，而感念他的偉大。

　　而關於范氏義莊所以能維持長期存在的原因，前章論之詳矣，已知族外人士的扶持是其中不可或缺的重要因素。於是，人們在經由義莊的存在以感念范仲淹的同時，連帶思及其經營歷史中族內賢裔與族外善意人士的努力，乃又屬順理成章。況且，義莊整體環境中，紀念這些有恩之人的場域、建築，觸目皆是，〔註17〕指引著觀臨者不得不有所興感。這些人與范仲淹、范仲淹的理想，是分不開的，他們在不同時代助成范仲淹理想的實踐。若串聯起這些散佈各個年代的實踐事跡，一個脈絡清晰的運動也就呈現眼前了。不妨如是觀：范仲淹開啓了一個對知識分子極具吸引力的運動，招徠無數的有心人共同參與，長期踐履著一個共同的理想。如此，則義莊的存在，又隱隱然陳述著：范仲淹的影響力，正巧妙地透過義莊，作用在一代又一代的服膺者身上。

---

〔註16〕〈伯夷頌〉墨蹟，原是贈蘇舜元之作，幾經流傳，爲李戡所有。元大德年間，李戡守姑蘇，持此送交義莊，世傳爲美談，而多以「歸還」視之。如方回云：「大尹不吝歸趙璧」，仇遠云：「復還范氏事尤奇」，龔璛云：「逸齋總管相公（即李戡）以所藏文正公書〈伯夷頌〉歸於范氏，懷賢尚德之心，士大夫皆樂道之。」詳見〈伯夷頌〉墨蹟題跋，《范文正集補編》卷三。

〔註17〕義莊對有恩范氏的族外人士，皆記其事於《家乘》左編卷十二〈景行志〉，且設有「諸賢祠」祭祀有大恩惠者。族內賢孫，事蹟詳載於《家乘》左編卷五〈賢裔傳〉，大有功者且有專祠奉祀或陪祀於各專祠內。各祠位置可參見第三章附圖（二）。

　　換言之，范氏義莊拓展開的歷史視野裡，人們舉目所見，恰是范仲淹理想的具體實踐。心中感知的，會是一個精神猶然鮮活強烈的先儒，而非與現世斷絕關係，藏名於史籍中的作古之人。

　　范氏義莊使人油然興感的紀念功效，相信不是史籍或者其他地方簡單的祠堂、故跡輕易所能擬作的。無怪乎當范氏義莊有所起廢興作時，為文作記者總不忘布露前賢心跡，樂道其儒行，以樹風教。宋人樓鑰〈范氏復義宅記〉、孫應時〈范氏義莊題名序〉、劉榘〈范氏義莊申嚴規式記〉、潛說友〈建祠奉安講義〉，元人牟巘〈范氏義學記〉、鄭元祐〈文正書院記〉，明人張益〈重修文正書院記〉、徐有貞〈重建范文正公祠堂記〉、祝顥〈重修文正書院記〉、袁洪愈〈重修文正書院記〉、陸樹聲〈重修文正書院記〉，清人慕天顏〈重修文正書院記〉、覺羅雅爾哈善〈重修文正書院興復義莊碑記〉，﹝註 18﹞所連接而成的義莊書院維修簡史，縱貫四代；所發揚的儒行善舉，與日俱增，已充分表明此一紀念中心的獨特之處。

　　是故，若要問范氏義莊與儒學的關係，若要追討它對儒學傳播的貢獻，則它全面且生動地展現范仲淹的精神、理想與儒行，使人自然興發欽慕效法的意志，應是開宗明義第一章吧！

# 第二節　范氏義莊的儒學實踐

## 一、「范氏義莊」的三重含義

　　當然，范氏義莊與儒學的關係，不止於樹立一位儒者典範而已！對社會教化的貢獻，也不是僅從表揚人格典範而使「頑者廉，懦者立」，便可說明的。

　　宋元兩朝相繼對范氏義莊採取優渥的減免科役態度，是著眼於義莊的「有關風化」足為後人取則而來的。元大德間，禮部的公文上說：

> 本部議得：宋相范文正公，致君澤民之術，具載方冊。所設義莊義
> 學，資給宗人，教育後裔，至今規模不墜，其於世教，不為無補。
> 宜咨行省，禁治諸人無得煩擾。﹝註 19﹞

---

﹝註 18﹞　各篇皆錄於《家乘》左編卷二十二〈碑記錄〉。又除孫、慕、覺三篇外，餘亦散見於《范集·褒賢祠記》及《范文正集補編》卷四。

﹝註 19﹞　《范集·朝廷優崇》，頁 342。

揆度文意，禮部所以重視范氏義莊義學，倒不是純粹出於勿翦甘棠，以存對范仲淹的禮敬之思，重要的是：義莊義學制度本身所具備的教化價值。

「有補世教」，是個很模糊的說法，范氏義莊義學如何能補世教？禮部無庸闡釋。但他們認爲義莊與風教之間有關的看法，是值得支持的。

教化的問題，向來是儒者所關切的；「致君澤民」的爲政目標，也是儒者永恒的承擔。因此，上引文獻中禮部大臣的思考立場，與儒家是一致的。則所謂的「世教」云云，其意殆與「教育世人認同儒家的信仰與價值觀」相去不遠。而范氏義莊如果能有此功能，撇開它樹立前賢風範不談，主要還是因其本身實踐了崇高的儒家理想所致。

然而，范氏義莊乃爲一「物」，則「實踐」一語，又從何說起？爲此，我們必須針對本文所認知的「范氏義莊」作一釐清。

自第二章開始，行文至此，其實我們使用「范氏義莊」一詞，已出現了三重含義。第一，它是范仲淹籌創、建立於蘇州的宗族內部救贍機構，這是范氏義莊徹始徹終不曾變改的原始意義，顧名而知其義矣！第二重意義，未能從名稱上顯現出來，它生發於社會對待范仲淹及范氏義莊的心態，而將范氏義莊視爲一個紀念先賢的場域，一個龐大的范仲淹紀念中心。這兩重意義，亦可說是從范氏義莊的功能上，加以區別的。前者與贍族的功能不可分割，後者與其社會教化的功能關係密切。至於第三重意義，則是加進歷史因素而產生的，我們回顧范氏義莊的長期存在——從宋元明清以至民初的時代裡，它是一個與日俱增歷史縱深，而仍活躍於社會的存在體——足可視之爲一個「生命體」。如此不斷成長的生命，代表著自兩宋以下無數肯定義莊的價值、且投注心力於斯的人物所持續努力的過程。這重含義的「范氏義莊」，顯然已自具體的空間、物事，引申而爲由人物活動組成的大集合。

「范氏義莊」而能「實踐」儒家理想，即剋就第三重含義而說的，惟有在此意義之下，才有所謂「實踐」的能動性。換言之，底下我們將要討論的，正是：在長期的義莊經營史中，這些代代繼起、有功義莊延續的族內外人士，以行動共同實踐的儒家理想，究竟有那些？

惟儒家思想包羅萬象，要細細地蒐討在義莊九百年歷史中，曾被履行的思想成分，予以一一列陳，實屬不易。但實在也無此必要。要之，舉其犖犖大者，則對於范氏義莊在「世教」，或者說「儒學傳播」上的貢獻，已可了然於胸了。下文即分別闡述范氏義莊相關於儒家思想中德行要求、社會改造及

人生信仰等三個不同範疇的特殊表現。

## 二、義莊經營契合井卦德義

宋人洪邁在《容齋隨筆》中曾提到人、物以「義」為名的，有許多不同的意思，如：

> 仗正道曰義，義師、義戰是也；眾所尊戴者曰義，義帝是也；與眾共之曰義，義倉、義社、義田、義學、義役、義井之類是也；至行過人曰義，義士、義俠、義姑、義夫、義婦之類是也；自外入而非正者曰義，義父、義兒、義兄弟、義服之類是也。衣服器物亦然，在首曰義髻、在衣曰義襴義領、合中小合子曰義子之類是也；合眾物為之，則有義漿、義墨、義酒；禽畜之賢，則有義犬、義鳥、義鷹、義鶻。〔註20〕

《容齋隨筆》並非詁訓專著，但此處的分析相當透徹，廣為今日辭書所援引。其中關於義田、義學的解釋，大柢不差。據此，自應明瞭范仲淹購置田產，養濟族人，而號曰「義田」，正是要把「與族眾共之」的理念表達出來，規定此千畝之田為公共之物，命義相當清楚。

然而，如果換個觀察角度，就范仲淹奉獻個人財產，以與族眾共享的行為表現來看，這卻又是一項「至行過人」的行為，合乎濟人、無私的道德要求，堪稱為「義舉」。公錢輔〈義田記〉即著重闡揚提范仲淹此舉的「仁義」。由義田之義，而轉至仁義之義，當中自然是有差別的，不宜模稜，但錢公輔並未在其文中予以釐清。這使得范仲淹原本設田號為「義田」的理念，被忽略掉了，導致讀者容易產生范仲淹自我標榜仁義之行的疑慮。筆者猶記高中讀〈義田記〉時，授課教師即認為文中所讚許的文正公風義，就是義田所以得名的緣由，田而曰義，是後人感佩范仲淹仁義之行，所施加的名稱。他反而批評錢文中言范仲淹「置負郭常稔之田千畝，號曰義田」的敘述，是一敗筆。因為范仲淹如此的賢者，怎麼可能自我矜伐仁義，毫無謙容呢？這當然是錯誤的說法，或許反映了現代人與傳統的隔閡，但這也未嘗不是因〈義田記〉游移「義」之含義而造成的。

倒也不是今人才有上述的困惑，清人彭紹升似乎也對「義田」之名有所

---

〔註20〕洪邁，《容齋隨筆》卷八，「人物以義為名」條。

誤解。他在〈彭氏潤族田記〉中，即說明彭氏家族類似義田的設置，不名曰「義田」而特稱爲「潤族田」的緣故。因爲，在他的觀念裡，能夠稱爲「義」的，「事必逾乎常格，情必溢於常分」。但彭氏設田的目的，是爲使族中有無相通，哀富益貧（范仲淹置義田，何嘗異乎此呢！），原是本分內事，理所當爲，不值得特別聲揚，故名「潤族田」比較恰當。這顯示：他是因爲疑慮自稱「義田」之名含有矜伐標榜的意味，才避而不用的。〔註21〕

不過，差異歸差異，我們不能說錢公輔誤解「義田」之義。他可能是站在不同的立場，引申范仲淹的仁義之風以擴充「義田」的內涵而已。爲善者雖不自張揚，甚至不自以爲「行善」，卻不礙他人舉擘而稱許之。如是，名義上的差異，究屬枝節的問題，理應不會對我們瞭解范仲淹的行爲造成干擾。事實上，事件就只一個，即：范仲淹以其俸餘置田，賙贍貧寒族人，且能延續不墜，遠及後代子孫。

此一事件，若置於儒家義理系統中加以衡量，如錢公輔一般，說它合乎義，固然不錯；說它是仁心的發動，也未嘗不可；而說它是孝道的呈現，更顯貼切。但本節並不以施加此類廣泛的德目於范仲淹一身爲滿足，我們要對義田義莊的長期經營行爲，作一道德的評價，討論它與儒學的相關性。

檢視儒家學說，其中最能與此置田活族的事業相發明的，當屬《周易‧井卦》所闡明的義理。

好學深思之士往往能從自然物象中，獲得啓示，而進行思想或道德的自我修治。六十四卦，基本上即可視爲《周易》作者觀察物象所獲得的心智啓發，在儒者眼中，卦卦都有可供玩味之理。

井，是人類文明史上重大的發明。掘取地下水的技術，使人類生活空間不再限於池沼溪流沿岸，大大地向廣闊的草原拓展，在現代自來水設施取代它之前，無疑地，井是先民生活中不可缺乏的設備。〔註22〕中國人使用井的歷史，相當悠久，傳爲帝堯時代的〈擊壤歌〉，即有「鑿井而飲，耕田而食」的句子。《周易》的作者，仰觀俯察之際，當然也沒有漏掉這項與百姓息息相關的文明產物。

---

〔註21〕彭文收於《道光蘇州府志》卷一三七。此處轉引自清水盛光前揭書，頁9。清水氏於義田之名義也有討論，他即認爲彭紹升誤解了「義田」原意，甚是。

〔註22〕元太宗窩闊臺曾將他廣鑿水井的政績列爲爲政四大功業之一（見《新元史》卷四，太宗本紀史臣曰），觀此，則井的重要性已不言而喻。

　　他將水井畫成抽象的符號：，巽下坎上，下三爻為巽卦，上三爻為坎卦，坎為水，巽象木，巽的特性為入，表示水井由桔槹之木入於地下，取水而上的構造原理。卦成之後，又繫辭說明，曰：

> 井，改邑不改井。無喪無得，往來井井，汔至，亦未繘井，羸其瓶，凶。
>
> 初六，井泥不食，舊井無禽。
>
> 九二，井谷射鮒，甕敝漏。
>
> 九三，井渫不食，為我心惻，可用汲，王明並受其福。
>
> 六四，井甃，無咎。
>
> 九五，井洌寒泉，食。
>
> 上六，井收勿幕，有孚元吉。

這些言語，若根據〈象傳〉的解釋，則卦辭主要在申明井的養人養物功能，並且強調它所具備的經久性（無喪無得）、固守性（改邑不改井）及開放性（往來井井），即「養而不窮」的能力。同時也提醒人：井乃無知之物，不會主動養人，人若不知善加利用，出水致養，則徒有良好的設備，也是枉然。〔註23〕

　　以〈象傳〉的解釋為基礎，我們可以看到：六爻無非再次暗示這層道理。初爻是一口沈滯滓穢，遭到廢棄的枯井，甚至禽鳥也都不來啜飲。二爻之井，情況稍好，有水，但不曾整治利用，任其蟲苔孳生，失去井水上出養人之道。三爻之井，則已有潔清之水可供食用，卻不能盡其物宜，相當可惜。四爻之井，可以看到人為砌甃修葺的痕跡，表示井養的功能已經發揮了。五爻之井，煥然一新，清洌甘潔，是人人樂於汲用的井中上品。此五爻可以說是五種不同狀態的水井，也不妨視為一口井的自滓穢棄置以至修治之後甘潔可掬的過程。〔註24〕至於上爻，與前五爻的描述語氣不同，一轉而用具有規範意味的

〔註23〕〈井卦〉象曰：「汔至亦未繘井，未有功也。」王弼注云：「井以已成為功」，殆從汲引井水的一方設想，言必待汲引者能夠順利取得地下之水，井的功用才算完足，其名也才成立，井，非謂一泓深水而已。同樣的，汲水而使用羸瓶，必無得水的實效，於井道亦有虧。

〔註24〕范仲淹守越州，於會稽府署旁獲一廢井，重新整治，竟是泉清色白，於是署其堂為清白堂，搆亭曰清白亭，且撰〈清白堂記〉以發明井之德義。記云：「觀夫大易之象，初則井道未通，泥而不食，弗治也。終則井道大成，收而勿幕，有功也。其斯之謂乎？」就是以〈井卦〉為寫一井由廢而治的過程。

「勿」字，告誡世人不宜將井佔爲己用、私加覆蔽禁人汲取，而應開放，提供他人方便，才得以發揮井的廣濟群生的功能。

　　《周易》關於井的描述，其意當然不在提供讀者對井的認知，它要啓發人的道德意識，體會井的「精神」，而內化爲德行。〈繫辭傳〉的作者，即認爲〈井卦〉與其他八卦，是六十四卦中最與修德相關的。他說：

　　　　易之興也，其於中古乎！作易者，其有憂患乎！是故履，德之基也；

　　　　謙，德之柄也；復，德之本也；恒，德之固也；損，德之修也；益，

　　　　德之裕也；困，德之辨也；井，德之地也；巽，德之制也。

他對此九卦，有三段簡單的評論，此其一也。另外兩次，他說「井，居其所而遷」、「井以辨義」，與此段「井，德之地也」，都是簡之又簡的結論，毫無推論過程，其所以得此結論的根據爲何？著實費人疑猜。不過，歷來讀《易》者，大柢都依循其指引的方向，儘量將這些語句與人的道德修持搭上關係。在此，我們姑且不去討論這幾句的確切義旨，所要注意的卻是：經由〈繫辭傳〉的提示，〈井卦〉卦爻辭所蘊藏的人生智慧、道德教訓，乃必然地成爲儒家道德學說中的重要內容，儒者讀經、注經，都不可能輕易略過。

　　范仲淹〈易義〉，對〈井卦〉所作的聯想，便是將井的濟物作用，類比爲君子之德的，〔註25〕而程頤《易傳》注解〈井卦〉上爻，即云：

　　　　收，汲取也；幕，蔽覆也，取而不蔽，其利無窮，井之施廣矣大矣！

　　　　有孚，有常而不變也。博施而有常，大善之吉也。夫體井之用，博

　　　　施而有常，非大人孰能！〔註26〕

這全然是人文道德意義的論述，他指出藏在〈井卦〉中極具實踐難度的道德內容：「博施而有常」，乃非常人所能履及。反之，若能踐履此一道德內容者，則堪稱爲與天地合其德的「大人」了。〔註27〕此中精神與孔子稱許博施濟眾者「必也聖乎」、「堯舜其猶病諸」，〔註28〕毫無二致。由此可見，〈井卦〉所

---

〔註25〕〈易義〉釋井云：「井道治而其施外彰，君子居德遷惠之時也，……唯井也，施之而不窮，存之而不溢；唯德也，常施於人而不見其虧，獨善於身而不見其餘。」《范集・文正集》卷五，頁42。

〔註26〕《二程集・周易程氏傳》卷四，頁950。

〔註27〕《易》屢稱「大人」，〈文言〉云：「大人者，與天地合其德，與日月合其時，與四時合其序，與鬼神合其吉凶，先天而天弗違，後天而奉天時。」其人格境界殆與聖人無異！

〔註28〕《論語・雍也篇》，「子貢曰如有博施於民，而能濟眾，何如？」章。

含蘊的道德要求，的確是儒家道德思想中令人不可不重視的一項。

而同樣是申明「博施濟眾」的重要性，〈井卦〉其實比《論語》闡述得更加精詳，它注意到了施濟行爲的持續、守常的問題。或者說，《論語》只說「博施」，而未刻意說明「博」所包含的空間與時間性，〈井卦〉則進一步指出惟有將施濟的時間拉長，才能眞正達到、趨近「廣博」的境地。

「博施而有常」，難就難在「有常」的實踐上。因爲，要確保施濟行爲及其效用的持續產生，單以個人之力，必然是不足的，其中永遠無法逾越的障礙，就在自然生命的有限。一人以一生之「常」從事施濟，在時間長流的比較下，其「常」，不過有如轉瞬而已！堯舜至聖，而於「博施濟眾」猶有不足，原因不外乎是。

是故，思欲踐履「有常」，以成全施濟的廣博，可行之道，惟有依靠超越個人命限的外在制度！制度可以傳世，可以寄寓理想，可以糾合認同其設制所本持理想的後輩，循制而行事，或遇事而興革、轉而完善其制度，更加確保理想的實現。理想一旦得行於後世，則也就超越了上述的困境。因此，設立制度以施濟，當即是邁向「博施而有常」的不二法門。范氏義莊的設置意義，於斯爲最。而明代初葉，巡撫周忱及知府況鍾對范氏義莊的協助，也印證此「制度延續理想」的道理。

時爲明宣宗宣德五年（1430），范氏義田僅存一千三百餘畝。據查范莊本已累積四千餘畝義田，但此時大部分因沒官、典賣、侵占而流失，義莊有搖搖欲墜之勢。周、況二人追查原因，認爲范氏義莊對義田的登記過於簡率，是導致敗壞的大因素。於是著手改善「無簿籍可照，主奉、提管以片紙逐時私記」的情況，在重新清理義田之後，他們攢造「砧基冊」，複製一樣四本，規定「一本付城莊主奉收掌，一本付鄉莊掌記收掌，一本付提管收掌，遇至更替，明白交割。一本付天平山功德寺住持寄庫收掌，以憑互相查考」。〔註29〕這些辦法，是范仲淹、范純仁、范之柔等人當初設想不到的，它們是因應世移事異的新作爲。周、況二人可說是從制度面去求改進，以維繫義莊的生機，後來的歷史告訴我們，後期義莊有更好的發展，此舉居功厥偉。〔註30〕周忱自述當時他們「切恐

---

〔註29〕詳《家乘》左編卷十四〈義澤記〉，「明宣宗宣德七年」事。

〔註30〕砧基冊一式四份，分別由四人持有的作法，是義莊執事專司制度的先聲。清康熙二十八年，主奉范必英續申規矩，第一條是「嚴出入專司以杜侵冒」，進一步劃清主奉、主計、提管、典籍的職務，及相互督守協調事宜。此後義莊便鮮少發生主奉、執事濫權侵漁之事。范必英的設計，詳《家乘》左編卷十

文正公聚族之計，將致廢壞」，〔註31〕則又可知他們對范仲淹的理想，認同之深切了。理想、制度與認同感，串起了無數有限的生命，形成一更爲綿長的大生命，爲延續施濟的事業而努力。

　　無疑的，范氏義莊──自其創制人以降，所有八九百年間護持此救贍施濟的眾多賢士肖孫──已具體而微地實踐了〈井卦〉中至高的道德要求。雖然施濟的對象猶限於吳中范氏，但其維持經久不廢的活動能力，自屬不易。

　　義田，便是一口井，一口可供汲引糧米的井；范仲淹是掘井、造井之人；范純仁昆仲以及以後眾多的有功義莊經營者，他們或者爭取義田賦稅優免，以減少義米支出；或者增購義田，以因應日益增加的族人，或者設法監督執事、族眾的悖行，或者解決義莊的財務危機，就像是這口井的維護人，在需要的時刻，渫清水源、修甃井墀、或完固繘綆，使得近居族眾可以自此汲取基本的滋潤，世世代代而不廢。

　　義莊之義，即〈井卦〉之義，孰曰不宜！

　　表八，我們整理歷代有利范氏義莊持續經營的重大舉措，以時間爲軸，貫串「護井」的有功人士，分別表記其參贊事跡，期能提供瀏覽之便，用以感受一個難能可貴的道德的實踐歷程。

**表八：歷代助成范氏義莊經營之重要人物事蹟表**（至 1850 止）

| 朝代 | 世紀 | 人物 | 身分 | 重要事蹟 |
|---|---|---|---|---|
| 北宋 | 一一 | 范純誠 | 文正公族兄之子 | 范仲淹奏爲長洲縣尉，俾立義莊規法 |
| | 一一 | 范純仁 | 文正位代表 | 續定義莊規矩，奏請違犯規矩者許令官司受理，增置祭田千畝於天平山 |
| | 一一 | 范純禮 | 文正位代表 | 續定義莊規矩 |
| | 一二 | 范純粹 | 文正位代表 | 續定義莊規矩 |
| | 一二 | 范正卿 | 支使房孫 | 增置白雲寺香火田八十餘畝 |
| 南宋 | 一二 | 范良器 | 監簿房孫 | 恢復義莊故地，葺屋處貧族，刻田籍於石 |
| | 一二 | 范之柔 | 監簿房 | 孫續定規約十二條 |
| | 一二 | 范良遂 | 監簿房孫 | 置田租五百餘石，名小莊，補義莊之乏 |
| | 一三 | 潛說友 | 平江府太 | 守建文正公專祠，奏撥祭田三百畝 |

五〈家規記〉。
〔註31〕同註29。

| | 一三 | 范邦瑞 | 義莊主奉 | 建義學、置義學公用田山百五十畝 |
|---|---|---|---|---|
| 元 | 一三 | 范士貴 | 義莊提管 | 爭取差役科折從免之優待，興修譜牒 |
| | 一四 | 董　嘉 | 平江路總管 | 議申行省加封優恤范莊、禁治一切徭役 |
| | 一四 | 吳秉彝 | 平江路總管 | 建議以祠堂易爲書院，祭田三百畝永充公用 |
| 明 | 一五 | 胡　槩 | 江南巡撫 | 追復遭典賣義田，重修祠宇 |
| | 一五 | 周　忱 | 江南巡撫 | 清理義田，置砧基簿，重建天平山忠烈廟 |
| | 一五 | 況　鍾 | 蘇州知府 | 協同周忱清理義田，重建書院 |
| | 一五 | 范希賓 | 忠宣房孫 | 增置田山八十九畝 |
| | 一五 | 楊　隆 | 吳縣縣令 | 追復遭侵占、典賣義田 |
| | 一五 | 劉　孜 | 江南巡撫 | 優免徭役，并義莊馬役，重建書院歲寒堂 |
| | 一五 | 劉　魁 | 監察御史 | 與戴仁（御史）劉瑈（知府）興修文正祠宇 |
| | 一六 | 方　濂 | 江南巡撫 | 嘉靖實徵大浮於舊，方濂將義田稅糧止科定額之半 |
| | 一六 | 王道行 | 蘇州知府 | 與方濂力主減科之議，終載入賦役全書，永爲定額 |
| | 一六 | 范惟一 | 監簿房孫 | 義田賦重，申訴於方濂，得比官田止科其半 |
| | 一六 | 范惟丕 | 監簿房孫 | 重建文正、忠宣祠，私產若干歸之義莊 |
| | 一六 | 溫如璋 | 監察御史 | 捐貲修祠，並建三太師祠 |
| | 一六 | 陳我度 | 江南巡撫 | 豁徵義莊所負徭銀 |
| | 一六 | 邵　陛 | 監察御史 | 與布政司參議舒化，蘇松儲糧副使王叔泉修葺書院堂廡門坊 |
| | 一六 | 傅光宅 | 吳縣縣令 | 蠲免義田均徭 |
| | 一七 | 馬從聘 | 監察御史 | 與蘇州知府李右諫捐貲重修文正書院 |
| | 一七 | 范允臨 | 監簿房孫 | 先後增置義田千畝，范氏子孫得復沾升斗 |
| 清 | 一七 | 慕天顏 | 江蘇布政使 | 義莊主奉非人，檄郡清理侵占，悉復其舊 |
| | 一七 | 師　佐 | 蘇州府督糧 | 承慕天顏命，清理佔據，盡斥豪強 |
| | 一七 | 范承謨 | 瀋陽支孫 | 制閫經吳中，捐資增修祠宇 |
| | 一七 | 范承勳 | 瀋陽支孫 | 兄范承謨捐俸增修祠宇，未竟，繼成之 |
| | 一七 | 范必英 | 義莊主奉 | 清理義莊，續定規矩十則，增修祠宇 |
| | 一八 | 杜學林 | 吳縣縣令 | 嚴追義莊頑佃抗租，勘理鄰人侵佔義莊火衖 |
| | 一八 | 范安瑤 | 郎中房孫 | 承父（范彌勳）志，捐田千畝，名廣義莊，修譜 |
| | 一八 | 尹繼善 | 江蘇巡撫 | 飭禁開山，保護天平山祠墓 |
| | 一八 | 范能濬 | 義莊主奉 | 增定義莊規矩七條 |
| | 一八 | 徐士林 | 江蘇巡撫 | 義莊經理未遵祖規，族情不協，徐公飭諭督正 |
| | 一八 | 覺羅雅爾哈善 | 蘇州知府 | 給示保護山塋祠寺榜 |
| | 一八 | 范興概 | 監簿房孫 | 遺命子范儀掞增置義田一百畝 |
| | 一八 | 胡季堂 | 江蘇臬司 | 清理義莊逋債四千餘金，追查主計侵租 |
| | 一八一九 | 范來宗 | 義莊主奉 | 增置義田一千八百餘畝，又置市房萬金，生息銀萬金，以防田荒，續定義莊規矩五條，修譜 |

### 三、教養咸備實現收族理想

　　至晚從范邦瑞任職主奉開始，范氏宗族內部即已產生一個傳說，那就是：范仲淹不僅設置義田、義莊，還設立了義學。這是一個不太合乎史實的說法，卻影響後世頗深。因此，要談范氏義莊的教族成績，首在辨明「范氏義學」之虛，及世人對義學過度期望而產生的誤解。

　　元世祖至元十三年（1277），南宋苟延殘喘之秋，距離范仲淹的辭世已過兩百二十年。義莊主奉范邦瑞與提管范士貴，選中吳縣三讓里距范氏祖塋二里的一塊地，在清溪松竹之間，興建「義學」。構屋凡三十楹，文正公神位及會講之所「清白堂」居中，「知本齋」、「敬身齋」分立東西兩側，其他舉凡教師休息區、廚房、廁所、園圃等設施，一應俱全。外圍短垣，門口立區標示「義學」大字。〔註 32〕他們遴選有學行的族人充當教授，教育族內子弟，可能也接受來自族外的學生。而支持義學的經費，諸如師資束修、子弟筆札等支出，則來自彼時增置的一百五十畝田山。〔註 33〕

　　不論從地點、規模或教學形式看，義學都應屬范氏族內嶄新的設施。但基本上范邦瑞等人是以為重建、興復的，這種心態，可以從牟巘〈義學記〉感覺得出來，他寫道：

> 古者二十五家為閭，閭左右各設塾，鄉先生為之師，寬衣博帶，晨坐閭門，教其民之出入田畝者。有教有養，誠為良法。自井田廢，閭左右古制蕩除。漢以來，或為講堂、為精舍，而養則未之聞也。范文正公嘗建義宅、置義田義莊，以收其宗族，又設義學以教，教養咸備，意最近古……公登第立朝，為守為帥，以至大用，名位日盛，祿賜日厚，遂成義莊義學，為其宗族者宅於斯、學於斯，所耕者義田，所由者義路，何適不宜？嘉遺後人，可謂篤至，繼繼承承，亦惟成規是守。〔註 34〕

此文寫於元武宗至大元年（1308）七月，乃應范士貴馳書吳興、請託作記而寫。所以其中有關義學的現況以及歷史等等資料，應該是范氏所提供的。由

---

〔註 32〕詳牟巘〈義學記〉，《范集・褒賢祠記》卷二，頁 334。

〔註 33〕〈義學記〉云：「提管又撙節助濟浮用，增田山僅百畝，備師資束脩之禮，子弟筆札之費，一有以勸。」然〈義莊歲記〉（《家乘》左編卷十六）於景炎二年欄則云「增置田山一百五十畝充義學公用」，姑從之。范氏義學接受族外來學的說法，也是根據〈歲記〉此年的記載。

〔註 34〕同註 32。

此可以揣度：在范氏族人的觀念裡，北宋之時其先祖已曾設置義學。

但檢視范仲淹給族人的書信、范氏義莊規矩與續定規矩、以及范仲淹的傳記年譜，甚至南宋范氏族人及時賢的言說，都沒有范仲淹曾在族內設學的記錄，這正是我們懷疑元人之說的主要根據。

保持這一懷疑是應該的。近來學者僅憑范純仁熙寧六年所定規矩中的兩項勸學舉措，便認定義學存在於北宋的推論，〔註35〕我們不敢率然同意。因為，兩項舉措中，支錢獎助子弟赴大比試的規定，與「義學的存在」，並無邏輯關聯；而另一項撰擇「曾得解或預貢而有士行者，或雖不曾得解預貢但文行為眾人所知」的族人，充當教授的規定，不但不能證明那是「義學」的師資，反而提供一些蛛絲馬跡，讓我們看到這時只有小規模的教學活動而已。這可從規矩中教授的束脩參出端倪。熙寧六年的規矩註明得很清楚：當學生人數不及六人時，義莊僅月給教授糙米三石；及八人，月給四石；及十人，方才給付全額五石糙米。這意味著學生不超過十人的情況，時常發生。如此的學生人數，實難讓人想像當時范氏義莊兼辦「義學」。

何謂「義學」呢？其名當然仍揭舉一「與眾共之」的精神。北宋的義學，其游息進修者來自遠近四方，是普遍的狀況，也正是所以得名之為「義」的實質。這樣的觀念，范仲淹是具備的，他在〈贈大理寺丞蔡君墓表〉中，曾提到傳主——住在萊州膠水（今山東省境）的蔡元卿：

> 幼不為戲，長而好學。一日嘆曰：「男子生而有四方之志，吾從事於文，豈跼身環堵，而能通天下之志乎？」乃軒然遠遊，至江西胡氏之義學，與群士居。非禮不由，非道不談，君子願交焉。五年業成，復歸于齊。〔註36〕

文中「江西胡氏之義學」，應即是當時聞名的洪州胡氏華林書院。〔註37〕關於此，《宋史》有云：

> 胡仲堯，洪州奉新人，累世聚居至數百口。構學舍于華林山別墅，聚書萬卷，大設廚廩，以延四方游學之士。〔註38〕

---

〔註35〕 日人小川嘉子〈范氏義學之成立與發展〉便作是論。
〔註36〕 《范集・文正集》卷十四，頁120。
〔註37〕 胡氏華林書院事，可參考王禹偁〈諸朝賢寄題洪州義門胡氏華林書齋序〉、楊億〈南康軍建昌縣義居洪氏雷塘書院記〉，二文分別見《全宋文》卷一五○及二九六。
〔註38〕 《宋史》卷四百五十六〈孝義傳〉，頁13390。

可見，在范仲淹的觀念裡，「義學」應是指這種向四方游學者開放的學舍、書院。類似胡氏義學，當時建學聚書以延四方游學的大族，尚有南康建昌洪氏（文撫），「六世義居，室無異爨，就所居雷湖北創書院，招來學者」；江州德安陳氏（旿），十三世同居，「建書樓於別墅，延四方之士，肄業者多依焉」。〔註 39〕而范仲淹歆慕的范陽竇禹鈞，在五代之時，即「于宅南搆一書院四十間，聚書數千卷，禮文行之儒，延置師席。凡四方孤寒之士，貧無供須者，公咸為出之。無問識不識，有志于學者，聽其自至」，〔註 40〕這是世人認識的竇家義方、義風。又從而可知：這種提供學舍、書籍、師資、食宿，以教育有志學者的問學設施，北宋人並不陌生，也大都相當肯定其價值。

倘若范仲淹曾於族內設置「義學」，卻僅有極少數的族人於此受教；而它的存在，又反常地受到漠視，不見當時人的稱道，豈非不合情理之至？

所以，我們認為范仲淹不曾於吳中設「義學」。而如果勉強要將北宋范氏族內小型的教育活動，名之為「義學」，恐怕反會招致識者「名不符實」的譏誚！唐突前賢，莫此為甚。

元人之見，誠屬可疑。但或許受到范仲淹大力興學的熱誠與行動影響，後人並不輕易推翻其說，總相襲而謂范文正公設義莊義學。明監簿房孫范惟一曾考求吳中范族壯大的原因，「文正公立義學以教」，便是其中一項，他說：

> 吾范氏之先出自陶唐，迨士會食采於范，遂以為氏，此范氏所由始也。漢唐以來，雖代有聞人，世為著姓，然至我文正而族益大。其散處四方者，聞問所不及，而總其大較，則在吳尤盛。蓋文正置義田以贍之，建義宅以居之，立義學以教之。惟歷世綿遠，不無廢興。然諸名賢鉅卿臨蒞其地，時為振刷，而子孫中亦有賢俊扶翊其間，以故垂仆而復起，將絕而復續。〔註 41〕

文意與牟巘所謂「教養咸備」相彷佛，都將義學視為范族內部最重要的教育機構。義學既然以教學為功能，范族設有義學，當然也就承擔著其家族教育子弟的重任。此一看法，看似理所當然，但是，於此我們亦持保留的態度，不表認同。

不能驟然同意的理由有二。第一，范族「義學」的經營始於元，至明中

---

〔註 39〕註 38 所揭傳，頁 13391、13392。
〔註 40〕范仲淹，〈竇諫議錄〉，《范集‧文正別集》卷四，頁 168。
〔註 41〕范惟一，明萬曆四年，〈范氏家乘續修序〉，《家乘》。

葉已無甚作用，並不如范惟一所說的與義莊享有同樣的命運：「垂仆而復起，將絕而復繼」。萬曆五年（1577），范友頰提到前主奉范啓乂的惡行：「以祖宗活族之義舉，攘爲一己之私業，遂使義田轉爲肥家之產，義學變爲芻牧之場」，〔註42〕已宣告義學的沒落。籀讀往後的義莊歷史，義莊的起廢有人，義學則不見方興復的動作。清康熙二十八年（1689），主奉范必英續申義莊規矩十條，其第七條爲「體賙貧勸學以示教養」，有云：

> 至於祖規設義學教族子弟，今族繁散處，不能在在設學延師。嗣後
> 會文正書院，舉業成篇者，諒給紙筆（米）五斗；文理略通者，給
> 一石；文理清通與遊庠貢監，並給三石；得與大比試者，每次給科
> 舉米五石。稍示勸勵，以存教族遺意。〔註43〕

范仲淹那個時代所謂的「義學」，以能招徠四方游學爲共同特色，此時范氏義莊卻因「族繁散處」，而不便設學。可見明清之間，范莊「義學」不但已成爲陳跡，而且族人對於義學的精神也未能體察得到。如此說來，范莊「義學」能有多大的教族功能呢？

第二，如右引文所示，范必英所謂的「教族遺意」，其意在勸勵仕進，以應舉業爲重。其實，這也是元初范莊義學成立時的隱含目的。雖然當時他們在義學的堂齋上，題著「清白」、「知本」、「敬身」等道德修身語，但牟巘的題記，最後期勉來學子弟「庶幾他日業精行成，式克有立，得名爲儒，以應選用，以副二范君惓惓興學之意」，〔註44〕卻不無透露范族建學所以培養子弟仕進的目的。

這樣的教學宗旨，在范純仁熙寧六年的續定規矩中，大致已形成，明清兩代不過是循此趨向的發展。清雍正年間，范安瑤捐田增設「廣義莊」，且立「莊學」，其〈勸學規矩〉第二條，云：

> 凡族姓子弟，年十三以上，誦完經書古文，有志上進者，許本生親
> 屬呈明主奉，率領到書院候驗試。果堪造就者，候主奉批准後，到
> 莊肄業；一年之後，有不堪作養者，發回，毋苟毋濫。〔註45〕

而莊學生的課試，每季定期在文正書院舉行，從試題到試場佈置，一切都模

---

〔註42〕范友頰，明萬曆五年，〈范氏家乘續修序〉，《家乘》。
〔註43〕《家乘》左編卷十五〈家規記〉，「主奉范必英續申義莊規矩」。
〔註44〕同註32。
〔註45〕《家乘》左編卷十五〈家規記〉，「廣義莊勸學規矩」。

擬國家科考，其目的在使學生「預習場屋規模」，〔註46〕增強赴考時的適應力。凡此都清楚地表明：莊學的設學目的，在造就仕宦子弟。類此舉一族之力，集中培養族內精英，以求將來有幸進入仕途子弟的回饋，光大門楣、厚殖勢力的作法，原是傳統社會常見的景象，其中具有鮮明的投資色彩。

　　回看范莊獎學、設學歷史，范安瑤此時捐資設立「莊學」，而不沿用「義學」之名，倒不是教學宗旨改弦更張，而是有正其名稱的意思在！蓋范氏族人向來所理解的「義學」，其教育功能大要在此而不在彼，范必英所以會以獎勵舉業的措施，延續隳頹的義學，可證矣。這與蔡元卿在胡氏義學經驗的「非禮不由，非道不談」者，相去甚遠。名實既不相稱，至此終於依實而另立相符之新名，曰「莊學」。

　　是故，范莊義學以及種種勸學辦法，充其量只是范氏宗族鼓勵仕進人才的措施罷了。〔註47〕而這樣的教育，教育對象既非全族族眾，教育目的且又沾染功利氣息，說它是范族的教族良規，意最近古，不免荒腔走板。

　　我們花費如此多的篇幅，質疑義學種種，主為辯明：若是將實際運作時間不長的范莊「義學」，結合范族的勸學舉措，而視為范氏義莊教育族眾的重心所在，那將會是一件蒙蔽「宗族教育」菁髓的大錯誤。

　　范族有教，其教不在「義學」。

　　蓋儒者治世，百姓既庶既富之後，強調的是教化。〔註48〕此一載於經典中的為政觀念，范仲淹也用在「齊家」的領域上。他設置義田贍養貧寒，足使全族平均生活水準改善，族人不致流離散亡，是屬「庶之」、「富之」的作為；而同時整理范氏族譜及編定世次字號，則是欲將敬宗收族的價值觀推廣於族眾，當屬「教之」層次的努力。〔註49〕後項工作不像義田義莊那般受人

〔註46〕《家乘》左編卷十五〈家規記〉，「文正書院會課規條」。
〔註47〕乾隆年間主奉范來宗續定規矩，第三條為「增應試」，云：「族姓應試絕少。舊應童子試發考費銀一兩，鄉試纏費米五石。近物力日貴，不敷。今生童小考費加發至五兩，鄉試米加發至八石，如登賢書、赴會試，盤纏費米三十石。以鼓勵人材，望吾宗文風漸盛。」以其獎勵內容觀之，他們所謂的人材、文風，都剋就應舉而言也。見《家乘》左編卷十五〈家規記〉。
〔註48〕《論語・子路篇》，「子適衛，冉有僕」章。
〔註49〕范仲淹與仲儀待制尺牘云：「昔年持服，欲歸姑蘇卜葬，見其風俗太薄，因思曾高本北人，子孫幸預縉紳，宜構堂，乃改卜于洛，思遠圖也。」（《范集・尺牘》卷下，頁239）說明他北遷的原因，也表示了他對姑蘇風俗的觀感。語云「慎終追遠，民德歸厚」，則范仲淹的敬宗之教，無寧是矯治澆薄的一帖良藥。

注意，但它卻在范族中得到很好的發展，是撐起范族壯大結構的樑柱。

毫無疑問，敬宗收族之教，才是吳中范族最重要的全族普及教育。這項教民工作，始自范仲淹的構想，宋元以下則源源不斷地展開。

首先，凡是本族人，都一一在出生不久後，被標上足以辨明其族員身分的符號，那便是鑲嵌在名中的世次字號。他們不取單名，世次相同的一代，名中必含有一共字，以表輩分相當；不同世次，所共之字號互異，以表倫序。族中新生成員，在長輩教誨下，習知世次字號的整體系統──簡簡單單的數十字，甚至只須記取己身所處世代的前後幾個世次字號──以便日後與族人交接，可憑名諱知曉彼此關係，使本已疏遠冷卻的同族親誼，再度升溫熱絡。今日看來，范族此項作法平凡無奇，像是傳統中國社會隨處都可見到的，但倘若尋此風氣之先，將會覺察這幾乎是不見於北宋之前的嶄新設計。〔註 50〕為此我們不得不對范仲淹及范氏義莊刮目相待。

仔細推敲，當晉唐的舊世家、大門閥蕩然無存，「仕者不世」的新社會已然形成，譜牒廢絕，士夫不講、世人不載之時，〔註 51〕具有強烈宗族意識者，思考如何使本家綿衍、宗族凝聚，必然是當務之急。性質迥異於古的新族譜譜例，以及類此編定世次字號的作法，也就因應新世局而產生。

義莊范族延用世號輩字，是否為創舉，未暇詳考，但肯定為開風氣之先的顯例。范仲淹寫下的二十字，代表他對本族至少凝聚二十世代而毋散的期待，揆諸後事，實遠不止此。由此略可推想這一新設計之於收族乃不無成效，其終能蔚為幾百年之風氣，有以哉！

其次，每年的定期宗族大會──祭祖典禮，也在范族教民工作中扮演重要角色。祭祖大典的進行，且以清代為例。每年的仲春與仲秋下丁日，是范族固定舉行家祭的日子，祭典相當隆重，事前準備工作也極有法度。祭前十日，義莊主奉即出示公告，張貼於義莊文正書院、天平山忠烈廟、支硎山寒泉書院、澔墅關文正書院及石湖書院等五處，曉諭全族子弟。祭祀所需物品，如香帛酒果羊豕庶羞，都在祭前五日陸續傳辦；到了祭日前一天，則祝文、祝版、禮器、犧牲等全部辦齊，典禮執司人員也均分配就緒，當晚與祭者皆齋宿文正祠，靜待次日清晨的祭典。

祭典進行時，庭墀東西列世次字號碑，傍有燈具照明，方便與祭族眾分班

〔註 50〕參考王泉根《華夏取名藝術》，頁 92～95。
〔註 51〕詳蘇洵〈譜例〉，《嘉祐集》卷十三，頁 49。

依次列位。隨後，由主奉帶領，先後詣土地祠、諸賢祠及各祖專祠行禮祭拜。

祭典結束，與祭者享胙，主奉在中，餘眾依世次左右向坐，四人一席，肴四簋、酒三巡。進飯畢，宗族大會已近尾聲，最後的儀節是：全體與祭者至文正公神位前揖拜，再向主奉三揖而退。

整個祭典，主要由祭祖與會眾兩項活動組成。另外，子孫若有違犯規條、行為不當者，也一併在此特別的日子藉助祖先神靈及公眾約束力，予以懲治。〔註52〕

祭祖典禮通過儀式的運作、族眾的相聚，以及行使對族中成員的懲戒權，使得「宗族」由抽象概念活生生地落實到實際生活中，族眾因此乃能具體感受到：有一具備組織、權力、成員諸要素的集團實體的存在，而此實體乃為個人之所能依恃。這在無形之中，已為培養族人榮辱與共、休戚一體的意識，奠下良好的基礎。

然而培養族人共榮辱、同休戚意識的更重要方法，還在族譜。族譜，北宋以來便普遍被視為統宗收族，敦教化厚風俗的重要工具，〔註53〕義莊范族也不例外，編修族譜成為他們教族工作的另一項重點，規定中是以五年一次考核、二十年一次校訂為原則的。〔註54〕

相對於世次字號之偏重運用「符號」，或祭祖大典之偏重運用「儀式」，來增強族眾的宗族一體感，族譜編修則除了載明本支世系，而為前二項工作的藍本外，更以「歷史」來凝聚族眾對宗族的認同，培養其對宗族的情感，使之樂為范氏宗族的一分子。

整體而言，南宋元明以降的族譜，其宗旨或許承襲自北宋，但在體制、內容上，卻已遠超出晉唐、北宋之時使用「族譜」二字所傳達的概念。它們不再只是簡單的載記一族的宗支血緣世系、或聯姻關係的系圖世表，也不是歐陽脩、蘇洵小宗譜法所能範圍。新興族譜多博採親疏支派，逐世上推至始祖或始遷祖；而且增加許多宗族活動，諸如族規、祭儀、賢裔傳略、文藝著

---

〔註52〕 以上關於范族祭祖典禮的敘述，參考《家乘》左編卷十八〈祭法考〉，尤其卷首的「祭例」。

〔註53〕 參龔師鵬程〈唐宋族譜之變遷〉，文收於《思想與文化》。

〔註54〕 《家乘》〈凡例〉「勉增續」條，云：「自今宗譜告成，子孫請歸珍襲者，必編定字號，司籍記冊。擬以五年一次考核，二十年一次校訂。各房子孫務就本支，隨時登記，寧詳毋略，每遇核校之期，各持所藏之譜彙繳公莊。」

作、宗族事業等內容。〔註55〕因此，與其說是「家譜」、「宗族譜」，不如說是「家史」、「宗族史」。

　　義莊范氏編修族譜，始自范仲淹的續家譜，當時內容、形製如何？文獻不足，不可詳考。〔註56〕今日所見《范氏家乘》，規模龐大，內容富贍，是明清逐次編修的結果。其改易「家譜」之名，而稱「家乘」，殆已意識到宗譜體制已然有所變動。我們可清楚地看到范族修譜者所秉持的修史態度，如范友頫云：

> 今友頫倣史家之意，而於某人有功之下必大書其功，某人稔惡之下必大書其罪，以默寓勸懲之意，使後世子孫睹是而不敢肆為非僻之心，庶幾義澤或有補於萬一云爾。〔註57〕

又如范來宗，以其曾在史館編纂大臣列傳的經驗，用於宗譜修纂，亦云：

> 竊惟「國有史、家有乘」，事異而義同也。……自愧網羅未富，耳目難周。惟於以無作有，以偽亂真，冒濫支離轉相蠱惑者，可信無有，亦修史謹嚴之意也。〔註58〕

而范德璪亦云：

> 唯是家乘之傳，猶之信史。非秉正無私，或自是而蔑前人，則失之誣；非纂言有實，或自矜而欺來者，則失之誕。〔註59〕

他們都為編撰一部真實紀錄宗族流衍狀況的信史而努力，盡量作到世系不冒濫、事跡務核實、褒貶嚴明毋諱的地步。他們更希望譜中善善惡惡、褒賢勸進的價值評斷，可以發生「訓子孫」的作用，范德璪在同序中，即說：

> 竊惟譜之例有三，一曰念祖考、二曰別宗支、三曰訓子孫……譜中家規有記，碑銘有錄，登進褒賢有志，其他纂列俱條分縷析，豈徒言家世哉！正欲子孫聆先世之緒言，覽祖宗之遺行，聞風生慕，庶

---

〔註55〕詳龔師鵬程前揭文，及同書之〈宋代的族譜與理學〉。另參盛清沂〈試論宋元族譜學與新宗法的創立〉，文收於《第二屆亞州族譜學術研討會會議記錄》。

〔註56〕見註41范惟一序。又范仲淹〈續家譜序〉云：「皇祐中來守錢塘，遂過姑蘇，與親族會。追思祖宗，既失前譜未獲，復懼後來昭穆不明，乃於族中索所藏諸書家集考之。自麗水府君而下，四代祖考及今子孫，支派盡在……故作續家譜而次序之」（《范文正集補編》卷一），其形製殆亦類歐、蘇小宗之譜，僅錄高祖以下五代。

〔註57〕同註42。

〔註58〕范來宗，清乾隆五十六年，〈范氏家乘續修序〉，《家乘》。

〔註59〕范德璪，清嘉慶廿五年，〈范氏家乘續修序〉，《家乘》。

> 幾行必端，言必信，學必有以過乎人，才必足以用於世，以求卓然
>
> 自立於大賢之後而無忝。

其人雖云譜中記載宏富的家族光輝記錄，不是為了炫耀家世，然而，在期勉族中子弟不墜家聲、無忝大賢的言說背後，其實有著以祖先累積的輝煌成就增榮子孫的基本心態。這種心態是需要的，也是家史所要教育族眾的重要內容，〔註60〕因為，必先培養其榮耀感與感激之心，才能進一步談「無忝」、「不墜」的行為修持。

再須一提的：范族《家乘》並非族眾人手一冊，它只限給各個房、支長，或者衣冠子孫。〔註61〕雖然如此，應無損於教育族眾的功能，畢竟，那是個受教育者遠少於未學者，口述重於閱讀的年代，家族史蹟仍可在各支、各房憑藉口耳之間傳述開的。

由此宗族歷史、宗族大會與輩分命名三者所構成的敬宗收族之教，其普遍性與滲透性，當然不是「義學」、「莊學」系統所能望其項背，這才是義莊范族中，價值足以與「義田之養」相提並論的「教族」內容。

義莊「敬宗收族」之教，是否成功呢？或可從以下幾則敘述想見一二：

△范氏之子孫，一在洛陽，一在吳中，振振綿綿至今甲天下。〔註62〕

△今之稱大姓者，動云南渡。南渡之前，江南豈無人，卒湮沒不聞，

　而最久最著者，獨推吾范。〔註63〕

△夫文正公續修宗譜，創立義莊，以教養宗族，綿延七百餘年，歷今

　二十餘世，無論親疏遠近之宗族，咸怡然秩然，相親相睦。〔註64〕

據此，范莊教族、收族的目的應算達成了。本著先祖的榮耀，他們維護完善的贍族制度，遵行綿密的收族舉措，培養族眾強烈的宗族意識，凝聚眾多勢本宜散的疏遠之親，「聲容」壯大地矗立於世，奪人耳目。

如何可以使宗族和睦團結，穩定地存在，以發揮倫理力量，讓族內每一分子都能推擴孝親之心，而成為社會良善的子民？是北宋以後儒者經常討論

---

〔註60〕清道光三十年，范宏金〈范氏家乘續修序〉云：「吾族自發祥吳會已來，賢裔輩出。要其所以闡揚先德，勉勵後人，使子孫咸穆然有水源木本之思者，則全在家乘。」最能道出《家乘》「闡揚先德」對教育族人的重要性。

〔註61〕見《家乘》〈續增凡例〉之「嚴濫領」條。

〔註62〕董其昌，〈呂氏族譜序〉，《容臺集》卷二，頁225。

〔註63〕范安柱，明崇禎十六年，〈范氏家乘續修序〉，《家乘》。

〔註64〕范興本，清乾隆十一年，〈范氏家乘續修序〉，《家乘》。

的問題。散見於儒者言論中的立宗子、明譜牒，或建立祠堂家廟、設置祭田義田等等主張，大柢都是圍繞這一問題產生的。雖然這是儒家亙古關切的老問題，但卻在宋以後儒者面對新型社會，參古酌今、苦心思索對應良策的用心下，形成相當醒目的時代課題。〔註65〕范氏義莊自宋以來長期地對宗族養教兼施，所獲致的收族敬宗成果，實是此課題的模範解答，它，實現了許許多多儒者的理想。

## 四、宗族盛況見證積善餘慶信仰

《易·文言》在解說〈坤卦〉初爻時，曾提出一對觀念：積善之家必有餘慶，積不善之家必有餘殃。

〈文言〉提及此，原為說明凡事都有一個由微以至顯，積累而漸進的歷程。後來儒者往往將此觀念抽離原文脈絡，獨立出來，審辯其是否合乎人生實態。討論過程中，不無學者質疑，表示過反對的意見，此由李鼎祚《周易集解》為此特下案語可知！李鼎祚案云：

> 聖人設教，理貴隨宜。故夫子先論人事，則不語怪力亂神、絕四毋必。今於易象，闡揚天道，故曰「積善之家必有餘慶，積不善之家必有餘殃」者，欲明陽生陰殺天道必然，理國修身積善為本，故於坤爻初六陰始生時，著此微言，永為深誡，欲使防萌杜漸、災害不生，開國承家君臣同德者也。〔註66〕

此案語是為釋疑而發的，琢磨其意，迴獲聖言的苦心隱隱可見。

〈文言〉相傳為孔子所作。質疑者可能認為這對觀念涉及天神降福作禍的思維，不符孔子「不語怪力亂神」的行事原則，而且其斬然絕然的斷言，也不像孔子「毋必」的態度，故而懷疑這對觀念不是聖人所有。

秉此懷疑，進而要否定〈文言〉為聖人所作，或者認定孔聖前後矛盾，都是有可能的。而不論何者，都不是注疏之儒如李鼎祚者所樂見的，因此，他不得不辯！辯駁的利器，便是「聖人設教，理貴隨宜」的宣教原則（其實這也隱合「毋必」的態度），他先表明：聖人在不同的情境下，有時會有看似相異的因應言說，但絕非思想矛盾。而〈文言〉主要闡明天道陽生陰殺的道理，思欲勸善懲不善，所以孔子立言乃有所權變，一反常態，既不忌避言涉

〔註65〕詳參龔師鵬程、盛清沂前揭文。
〔註66〕李鼎祚，《周易集解》卷二，頁629。

鬼神感應，態度也極絕決。明乎此不同立場，便不宜以《論語》所述聖人論人事的行為原則，來相訾議。李鼎祚的思辯邏輯大柢如此。

到了北宋，同樣為迴護聖人之言而發議論的，有釋智圓。他雖為佛門弟子，但對儒學卻涉獵頗深。〔註 67〕他為了修正唐人牛僧孺對積善餘慶這對觀念的質疑，曾撰寫〈善惡有餘論〉，〔註 68〕以異於舊說的訓釋，思欲彌縫牛文與經傳的決裂。

牛僧孺宣稱「善惡無餘」，曾為文指斥餘殃餘慶說法之弊。〔註 69〕分析他的論點，可以得到四點攻駁的理由。第一，世間實態是：善人之子不一定善，惡人之子也未必不善。因此，若餘慶、餘殃加諸後人，則可能造成不善人而得慶，或善人而遭殃等矛盾且不合人心期望的情況。第二，餘慶餘殃說若是實情，則善人之後，易生恃先人餘慶而怠於為善之心，反之，惡人之後亦可能俟殃而恣肆為惡。其說反而有害勸誘。第三，世上不乏先人積善而子孫不免殃禍，先人積惡而子孫卻享福慶的相反事例，「必有」此一全稱肯定的推論，羌無實據。第四，餘慶餘殃之說，強調善惡的懲報延及子孫，以此勸戒世人行善去惡，缺乏說服力。因為人對不是自身的利害，通常不會太在意的。

基於這些理由，牛僧孺以為〈文言〉之說不足取則。但他對行為善惡可致慶殃的信仰，卻又非常堅持，他說：「善必慶而貴，惡必殃而賤也，所以貴者，道貴也；所以賤者，道賤也」，但不論慶或殃都只能復於行為者己身，而不是在其子孫。所以其說名為〈善惡無餘論〉。

從篇名上看，智圓〈善惡有餘論〉像是與牛文為敵。不過，事實上他並不違異牛僧孺的立場，反而是繼承牛說，加以修補，委曲地避開「反聖」之名。立場如此，因此，他的作法是廓清舊說，推翻沿襲已久的解釋，重新發皇聖言的旨趣。舊說以「善惡延于子孫」訓解「餘慶」、「餘殃」，他則說「餘殃餘慶之說，蓋繫于己，不繫于子孫」，何謂「繫于己」呢？文云：

> 士有履仁義，盡忠孝者，之謂積善也，豈但享福于一朝？其亦垂令名于百世也。垂令名于百世，非餘慶耶？其悖逆殘賊者，之謂積惡也，豈但速禍于一朝？其亦垂醜名于百世也。垂醜名于百世，非餘殃耶。

---

〔註 67〕詳錢穆〈讀智圓閑居編〉，文收於《中國學術思想論叢》第五冊。
〔註 68〕文見《全宋文》卷三一一，第八冊頁 232。
〔註 69〕文見《全唐文》卷六八二，頁 3129。

這是以留芳百世或遺臭萬年來訓解「餘慶」「餘殃」。將慶殃的作用延展到行為者死後的年代，歷史的美惡評價附著於其身後之名，故稱為「餘」。「繫于己」的說法，精神與牛僧孺無二，但如此釋解聖人之言，則牛僧孺那些對聖經的批駁，自屬烏有，只能一一落空。這一折衷之論，不只成全了牛說，也巧妙地避開「反聖」之名了。

以上這些反對或迴護「聖言」的思辯，其實問題重重，均未能闡明大義。

我們從李鼎祚案語推敲出的反對言論，其一以為孔子不當有必然、斷言的言語態度者，固屬迂儒膠柱鼓琴，不足為辯；其一以為餘慶餘殃之說事涉神明天宰，李鼎祚亦未正面批駁者，則屬批評者附加於〈文言〉的解釋，實非原旨，僅能視為批評者主觀意識的反映。回視〈文言〉之語，「積善之家必有餘慶，積不善之家必有餘殃」十七字中，何曾一字道及天、神？姑且引《孟子》為說。〈告子篇〉曾言及天子巡狩之禮，天子入於諸侯國境，見其「土地辟，田野治，養老尊賢，俊賢在位，則有慶，慶以地」，反之，見其「土地荒蕪，遺老失賢，掊克在位，則有讓」。慶者，慶賞也；讓者，責讓也。這是政治上上對下所行的賞善罰不善的作為。自諸侯國的觀點來說，則是「國治則有慶，國不治則有讓」，其慶其讓，都來自天子，純粹是人事之理，無可置疑。比照之下，則〈文言〉家有慶殃之說，又何以必須上引天道呢？人間的天子、國君，甚至社會群眾，難道不能是施慶施殃的主動者嗎？以此人間國度的人物，作為家之慶殃的施予者，來理解〈文言〉的這對觀念，難道便不能成其辭意嗎？

然而，我們亦非以為〈文言〉中慶殃的施予者，必定為人間政治官長，絕不是天神。我們只強調：僅憑此〈文言〉二句十七字，不必然會得出如批評者所說的結論的。換言之，批評者的那些推斷、解釋，只能照射出其自身染有「天降禍福獎懲善惡」的思想而已！〔註70〕

而牛僧孺與智圓的立論，最大的破綻在於：他們都忽略了「家」在這對

〔註70〕顧炎武頗能分辨報應與鬼神禍福說的差異，其言曰：「善惡報應之說聖人嘗言之矣，……孔子言積善之家必有餘慶，積不善之家必有餘殃。豈真有上帝司其禍福，如道家所謂天神察人善惡，釋氏所謂地獄果報者哉？善與不善一氣之相感，如水之流濕火之就燥，不期然而然，無不感也，無不應也……其有不齊，則如夏之寒冬之燠，得于一日之偶逢，而非四時之正氣也。故曰誠者天之道也。若曰有鬼神司之，屑屑焉如人間官長之為，則報應之至近者反推而遠之矣！」（《日知錄》卷二，「惠迪吉從逆凶」條，頁33）認為文言事涉鬼神果報之人，大概是因道釋之見橫梗於胸所致吧！

觀念中的重要性。

〈善惡有餘論〉謂餘慶餘殃是指行爲者的身後聲名，雖稱巧妙，卻未考慮句中兩度出現的主語：「家」，將如何安排的問題。試想，若如其說，則聖人何以不直截了當地說「積善之人」、「積不善之人」，而非得用一「家」字呢？他顯然不曾逆溯舊說訓爲「延于子孫」的用意何在！

〈善惡無餘論〉則是將句中主語由「家」游移到「個人」。文中舉例都是以某一「個人」的善惡行爲，來與其個別子孫的慶殃遭遇對列並論，可見牛僧孺並未能守住論題核心。再者，從前舉牛文質疑餘慶餘殃說的第四點理由（謂善惡的懲報，慶殃延及子孫，意在勸戒，卻缺乏說服力者），亦可看出他對社會普遍存在「爲子孫謀」的心態，並不注意。他的觀察，對積不善、爲大惡之徒來說，或許不差。但是，兩周以下，中國傳統社會便已瀰漫著祖先具有庇護福祐子孫能力的信仰，世人習慣於祭祖祈福的禮俗，相伴也產生修德以延世祚、厚子孫的思想。〔註71〕受此思想薰陶的中國常民，對於經典所示：「善惡之慶殃延于子孫」的至理，豈有忽而不顧、置而不信的道理？家與子孫在國人心目中的重要性，牛文是有所忽略的！

夷考其實，「積善之家必有餘慶，積不善之家必有餘殃」二句，既不是不變的自然定理，也不必然牽涉天道賞罰。因此，〈文言〉之說，大可看作〈文言〉的作者觀察人事後所得到的印象、所下的帶有因果關係的結論。

它是以「家」爲單位的善惡報應論。程頤解釋此文時，便相當謹愼，云：

> 家之所積者善，則福慶及於子孫；所積不善，則災殃流於後世。〔註72〕

他沒有隨意更動句中「家」爲主語的地位，也沒有援引不恰當的例證，而造成困擾。

「家」當然不同於「個人」，它是指涉群集的概念，每一個「家」，都由許多有條件限制的「個人」組成。而且，它是有時間連續性的群集，所涵括的分子——許許多多的個別成員——會隨時間移異而不停地新陳代謝，謝世者逐一成爲此「家」之群集中的列祖列宗；而現存於世的分子則結構出「家」的現世形貌，並接續創造新分子的責任。在連續的生成中，「一家」事實上又分裂爲「多數之家」。以血緣親疏關係去分析的話，便會有「宗族」、「家族」、

〔註71〕詳曾昭旭〈骨肉相親志業相承——孝道觀念的發展〉文收於《天道與人道》，頁216。

〔註72〕《二程集‧周易程氏傳》卷一，頁712。

「家庭」等層次不同、範圍有大有小，彼此牽繫容納的「家」，被一一劃分出來。其複雜性遠非「個人」所能比擬。

〈文言〉二句，積善積不善的主體，既然是「家」，則所謂的善或不善，便應是指此「家」之群集分子共同所積累出來的總成果。牛儒孺之援例失當，蓋蔽於不知此。

「一家」所積累者為善，則此「一家」得有福慶；反之則得災殃。但「善」或「不善」的總成果，不是以一日一月為度，其報是「慶」或「殃」，通常也不是短期間得以衡量的。那麼，得慶殃之報者，多在「後期之家」。「後期之家」的成員，是慶殃之報來臨時，實際領受其遭遇的人。這些成員，相對於「前期之家」的組成分子，非子孫而何？程頤及舊註家所謂「及于子孫」、「延于子孫」者，道理在此！

〈文言〉這對觀念，其實與世俗信仰的「善有善報、惡有惡報」，精神一致。只是，世俗通常以個人言善惡報，而這對觀念則與「家」的意識結合得特別嚴密。正因為如此，反對者要駁斥其說，絕非容易之事。其中有方法上難以突破的障礙。蓋「個人」生命極其有限，而「家」的延續性與複雜性有如上述。世人固然可以輕易觀察、評斷一個個體生命的行為善惡與否？遭遇休咎與否？並推論彼此的因果關係，進而質疑「善有善報」或「天道常與善人」的說法，卻很難從觀察一個「家」的情況，而駁斥餘慶餘殃的觀念。「家」的總體行為積善與否，如何衡量？以哪一時代的哪些家人的行為為衡量對象呢？而子孫數以百千計，智愚雜匯，富貴不齊，或榮或辱，際遇萬端，何人之慶源於祖先之善？何人之殃承自祖先之惡？如何說明因果？……等等，都是問題。更何況，認識自己「本家」——一個歷史綿邈、本支叢脞的大宗族——尚且不易，又如何可能掌握「他家」（又是一個相當大的宗族）的枝枝節節而得其全貌呢？牛僧孺〈善惡無餘論〉避不言「家」而偏舉「個人」之事例，無乃被這些重重難題逼退的。

駁斥〈文言〉此對觀念，如是不易，但，反過來看，接受此觀念的人，要強化自己的信念，卻是不難。前者似論學，學術活動有其必須遵守的嚴密性，思慮要周詳，論證要合乎邏輯，故難。後者則純屬信仰，只要信仰者能虔誠服膺其信仰內容，其內容即為真理，不必客觀證據的支撐，故易。信仰餘慶餘殃說者，可以憑直覺、印象、風聞，認定此一家在某一時的昌盛為福慶，彼一家在某一時的衰落為殃災，再以推因的方式，逆推此家彼家祖宗的種種作為，選

擇性的擷取個別行善的事例作爲此家所以昌盛的原因；撰擇性地挑出個別行不善的證據作爲彼家致其衰落的緣由。而後下定結論：此家因積善故有餘慶延于子孫，彼家因積不善故有餘殃流于後世。當然，這種思考方式，是不合理則的，不過，它卻有效地使信仰者的心理，獲得更大的滿足。〔註73〕

總而言之，〈文言〉提到的這兩句話，不應該被當作描述人生實象的敘述語言，而去爭論其與人生是否對應的客觀眞假。它無寧是屬於信仰層次、誘人爲善誡人作惡的勸世語。在信仰者的心目中，那絕對是眞理。

這樣的勸世語，牛僧孺疑它的有效性，有些儒者則深恐它鼓勵庸常人的功利心，將使善行淪爲欲求福慶的手段，終至喪失道德本心自覺自證的可貴性，而不太提倡它。〔註74〕但，它還是以聖經格言的形態被千古傳誦著，也贏得不少人的奉持信仰。

范仲淹對此即深信不疑。他曾在至少三篇的碑誌銘上表明堅定的信仰意志，謝濤神道碑銘云：「壽以仁至，名緣德全，有子與孫，相繼而賢。誠乎誠乎，聖人積善之誨，不吾欺焉。」田紹方墓誌銘云：「古稱陰有德於人者必享厥祥、大厥後。易不云乎積善之家必有餘慶，所謂不在其身在其子孫者，信矣。」范仲溫墓誌銘云：「諸稚在前，未知否臧，我其教之，俾從義方，積善不誣，厥後其昌。」〔註75〕

這三番兩次的表態，事實上也反映當時懷疑〈文言〉這對觀念的人，不在少數。智圓生於宋太宗太平興國元年（976），長范仲淹十餘歲而已，〈善惡有餘論〉裡，他提到慶殃延于子孫的想法「世共疑之」。其「世」，當然也是范仲淹生長、感觸的年代。在此年代，范仲淹仍堅定奉持儒家的信仰，不爲所移。我們應可體會他寫下「積善不誣，子孫其昌」時的心情，是虔敬無比的。

不止堅定自家的信仰，他更希冀世人能摒棄質疑的態度，共同奉持。〈竇

---

〔註73〕著名的善書《了凡四訓》，其於〈積善之方篇〉便首敘往事以證因果不爽，搜集爲善得慶的事例，勸誘後人效法。而後才論理標綱，以統領萬德。《了凡四訓》普遍流通，實代表信仰者存在如是的思維方式。

〔註74〕張載對「餘慶餘殃」之說，抱持的是不恤的態度。他說：「善者有後，不善者無後，理當然，其不然者，亦恐遲晚中間，譬之穭之或秀，腴之或不秀，然而不直之生也幸而免，遇外物大抵適然耳。君子則不恤，惟知有義理。」（《張載集・橫渠易說》頁82）強調君子所行所爲唯辯義理之是非，而不恤果報之善惡。

〔註75〕以上三篇依序見於《范集・文正集》卷十一，頁95；卷十三，頁108、頁117。

諫議錄〉一文，表露了他向世人宣揚此信仰的熱忱，文末藉竇禹鈞之夢說出：「陰陽之理，大抵不異。善惡之報，或發於見世，或報於來世。天綱恢恢，疏而不漏，此無疑也！」〔註76〕竇氏的信仰，事涉神蹟，范仲淹在文中如天曹陰府、洞天真人、見世來世等用語，直接說明這與儒者之教有些許距離，而近於道佛之說。但是，陰陽善惡報應之理，與范仲淹積善得慶、積惡得殃的信仰是不衝突的。所以，他將竇氏的事跡福報傳諸世人，是爲了表明「陰陽報應之理」絲毫不差，用此鼓勵好善之人，警戒爲惡之輩。而文中所記竇氏的福報，除了竇禹鈞的高壽外，強調的仍是其「五子八孫皆貴顯於朝廷」。這實不妨視爲他爲「慶延子孫」的思想所作的宣傳。

然而，更能爲他宣揚此信仰的，卻不是這些文字，而是他與范仲溫積極籌設的義莊義田。

范仲淹的努力並沒有白費，在他的道德、精神感召，以及所設制度的制約下，范氏子孫世守義莊義田，賢良子裔承前啓後，克紹箕裘，以維繫祖先良法美意於不墜爲己任者，代不乏人，堪稱名符其實的「積善之家」了。另一方面，在世人眼裡，范家的福慶亦可謂盛矣！至矣！義莊之內，隨處可見的頌德碑記、旌表牌坊，或帝王題贈的毫翰匾榜，已足引人艷羡；而范氏子孫「振振綿綿，至今甲天下」、〔註77〕族中「無窮人」，〔註78〕「八百餘年，家風不墜，科甲相繼，可謂世德書香之家」，〔註79〕更不知要吸引多少驚嘆的眼神。

合此「積善之家」與「福慶至盛」兩印象而觀之，則范氏義莊幾百年的存在，無疑地，已見證儒家「積善之家必有餘慶」的信仰，也使得范仲淹「積善不誣，厥後其昌」的信念，完完全全地獲得實現。對於世人種種的質疑，至此才有強力而銳利的反駁！

## 第三節　以創制爲傳播——衡量范仲淹儒學成就的重要側面

范仲淹赫赫事功，昭然於史冊，讀書人皆能知其爲北宋名臣，自不待言。

〔註76〕同註40。
〔註77〕見註62董其昌文。
〔註78〕顧炎武，《日知錄》卷八，「庶民安故財用足」條小註，頁178。
〔註79〕釋印光，《印光法師嘉言錄》，頁117。

不過，中國社會上知悉其人其事者，並不限於士子上流，還廣及一般民眾、匹夫匹婦。明人祝顥云：「文正公之高風大節彌兩間而冠百世者，登諸國史，載諸郡乘，而雜出於譜傳，紛播於品題者，不可勝書。至今庸人孺子一聞公名，皆知敬仰」，〔註80〕馮夢禎亦云：「公廟祀遍於南北，吳中尤盛。公之一言一行，遺風餘烈，無論士大夫爭爲傳述，即婦人女子具能言之」。〔註81〕以下的兩則事例，應可印證祝、馮二人所言之不虛。

第一個例子，是《樵書》裡的一則故事：

> 范希榮者，文正之裔孫，嘗與他商行貨，道遇暴客，見其姿美。問曰：「汝秀才耶？」曰：「然，吾范文正之後。」暴客曰：「好人子息也。」凡舟中之物悉不取。〔註82〕

這故事發生在什麼時代，書中無明文，但按范族世號，則范希榮應屬非監簿房系的范仲淹十三世孫，生存年代約略在明朝。故事中，行搶的暴客談話質直，行爲野蠻，料想其人絕非受文雅教育者，應爲社會下層粗鄙無知之輩。然此人猶識范文正公爲「好人」，且表現出特殊的「敬意」以對待文正後裔。那麼，范仲淹的聲名如何，可想而知。

第二個例子，則是明嘉靖十年（1531）滸墅鎮建范文正書院一事。滸墅鎮在蘇州郡治西北約三十里，瀕臨運河，爲貿易關口，是故又稱滸墅關。當時權管關務者是方鵬，他爲了要教化治下百姓，乃將廣福庵側一處經常有人聚賭的別墅，葺頹益新，毀撤邪塑，改奉范仲淹木主，且做爲教學場所。原先頹靡之區，於是成爲文士學子進出的學舍，特予命名爲「范文正公書院」。此地與范仲淹並無特殊關係，書院如此取名，方鵬自有其想法，他特別在碑記上表明了，曰：

> 先生，蘇人也；滸墅，蘇地也。原非里居，書院祀焉，矯俗也。蘇之往哲多矣，獨虔者，就人所知耳。前乎先生，固有其人；後乎先生，亦未嘗無人。先生去今四五百年，卓然之風，青天白日，滸墅談者了了如見。〔註83〕

誠如所言，蘇地的往哲前賢，不只范仲淹一人，像泰伯、子游，都是吳人而

---

〔註80〕祝顥，〈重修文正書院記〉，《范文正集補編》卷四，頁853。
〔註81〕馮夢禎，〈重修滸墅文正書院記〉，《范文正集補編》卷四，頁864。
〔註82〕轉引自丁傳靖《宋人軼事彙編》卷八，頁350。
〔註83〕方鵬，〈滸墅鎮宋文正公范先生書院記〉，《范文正集補編》卷四，頁854。

著在祀典者。〔註 84〕書院特以文正公爲名，蓋出於有司教化上的考量。立書院、取名文正的目的，既然是爲了「矯俗」，而矯教的對象，當然以一般平民爲主（文中方鵬也樂觀地預想齊民百姓將會因此而「自拔鄙陋而惇爽」）。因此，其文中所謂了了如見先生之風的「談者」，應不專指負筆笈、誦詩書的少數士子而言，自應包括市井小民。方鵬就是觀察到當地百姓能普遍知悉范文正公事、且知禮敬其人的現象，才特別標榜署名如是，舉這位眾所皆知的賢儒爲人民法式的！

由上可見，宋時「自搢紳處士、里閭田野之人，外至夷狄，莫不知其名字。而樂道其事者甚眾。」的情況，幾百年後，並未因年久而消褪。

然而，范仲淹的高知名度，並不像一些歷史傳奇人物，是經過文學加工而來的。他的事跡，既未被說話人演成小說，戲劇舞台上也鮮見以他爲主角的情節；他不像一些文人才子，被堆垛許多風流韻事與機智促狹的笑話；也不像一些道士羽客，被編織種種尸化登仙故事。他是很平實地被民間傳誦著。缺少文學傳奇性，而猶能享有高知名度，考其原因，范氏義莊必然扮演著重要的中介角色。

范氏宗族因義莊而壯大綿延、族無窮人的事實，不須言語，即能帶給世人強烈的震撼，吸引歆羨的眼光。世人豔羨之餘則必戶說之，而談及范氏的發達興盛，則范仲淹的種種，當然是述說的重點。范惟一云：

> 嗟呼！人能顯宗，非族顯人，我范氏稱著天下者，豈以傳珪紱哉！
> 惟以我文正、忠宣功德覆宗，義沐九族，是以人著，非以族著也。
> 〔註 85〕

范仲淹的一生，大小功蹟無數，但我們可以肯定地說，其功德覆宗、義沐九族的事跡，才是上自士夫下至村婦普遍認識的內容。理由不難推想，蓋慶曆新政、西北駐防，事功雖卓著，然而延不及後世，世人邈焉難覲，其間的爲政經驗、治國理道，恐怕惟有少數懷抱經世理想的後生，才樂於潛思汲取；而先憂後樂、寧鳴而死不默而生的爲民爲國情操，雖屢見世人引述，但不免曲高者和寡，凡夫俗子未必能措意體察；至於興學尊儒，濬發道脈，爲理學前驅的貢獻，儒生或者能侃侃而談，市井庸常之徒便無從聞問了。相對地，義莊義田的設置，一能賙濟族中貧寒、二能增進族人互助、殷實范族勢力，

---

〔註84〕見陸樹聲〈重修文正書院記〉，《范文正集補編》卷四，頁 862。
〔註85〕同註 41。

而且范仲淹本人亦因此得享幾百年不冷的香火血食。對一般人而言，這些無乃是他們平凡的願望的真實實現，可以親切感知的。是故，世人莫不傾心於此。

　　且再以蘇州一地稍作說明。縱覽范仲淹的從政生涯，他在景祐初守蘇州，曾為此地做了兩件大事，其一是疏導五河，其二是建立郡學。蘇州地處太湖東岸，常患水潦。他就任的那年，便遇大水「踰秋不退」。經過按視研究之後，他決定疏導積水，使東南入於松江，西北入於楊子江與海。由於修治得宜，次年立即有所改善。〔註86〕而他的治水方法，如導川、設閘、浚沙等，更為後世所襲用。〔註87〕然而，這項被近今學者譽為與慶曆革新、西北邊防鼎足而三的文正公治蹟，在後世，即使是吳中人士亦知之者甚鮮。明刻本《文正公全集》周孔教的序，即提到：「吳人第習公義學義田，而不知公利濟江南者方三千里有餘。」〔註88〕

　　周序所稱范仲淹利濟江南的事蹟，諸如潤州建學、發粟賑吳、興泰築堤等等，其中也包括疏導五河之功。他認為這些事蹟，因為「史書郡志所不載」，所以並不為世人所熟知。這說法與事實有所出入。以蘇州治水一項來說，《宋史》范仲淹傳還是有記載的，雖僅一筆帶過，但篇幅字數也比同傳敘述置義田事者為多。〔註89〕況且建學、賑災、築堤、疏河之事，樓鑰《年譜》觀縷具陳，怎可說是史書不載呢？

　　周孔教恐怕不是真不知史傳有所記述，乃是有意掩抑記錄。推敲他之所以如是言之的用意，大概是為了凸顯「立言」的重要性。他在序文之首，即說

　　　　域中有三大，曰德曰功曰言，蓋鼎立不朽矣。而功與德又待竹帛金
　　　　石而後傳，則言為重。

他把「立言」視為三不朽中最重要的一項。這與叔孫豹所說的「太上有立德，其次有立功，其次有立言」，〔註90〕置「立德」為有首位的說法大不相同。序

---

〔註86〕　見范仲淹〈上呂相公并呈中丞諮目〉，《范集・文正集》卷九，頁81。
〔註87〕　詳何榮昌〈范仲淹與太湖水利〉，文收於《范仲淹研究論集》，尤見頁114～116。
〔註88〕　文收於《家乘》左編卷二十三〈文序錄〉。
〔註89〕　《宋史》范仲淹傳記蘇州治水云：「徙蘇州，州大水，民田不得耕，仲淹疏五河，導太湖注之海，募人興作。未就，尋徙明州，轉運使奏留仲淹以畢其役，許之。」而記義莊云：「好施予，置義莊里中以贍族人。」僅用十餘字。史傳於義莊著墨如此之少，何以吳人仍能普遍熟知其義學義田呢？周孔教恐怕未思及此。
〔註90〕　見《左傳》襄公二十四年，魯國穆叔（叔孫豹）如晉，與范宣子的對話。

文中，他以「史書郡志所不載」導致范仲淹的經濟事業不爲世知，首度顯示書志言說的重要性。再則以《文正公集》備載這些不爲世人熟知的事爲，使得其功蹟不致眞正泯滅無聞，再次肯定了「立言」的可貴。而「立言」既然如此重要，那麼，他們刊刻范集，將范仲淹的言論公諸於世，便顯得意義重大了。

周孔教因爲爲文集作序，所以有如此的思維與說法。他強調「立言」的價值，實無可厚非！蓋功德事蹟，若無言、文的記載傳播，不久之後終化爲烏有，誠屬事實。不過，如果因此而拿史書郡志的記載與否，來解釋吳中人士所以習知義學義田而不知范仲淹的利濟江南，卻是不恰當的。因爲，這一現象，同樣可以解釋爲：在傳播上，德與功還是佔有比言還要重要的地位！

此話怎講呢？試想：吳中人士何以習知范氏義莊，而遺忘范仲淹利濟江南的貢獻，包括整治太湖水患這件蘇州史上的大事呢？難道不會是因爲功德有大小，影響有顯微的差別所造成的嗎？

由於自然的地勢、天候因素，以及人爲的治廢，太湖水患，不可能一日既治、百代無患的。范仲淹一時疏通五河，當時受惠居民固然額首稱慶，歸功稱德。但及至後世，新患再起，潦災肆虐，荼苦的生民唯有寄望新的止患措施、仰企當世賢能代爲除災。豈會是念念不忘往昔的、載在史冊的良吏！而即使新的止患工程，一無變改地承襲前人之法，但事涉專門，百姓黎民又那得知其中細節？因此，對後世來說，范仲淹疏導五河的所作所爲，離之太遠，功已渺微，並不具有實質的感染力。縱使文字記述綦詳，也未必能興起生民稱許頌揚的念頭。

義莊義田之事則不同，這制度以及呈現的結果，與世人的價值觀緊緊相扣。首先，對於范氏族人來說，義莊繼續發揮濟貧的功能，提供了現實的利益；范族成爲江南大族，則又增長了精神上的榮耀。這些來自先祖的恩德，栩栩然及於己身，若非頑駘，焉有不追念感佩之理。他們便是社會上第一批仍實受范仲淹餘蔭照顧的人。其次，對於社會大眾來說，他們歆羨范族的殷實榮昌，感知積善必有餘慶的信仰不爲誣妄，也看到了敬宗睦族的具體成效，宜乎因此傳誦范仲淹創設義莊的德義以及鴻謨遠度。再次，對於爲政治民的官員來說，范氏宗族自治嚴明，教養有法，有助治化，實堪舉爲社會表率，誘民效倣，而追津討源，這全由范仲淹作將起來，於是禮敬先賢之心無不油然而生焉！由此觀之，世人面對義莊、范族，必然也面對了范仲淹的德行、精神。他們習知范仲淹這方面的貢獻，正因這些貢獻猶然存在於其左右，鮮

活地扣擊著他們的心靈，與其價值觀念對話。

職是之故，周孔教察覺的現象──吳中人士習知一偏──的原因，實在於功德的遠近小大有所差別，而非文字載記與否。文字固能傳事，然而，至德大功之能感人甚深、傳騰甚久，有在於文字述載之外者！

范仲淹一秉仁義至性，手創義莊，義澤流播於後，惠及無數孫裔的大功大德，才是世人所以津津樂道，永志不忘的源頭所在。

至此，我們可以確信：以義莊爲核心而形成的殷實昌盛的范莊范族，已成爲傳播范仲淹德行、精神與聲名的最佳中介。而就在世人熱烈談論范仲淹與義莊種種之時，寄寓其中的道德成訓與人生啓示，也隨著傳播開來，且以合乎儒學義理、如前節所述者，佔最大成分。正因如是，我們說范氏義莊賦有傳播儒學的功能，有功於「世教」。

而范氏義莊既然有弘道傳學的功能，那麼，我們在衡量范仲淹的儒學成就時，就不應該置之不談！甚至，唯有探觸及此，才能彰顯范仲淹在儒學史上的重要性。

如此論調，可能馬上招引反對者的反唇相稽。他們或許不認爲由范氏義莊所傳達出來的這些儒學義理有何精采可言，不論是先憂後樂也好、博施濟眾也好、敬宗收族也好、積善餘慶也好，都是學者可以琅琅上口，經典語錄中俯拾皆是的老生常譚。況且，這些內容還不是明白寫在范氏義莊的，乃須靠有心人的領會與闡述，怎能憑此而論范仲淹之功呢？

誠然，本文一貫的態度，正是強調范氏義莊自建立到經營都非范仲淹一己之力所能辦。但，在明瞭此一事實之後，實亦不可否認：這一集體的長期「運動過程」中，范仲淹自有其決定性的地位，居功最偉。而我們也知道，范氏義莊所傳播的義理內容，理論層次並不高，那是不須深思詳辨即可理解的平易之道。然而，價值，本不因理論的淺白或艱深而分高下，儒家強調的彝倫常道，愚夫愚婦能盡知之，卻一點兒也無損它們的價值。這些淺顯易懂的思想內涵，精采之處固不在論證，而在實踐。由實踐之而能獲致人生善果，才是它們引人入勝的地方。范氏義莊之所以能散播這些儒學義理，即是以其豐厚的實踐成果作爲基礎，而不是全然憑藉文字與言說的。這正是它的可貴處。若以思辨、論理之不足，而輕忽范莊所表現的成績，絕對有失公允。

更進一步想，這裡還存在一個值得深思的問題，即是：傳播內容與形式之間的適用性問題。哪樣的義理內容適合哪樣的傳播形式呢？哪樣的傳播形

式適合作用於廣大的百姓群眾呢？在范氏義莊，我們看到一個迥異於一般著書、講學的儒學傳播的新形式，這不是純粹依靠文字與語言的傳播形式。

換句話說，范仲淹是以創置為傳播的。他設立永續經營的贍族制度，從另一角度看，亦如同設計了一種傳播儒學的形式。它以具體存在的制度，一方面吸收認同其理想者投入經營行列，而在他們資助范莊的行動中完成了理念的傳播；一方面又以此制度經營而得的利益，誘導世人認同法效之，各自在其宗族內設立義莊，而完成理念與形式的傳播；再一方面，范氏義莊更以長遠的歷史、壯盛的宗族而形成社會話題，間接透過社會上的街談輿論，而將萃聚於此的儒學義理傳播播開來。

如果說純粹的文字說理形式，適合表達精微奧衍、複雜辯證的思想內容，那麼這裡付諸實踐的形式，才是播揚理論層次不高的彝倫常道的最佳方式。至少，范氏義莊對儒學中博施有常、敬宗收族與積善餘慶等義理內容的傳播，是著有成效的。此三者涵蓋了儒學德行要求、社會改造以及人生信仰等範疇，不可謂不廣，范氏義莊乃能超越文字閱讀的障礙及避開理論辨析，親切地將它們傳遞給不識文字的基層社會群眾，充分說明了此一傳播形式，自有其不可抹滅的價值。

因此，我們以為單單舉義莊所傳播的儒學內涵，來談論范仲淹的學術成就，還是不夠。必須進一步知道：他是以如是的形式傳播如是的義理內涵。盱衡儒學發展史，范仲淹此學此術，顯得格外與眾不同，這正是他傑出的地方。若要衡量他的儒學成就，豈可棄此而不談呢！

# 第五章　范仲淹的儒學史地位新詮釋

## 第一節　范仲淹的典範取則

### 一、宋初的翼道五賢說

　　向來，學者雖然樂道范仲淹對宋代道學的興起所作的貢獻，可是卻不太
關心他曾否受到哪些儒家前輩的影響等問題。在一段不算短的時間內，人們
甚至還不假思索地誤認：他受教於睢陽書院，所以學術不外乎淵源於書院的
創辦人戚同文。

　　就像孔子竊比老彭、孟子願學孔丘、韓愈樂觀孟軻一般，一位儒者在其
人格長成或學術造就過程中，特別景慕某位儒先、深度認同其人其學的情形，
是相當普遍的。料想范仲淹的生命歷程，自應也有其法效前賢作為、取則先
儒典範的意識在。何況他所處的時代，是儒者高度自覺意欲興復儒學的時代，
此其時，揄揚典範、樹立道統的活動正熱烈地進行著。

　　韓愈對北宋這波儒學復興運動的影響力，絕對是清楚而深刻的，從樹立
道統的這件事，可以一覽無遺。宋初儒者大力表揚歷史上大有功於儒學發展
的人力，舉以為標竿，正是承繼韓愈〈原道〉篇中的道統意識，而有意於改
變士風、對抗佛道二教的初步作法。

　　只是在具體的典範提舉上，宋初儒者的看法與韓愈略有差異。〈原道〉云：
「斯吾所謂道也，非向所謂老與佛之道也。堯以是傳之舜，舜以是傳之禹，
禹以是傳之湯，湯以是傳之文武周公，文武周公傳之孔子，孔子傳之孟軻，

軻之死，不得其傳焉。荀與揚也，擇焉而不精，語焉而不詳」，〔註1〕雖然此文中韓愈並不以爲荀況、揚雄有得於道，也未自詡傳承斯道，不過由其他篇章還是能感受他對荀揚的尊崇，以及其「捨我其誰」的氣慨。〔註2〕因此，到了北宋，儒者習稱的傳道統序，荀、揚與韓三人都已赫然在列。這不妨視爲宋初儒者與韓愈在稱說道統時，心同而言異的地方。至於更大的差異是：宋初儒者在統序中加入了隋末的儒者王通。這位可能因爲對待佛老的態度及對文辭價值的看法都不同於韓愈，而未見韓愈稱許的大儒，〔註3〕經歷一段沒然無聞的歲月，終於重見天日，成爲宋初學者恥不及知的新典範。〔註4〕於是，孟、荀、揚、王、韓五位儒者，便成了宋初學者普遍認爲繼承孔聖，延續斯文、扶持大道的模範儒賢。

　　仁宗明道二年（1033）曾連同范仲淹伏闕諫止廢后的孔道輔，是孔子後代，景祐五年（1038）他在曲阜家廟構建了「五賢堂」，祠祀孟荀等五人。〔註5〕此舉象微孔府對五人貢獻的肯定，意義不凡。爲此，孫復至爲感動，聞言之後立即馳書求見。信中他概述孔子之道是治天下、經國家的「大中之道」，初基於伏羲，浸漸於神農、章著於黃帝、堯、舜、禹、湯、文、武、周公，經孔子損益折衷筆爲六經，而後斯道乃大備。而五賢的功烈就是：在孔子之後，一個接著一個發明大道旨趣，以與社會上不斷出現的邪說謬論相抗。他說：

---

〔註1〕 韓愈，〈原道〉，《韓昌黎集》卷一，頁7。

〔註2〕 如〈讀荀〉云：「始吾讀孟軻書，然後知孔子之道尊，聖人之道易行，……以爲孔子之徒沒，尊聖人者，孟氏而已。晚得揚雄書，益尊信孟氏，因雄書而孟氏益尊，則雄者亦聖人之徒歟？……及得荀氏書，於是又知有荀氏者也，考其辭，時若不粹，要其歸，與孔子異者鮮矣。抑猶在軻、雄之間乎……余欲削荀氏之不合者，附於聖人之籍，亦孔子之志歟？」（《韓昌黎集》卷一，頁20）尊揚、尊荀，亦自視爲聖人之徒也！

〔註3〕 汪龍吟〈讀韓退之送王秀才序書後〉云：「右其文盛稱醉鄉記。醉鄉記者，唐初王績之所作也，績字無功，文中子王通之弟也。今觀其書，蓋屢稱文史子矣！退之讀醉鄉記，不容不見其書，即不容不知有文中子，而生平罕見稱道何哉？……殆以退之攘斥佛老，而文中子並言三教：退之好文辭，文中子書則樸而不華。」《文中子考信錄》附錄，頁103。

〔註4〕 釋智圓，〈讀中說〉云：「唐賢悉謂剿竊論語，故仲淹（按，此爲王通仲淹）之道、中說之辭沒然不稱。惟陸龜蒙，皮日休、孫郃稍道其美。而尚未能禦其侮以闡其幽也。洎聖朝孫漢公作「辨文中子」一篇，可謂禦其侮、闡其幽也……由是後學恥不讀仲淹之書，恥不知仲淹之道。」文收於《全宋文》卷三一二，冊八頁248。

〔註5〕 詳孔道輔〈五賢堂記〉，文收於《全宋文》卷三五九，冊九頁269。

噫！自夫子沒，諸儒學其道，得其門而入者鮮矣。唯孟軻氏、荀卿氏、揚雄氏、王通氏、韓愈氏而已。彼五賢者，天俾夾輔於夫子者也。天又以代有空闊、誕謾、奇嶮、淫麗、譎怪之說，亂我夫子之道，故不并生之。一賢歿，一賢出，羽之翼之，垂諸無窮，此天之意也，亦甚明矣！不然，則戰國迄於李唐，空闊、誕謾、奇嶮、淫麗、譎怪之說，亂我夫子之道者數矣，非一賢歿，一賢出，羽之翼之，則晦且墜矣！既晦且墜，則天下夷狄矣，斯民鳥獸矣！由是言之，則五賢之烈大矣。後之人不以夫子之道爲心則已，若以爲心，則五賢之烈，其可忽哉？〔註6〕

孫復刻意強調五賢死生以繼各自奮攘於各自的亂世，以抑遏「空闊、誕謾、奇嶮、淫麗、譎怪之說」，是與時代要求相呼應的。因爲此其時，去唐季五代未遠，文風卑靡、二教盛行、斯文大剝而未復，正是亟需如五賢之儒出而整治，芟夷蕪稗、昌揚儒學的關鍵時刻。準此以言，則表彰五賢功烈、指引後學取則法效，實可視爲興復儒學的基本教育工程。所以，書末孫復樂觀地期待：「俾天下皆如龍圖搆五賢之堂，象而祠之，則斯文其有不興乎！」

　　或許由五賢所構成的傳道統序，在當時還參雜著異議，譬如歐陽脩便明顯地不認同王通，〔註7〕但我們可從下面一則韓琦所擬的策問，覘知「五賢」之說仍是得到時人普遍支持的。韓琦問道：

孔子沒，能傳其道者，孟、荀、揚、王、韓五賢而已矣。其著書立言與六經相左右，執卷者皆知之矣！昌黎氏以爲「孟氏醇乎醇者也，荀與揚大醇而小疵。」後之學者從而是之。至於王氏當隋季作六經、中說以拯時墜之教，其門人之高第者，皆唐輔相，而不能尊大師說，昌黎復無一言以稱之，其於孔子之道有所未至者邪？文公去聖最遠，卓然奮起，與四賢者并驅而爭先，排斥佛老而躬踐其言，後世無加焉。五賢之事業，於孔子之道固有其先後，子大夫明乎先聖之

---

〔註6〕　孫復，〈上孔給事書〉，文收於《孫明復小集》，頁172。

〔註7〕　《宋名臣言行錄》後集卷一，記：「（韓琦）晚與永叔相知，而相親最深……公知永叔不以繫辭爲孔氏書，又多不以文中子爲可取，中書相會累年，未嘗與之言及。」又歐陽脩撰寫〈徂徠石先生墓誌銘〉云：「所謂堯、舜、禹、湯、文、武、周公、孔子、孟軻、揚雄、韓愈氏者，未嘗一日不誦於口」，刻意將石介經常稱引的王通除名（石介口中的道統人物，見於其〈怪說〉、〈尊韓〉諸篇），都顯示歐陽脩對王通的態度。

　　術，願次其優劣、著之於篇，毋讓。〔註8〕

此策問，韓琦一則亦明確地以「五賢」指稱孟、荀、揚、王、韓等五位儒者；二則說他們「著書立言與六經相左右」是讀書人皆知曉之事；三則提出五賢孰爲優劣的問題，以考試學子。實充分顯示：孟、荀、揚、王、韓五人必然是當時儒學界經常言及，而廣受矚目的一組儒者典型。〔註9〕

　　范仲淹在成長時期，是否曾感受過這股學者唱揚「五賢」的風尚呢？

　　可惜，現在的文集中，我們找不到他有關「五賢」或是「道統」方面的敘述。而上舉孔道輔立祠與韓琦策問兩事，雖孔、韓二人皆范仲淹所熟識，但事情都發生在范仲淹中年以後，因此，我們不能據此而貿然以肯定之詞回答上述問題。只是風氣的興起不是倏忽而至的，「五賢」之名在摶鑄定型之前，曾有一段學者廣泛稱揚與討論的時期，是可以想見的。譬如活動年代早於孔、范、孫、韓諸人的柳開，已是「惟談孔、孟、荀、揚、王、韓」了，〔註10〕恰可以爲證明。因此，若說青年時期的范仲淹亦曾感受唱揚「五賢」的時代新說，可能性亦蠻高的。

　　以此推測爲基礎，我們當再進一步問：這些賢儒功烈，是否曾對范仲淹的儒學養成有所影響呢？

　　對於宋初這段時間而言，五賢的影響作用是不相等的。且看稍後的年代，如南宋，這時道學普及，另外一種不同於翼道五賢的儒學傳道統序已然建立。新「道統」中，直承孔孟的是北宋周、程諸子，荀、揚、王、韓四子皆已遜退。這說明：五賢之中，孟子對道學有特別深遠的影響力，非餘四人可堪比擬。是故，若論五賢實際對予宋初的影響作用，其中亦必有淺深小大之分，而非擁有同等斤兩。

　　較而論之，影響北宋初年儒學發展最爲深刻的，恐怕要屬韓愈與王通。

　　錢穆在〈初期宋學〉一文中曾指出：彼時新學風有三，一爲古文運動、二爲新教育運動、三爲變法運動。一、二兩路的具體事爲即改革文風、尊崇孔孟以及排斥佛老，此乃蹈襲韓愈之跡轍。後一路則是根據經術，發揚大義，

---

〔註8〕　韓琦，〈策問〉之四，《安陽集》卷二十三，頁340。

〔註9〕　如石介〈上張兵部書〉云：「孔子之道始剝於楊、墨，中剝於莊、韓，又剝於秦、莽，又剝於晉、宋、齊、梁、陳五代，終剝於佛老，天受之孟軻、荀卿、揚雄、王通、韓愈，孔子之道復。」（《徂徠集》卷十二，頁265），也是以五人爲一組合。

〔註10〕　柳開，〈東郊野夫傳〉，《河東集》卷二，頁245。

擺棄經典訓詁的束縛，專求實現當時的大群公共事業。前儒之中，揚雄、王通不縛於傳注、擬經續經；董仲舒爲漢創制，皆是宋儒意欲通經致用的好榜樣。〔註11〕

　　此說甚通透，大抵無誤，但猶可稍作補充。其一，董仲舒似乎並未成爲宋初儒者致力學習的好榜樣。孫復〈董仲舒論〉篇首即云：「孔子而下至西漢間，世稱大儒者，或曰孟軻氏、荀卿氏、揚雄氏而已。……至於董仲舒，則忽而不舉，此非明有所未至、識有所未周乎？」，〔註12〕頗爲董子不見推重於世而惋嘆。足見到了仁宗朝，董仲舒還未受到學者太多的注意。即使孫復本人於景祐五年（1038）寫的〈信道堂記〉，談自己的學術淵源，也只是說：「吾學堯、舜、禹、湯、文、武、周公、孔子、孟軻、荀卿、揚雄、王通、韓愈之道三十年」，〔註13〕而不及董仲舒。其二，揚、王之中，王通之學實又非「不縛於傳註」與「續經」可以盡言。須知：宋初學者更在意的是王學所造就的大唐盛世。如徐鉉云：

> 鉉嘗讀文中子所著書，竊觀其建言設教，憲章周孔，有道無位，故德澤不被于生民。然而門人弟子如房、魏、李、杜輩，皆遭遇眞主，佐佑大化，元功盛烈亦云至矣！〔註14〕

柳開云：

> 隋之時，王仲淹于河汾間務繼孔子，以續六經，大出于世，實爲聖人矣。是以門弟子佐唐用王霸之道，貞觀稱理首，永十八君之祚。尚非其董恒輩之曾及也。〔註15〕

釋契嵩云：

> 唐興，得其弟子輩發文中之經以治天下，天下遂至乎正，禮樂制度炳然四百年，比隆於三代。……文中子之弟子 爲天子相將，其教也播及於今，何其盛哉！〔註16〕

阮逸序《中說》，細數文中弟子功過，云：

〔註11〕錢穆，《中國學術思想史論叢》，第五冊頁3。
〔註12〕《孫明復小集》，頁162。
〔註13〕《孫明復小集》，頁175。
〔註14〕徐鉉，〈舒州新建文宣王廟碑序〉，引自《全宋文》卷三四，冊一頁560。
〔註15〕柳開，〈補亡先生傳〉，《河東集》卷二，頁247。
〔註16〕釋契嵩，〈文中子碑〉，《鐔津文集》卷十五，頁551。

房、杜諸公不能臻師之美，大宣其教，故王氏續經抑而不振。《中説》者，子之門人對問之書也，薛收、姚義集而名之。唐太宗正觀初，精脩治具，文經武略高出近古，若房、杜、李、魏、二溫、王、陳輩迭爲將相，實永三百年之業。斯門人之功過半矣！〔註17〕

都是以佐唐盛治爲王通諸弟子的大貢獻。

這些看法，實肇始於唐人。晚唐皮日休、陸龜蒙、司空圖等人皆已言之矣！〔註18〕而雖自北宋開始，也已有懷疑王通其人其書的論調，〔註19〕但是，從以上那些文例足以證明：宋初學者還是深信貞觀大臣學本王通，而王通之學大有助於治道的。〔註20〕

宋興，懲五代蹇亂，思欲再現統一盛世，追跡大唐貞觀至治，而特別提倡王通之學，不是沒有道理的。換句話說，學者推崇王通，實是出於救世治世的強烈期望。比較起來，處於兩漢之際、無奈於新莽的揚雄，便少了這份「通經致用」的實際功業。

因此，錢穆所說初期宋學中的變法運動，儒者根據經術而致力大群福利事業的實踐者，其路徑實可謂接武於王通一人而已。職是之故，我們以爲宋初儒學的新風潮，是以王通與韓愈爲表率而興起的。在傳道統序的敘述上，他們雖尊崇五賢，一體禮敬，不過，其所肝蠻感應者，尤在王、韓二儒。

## 二、范仲淹對王通與韓愈的景慕

如果仔細觀察，將會發現：范仲淹對王、韓二人的理想是有所參贊的。在文學復古方面，他與韓愈可謂同調。〈尹師魯河南集序〉云：

予觀堯典舜歌而下，文章之作，醇醨迭變，代無窮乎！惟抑末揚本、去鄭復雅，左右聖人之道者難之！近則唐正元元和之間，韓退之主盟于文，而古道最盛。懿僖以降，寖及五代，其體薄弱。皇朝柳仲

---

〔註17〕阮逸，〈文中子中說序〉，見阮注《文中子中說》。

〔註18〕皮日休〈文中子碑〉、陸龜蒙〈送豆盧處士謁宋丞相序〉、司空圖〈文中子碑〉，都有將初唐輔臣如房、魏諸人，視爲王通門徒，而開唐朝盛治之世的意思。

〔註19〕北宋宋咸，曾撰《過文中子》十二卷，又有〈駁《中說》二十二事〉，並疑王通其人其書的真實性。參考尹協理、魏明撰，《王通論》，頁1、2。

〔註20〕朱熹有云：「太宗朝一時人多尚文中子，蓋見朝廷事不振，而文中子之書頗說治道故也。」（見黎靖德編，《朱子語類》卷一二九，頁3085）實能概括當時學界宗主王通之情況。

塗起而麾之，髦俊率從焉……久之，洛陽尹師魯少有高識，不逐時
輩，從穆伯長游，力爲古文，……士林方聳慕焉。遽得歐陽永叔從
而大振之，由是天下之文一變，而其深有功於道歟？〔註21〕

他對由韓愈、而柳開（肩愈）、而穆修、尹洙、歐陽脩諸人倡議的「文章右道」
主張，頗致敬意。他本人的文章表現，則大體不是從鍛鍊形式以追蹤前跡，
而是不爲空文，以攸關治化仁義的文章內容，體現同樣的精神。〔註22〕而且，
他還透過改革貢舉的政治行動，誘導學者根本六經、專心理道。這對宋代古
文運動，頗具推波助瀾之功。〔註23〕

　　范仲淹取則於韓愈的，尚不止於此，韓愈服膺道義，獨立自信的氣慨、
格調，對他的影響更深。

　　對同樣一事，不同的觀察者往往會有不同的感受與評論，但又不相牴牾，
仁智互見，這是因觀察者各有特殊的人生關懷所致。以伯夷叔齊之事爲例，
孔子看到的是「不念舊惡」、「求仁得仁」、「不降其志，不辱其身」的仁人。〔註
24〕然而史遷卻「睹軼詩而可異」，懷疑孔子夷齊無怨的結論，且進而懷疑「天
道無親常與善人」的常訓，洞悉砥行與立名間不恆相稱的規律；〔註25〕石介
注意的則是夷齊「殲一身以存萬代君臣上下之分」的意義；〔註26〕而韓愈則
在此之外，特別歌頌他們「不顧人之是非」「信道篤而自知明」的精神，寫成
〈伯夷頌〉。這些不同的認知，無非與四人的切身關懷息息相關。

　　韓愈的〈伯夷頌〉，正是頌古以嘲今，頗能反映他對當世士人太在意毀
譽的「爲人」態度的不滿，同時也反映了自己堅持的士的節操以及爲文的要
求。因此，曾國藩說這篇文章是「自況之文」，「舉世非之而不惑」是韓愈「生
平制行作文之宗旨」。〔註27〕范仲淹在生命結束之前的半年內，曾經細楷寫
頌，以應蘇舜元之請。蘇舜元原本請寫〈易・乾卦〉，范仲淹因病中「眼力

〔註21〕文在《范集・文正集》卷六，頁53。
〔註22〕歐陽脩爲撰神道碑云：「爲文章論說，必本於仁義」，富弼爲撰墓誌則云：「以
　　　　傳道名世，不爲空文」，蘇軾序其文集亦云：「其於仁義、禮樂、忠信、孝悌，
　　　　蓋如飢渴之於飲食，欲須臾忘而不可得。……雖弄翰戲語，率然而作，必歸
　　　　於此，故天下信其誠，爭師尊之。」公論大柢如此。
〔註23〕參劉復生《北宋中期儒學復興運動》第三章，頁67、頁80。
〔註24〕分別見《論語》〈公冶長〉、〈述而〉及〈微子〉三篇。
〔註25〕司馬遷，〈伯夷列傳〉，《史記》卷六十一，頁2121。
〔註26〕石介，〈季札論〉，《徂徠集》卷十一，頁251。
〔註27〕轉引自馬其昶校注，〈伯夷頌〉，《韓昌黎集》卷一，頁36。

不逮」，故轉而書此。不論〈乾卦〉或〈伯夷頌〉，文意皆極具砥礪志行的作用，因此，這不是純粹求書蹟以觀美、飾壁的活動，其中有勉行勵德的意義。〔註28〕若是，正可顯示范仲淹對韓愈的志行的效則。此頌書寫於殘年病篤之時，尤足供推想：文中的精神實亦范仲淹一生行道不輟、不以謗悔的原動力。書寄蘇舜元，一則以勸勵後進，一則以明志。

其實，在其生前，曾鞏即這樣頌揚他：

> 事之有天下非之、君子非之，而閣下獨曰是者；天下是之、君子是
> 之，而閣下獨曰非者。及其既也，君子皆自以爲不及，天下亦曰范
> 公之守是也。則閣下於道何如哉！〔註29〕

這般自信、堅持、力行不惑的況味，不正與〈伯夷頌〉的精神相吻合嗎？及其既死，富弼撰寫墓誌，則明明白白地以〈伯夷頌〉中頌贊夷齊者，來總括其一生行事，其誌略曰：

> 自始仕，慨然有康濟之志。凡所設施，必本於仁義，而將之以剛決，
> 未嘗爲人屈撓。……立朝益務遒雅，事有不安者，極意論辯，不畏
> 權倖、不蹙憂患，故屢亦見用。然每用必黜之，黜則忻然而去，人
> 未始見其悔色。或唁之，公曰：「我道則然。苟尚未遂棄，假百用百
> 黜亦不悔。」噫！如公乃韓愈所謂「信道篤而自知明」者也。

韓愈頌伯夷，人以爲自況；范仲淹書〈伯夷頌〉，自曾鞏、富弼之眼觀之，則亦必以爲自審明志之舉了。

「信道篤而自知明」，表現在憂時感世上，乃不容已於言。對於政有不明，事有未安，必然以剛決的勇氣「極意論辯」。於是「敢言直諫」，便成爲韓愈與范仲淹人格形象中鮮明的一面。韓愈諫迎佛骨，固然千古傳誦；然范仲淹極言天子率臣北面上壽太后之非禮、力請太后還政、伏闕奏止廢后、獻四論以譏刺執政大臣等事爲，亦不遑多讓。天聖七年（1029）的諫上壽儀，遭晏殊詰以狂率邀名，范仲淹乃作書申辯，他以嚴正辭氣回應：

> 某天不賦智，昧於幾微，而但信聖人之書，師古人之行，上誠於君、
> 下誠於民。韓愈自謂有憂天下之心，繇是時政得失，或嘗言之。豈
> 所謂不知力也。蓋聞：昔者聖人求天下之言，以共理天下，於是命

---

〔註28〕 黃明理〈范仲淹手書伯夷頌及其歷代題跋讀後〉，於此有詳細討論。文收臺灣
　　　　師大《國文學報》第二十四期，關於此節，見頁242～245。

〔註29〕 曾鞏，〈上范資政書〉，《元豐類藁木‧元豐集》卷十五，頁120。

百官箴闕，百工獻藝，則大臣小臣，無非諫也。〔註30〕

在自我辯護當中，他不忘訴諸韓愈的言說，明白地引以爲師法。因此，觀其論事辯理，我們依稀可以感覺韓愈的耿直與自信，亦深深地影響著他。

另外，〈述夢詩序〉裡，范仲淹致力表揚李德裕、元微之，並且爲劉禹錫、柳宗元等因王叔文案牽連貶放者平反，他認爲這是韓愈當時想作而未作的事。文末有云：

韓退之欲作唐之一經，誅姦諛於既死，發潛德之幽光，豈有意於諸君子乎？故書之。〔註31〕

從這些言論可見：范仲淹取則韓愈的痕跡至爲顯明，受到的影響自應匪淺。

至於范仲淹之與王通的關係，則頗堪玩味。

南宋儒者陳傅良〈讀范文正公神道碑有感佚事〉詩云：

武侯不可致，玄德造其廬。公在衰絰中，乃上時政書。維時君臣定，
事與草昧殊。出處千載間，豈必名跡如。行伍拔大將，寒餓得名儒。
推轂天下士，百年用其餘。生平慕河汾，未許王魏俱。慇勤八司馬，
意獨何區區。自古朋黨論，消復苂無期。誰令群疑亡，韓富及有爲。
惜哉公不見，功名止西陲。〔註32〕

此詩首論范仲淹的出處分際，次論其能拔擢名儒大將，再論其學術志行，終論其朋黨糾葛並嘆功名成就之未盡，頗能簡括范仲淹一生的精彩。然而這些事跡，都不見載於歐陽脩所撰的神道碑中，因此詩名特標「有感佚事」。陳傅良所指佚事，如衰絰上書，拔擢狄青、种世衡，誘導孫復、張載，或與呂夷簡間的「黨爭」，世人大抵皆能言之，唯有述范仲淹學術，曰「平生慕河汾」，可謂言人所未嘗言。翻查有關范仲淹的傳、誌、年譜、軼事，鮮見類似的說法。而今存范仲淹文集中提及王通者，僅止〈與歐靜書〉一文，且文中了無嚮慕傾心的意思。〔註33〕陳傅良此言，是否別有根據？抑或是其個人觀察比較王、范二人學行所得到的結論？文獻不足徵，不可得而言。不過，細味其言，頗覺能得其情。

蓋范仲淹與王通的關係，標識在名字之間。

---

〔註30〕 范仲淹，〈上資政晏侍郎書〉，《范集・文正集》卷八，頁70。
〔註31〕 范仲淹，〈述夢詩序〉，《范集・文正集》卷六，頁53。
〔註32〕 詩見陳傅良，《止齋先生文集》卷一，頁24。
〔註33〕 文在《范集・文正集》卷九，頁74。

　　王通字仲淹，死後門弟子私謚「文中子」，後世學者恒以爲稱。而范仲淹，字希文。希者，如言希聖希賢，表嚮慕之語也。文者，所希慕的對象，而應與「仲淹」之名有所關聯者（此爲表字與原名間的通則）。因此，「文」極有可能指：字「仲淹」的「文中子」王通。

　　或許有人會認爲如此作解不免牽強。因爲：第一，「名」始於襁褓，定於稚齡，常由父祖輩所命。命名若有特殊寓意，理應是命名人的意思。本人長成之後，若能體會父祖命名之意涵，是一回事，然在命名之初，本人是毫無表示己意的能力的。第二，根據經典所載古禮，名之外有字，始於周代貴族階層。那是成年男子的象徵之一，冠禮之際，例由應邀出席典禮的特別來賓，以冠者之名爲基礎命以「字」，方便往後社交活動中旁人的呼謂。〔註34〕那麼，字亦屬於外人所加，而且是隆重禮儀中特殊人物所命與，本人亦難表示意見，因此，於字之涵意，也談不上自覺或不自覺，又豈能標識自己的志趣呢！

　　這兩點異議，其實都不難消解。關於第一點，必須承認那的確是人生常態。但，常中每有變，成人之後易名者也是有的，范仲淹即是一例。若於成年易名，名之取義便可能有本人的意志在。而第二點，需要注意的是：我們不能將經典中規劃的禮制，當作社會實態。或許禮記所載冠禮命字儀式，在兩周曾實行過，但卻不是往後中國社會的實際情形。冠禮並未在社會形成普遍的禮俗，命字活動也僅爲知識階層所承襲。〔註35〕而且後人命字，並無固定的附屬儀式，命字者，也未必是家中尊長或刻意延請的鄉先賢長。很多情況是：字產生於朋友相與之際。

　　至少，在隋末，命字已是友朋間常見的交往活動了。《中說・禮樂篇》記載：

　　　仲長子光字不曜，董常字履常。子曰：「稱德矣！」子之叔弟績字無
　　　功。子曰：「字，朋友之職也。神人無功，非爾所宜也。」常名之。
　　　季弟名靜，薛收字之曰保名。子聞之曰：「薛生善字矣！靜能保名，
　　　有稱有誡。薛生於是乎可與友也。」

文中王通除了明白地說「字，朋友之職也」，還透露一個看法，即：合格的朋友，應該彼此輔德相行，即使在日常的「稱謂」當中，也都應貫注如此的精神。文中被稱許善於命字的薛收，與王靜的關係，就是平輩朋友。而如果熟

〔註34〕參周何《古禮今談》，頁32～36。
〔註35〕可參考王泉根《華夏取名藝術》，頁193～194；吉常宏《中國人的名字別號》，
　　　　頁11。

悉王績的話，也當知「無功」之字，正是他自己所命取。

　　因此，右文告訴我們：朋友命字，已習見於隋末，甚至自我命字者，也不乏其例。〔註36〕與禮經所說命於鄉先賢長的情況，略有不同。

　　北宋，朋友相與命字的情形更盛行，文人集中，字說、字序等篇章，俯拾可得。在此風氣中也出現了建議朋友改易其字的新作為。如蘇洵〈仲兄字文甫說〉，將蘇渙原字公群改為文甫；〔註37〕歐陽脩〈張應之字序〉將張谷原字仲容改為應之、〈尹源字子漸序〉將尹源原字子淵改為子漸。〔註38〕這些，其實並非原本取字真有什麼大不了的「錯誤」，就他人觀之，不見得非改不可。只是蘇、歐認為有更妥適的字足以表發其名，以啟導本人向他們命字取義的方向，進行精神的砥礪罷了。

　　這種現象與王通不屑稱呼王無功之事合觀，便很值得深思。王通所以未能如蘇洵、歐陽脩一般，順利完成王績的易字，而只採取「常名之」的方式，以表達對王績「無功」之字的否定，原因應在王績本人根本不接受他的建議。正如王績自撰墓誌所說：「王績者，有父母，無朋友，自為之字曰無功焉。人或問之，箕踞不對。蓋以有道於己，無功於時也。」〔註39〕他取字的立意如此。王通引「神人無功」之說，大概是提醒他注意可能造成的「歧義」，將引起旁人非議（事實上，王通即以歧義非議之）。只是王績仍是堅持己意，不為改字。

　　然則從而可知：後世社會的命字情況，乃不同於經典所描述的禮制。字，可以出自旁人，也可以自命；字，並非不能更動，也不是唯有一個；改字，甚至不必然出於本人的要求。朋友間對字的妥當與否，可以提出商量，同時，那被認為是合格的朋友的基本義務。所以，相較於古代禮制，後世的命字活動，原本表德勵行的意義更形增強，而其中本人對字的自決度，更是遠非昔時可比。在此情況下，一個知識分子是可以在其依名取字之際，自覺地寄託己志的。

　　明乎此，且回頭繼續范仲淹名字寓意的討論。

　　范仲淹襁褓失祜，隨母改嫁朱家而為朱氏子，名朱說。直到二十三歲才

---

〔註36〕王績之前，南朝已有著例，如《宋書》卷八十九袁粲傳云：「袁粲……父濯，揚州秀才，蚤卒。祖母哀其幼孤，名之曰愍孫……愍孫幼慕荀奉倩之為人，白世祖求改名為粲，不許。至是言於太宗，乃改為粲，字景倩焉。」荀奉倩即曹魏名臣荀彧之子，名粲。袁愍孫因慕其人而自請改名為粲，又從而自字曰「景倩」以表景慕。可見一個人的名字未必全是他人所加的。

〔註37〕見蘇洵《嘉祐集》卷十四，頁55。

〔註38〕見歐陽脩《歐陽文忠公集·居士外集》卷十四，頁486。

〔註39〕王績，〈自撰墓誌〉，《東皋子集》卷下，頁24。

明白自己的身世，知道自己是范氏之子。不過，他並未馬上歸宗復姓，改易名字。二十八歲登進士第，榜上之名仍爲朱說。〔註40〕從此釋褐爲官，名登仕籍，因此，此後若要恢復范姓，更易其名，乃不可缺少奏上的手續。墓誌銘上富弼即說：「公既長，未欲與朱氏子異姓，懼傷吳國之心。後從事於亳，吳國命，始奏而復焉。」可見范仲淹復姓改名，除了奉母命之外，還有一道正式向朝廷報備更正的程序。

從事於亳，是指眞宗天禧初年（1017）范仲淹以文林郎權集慶軍爲譙郡從事之時。是時，范仲淹年已廿九、三十。換句話說，正式地從范姓名仲淹，是范仲淹得知身世的六年後、即將由青年步入壯年之時。不管此名是幼時父祖所命舊名，抑或歸宗後的新名，〔註41〕終究都應在奏上程序之前經過一番考慮，自覺地接受它的。而他的字，大有可能便在改名之時，一併命立。〔註42〕如此說來，則范仲淹在而立之年，偶值一重新命名立字的機緣，這個機緣，不是人人得而有之，而且降臨在學識知能次第養成、人格思想漸趨成熟、生涯志業方將開拓的人生黃金時期，使得他的名與字間所表發的意義，有著比常人更加貼近其內蓄志趣與理念的可能性。

錢穆曾說宋初學者如柳開、孫復、石介、士建中等人的取名，皆有深意，「已可見其一番蓬勃粗豪之氣象，正是學術思想史上啓蒙革新時代所應有」，

---

〔註40〕張唐英〈（范）文正公傳〉云：「范某字希文，……祥符八年登進士第曰朱說者是也。」見《范集·襃賢集》，頁321。

〔註41〕范仲淹家族，在他這一代與上一代成員的命名，依稀有原則可循。從本論文的第三章附表（表五），可知：范仲淹的祖父以下，父輩皆爲單名，曰堅、坰、壔、填，名皆取以「土」爲偏旁者。同輩兄弟中，佚名者二，餘則單名者七人，曰鎬、鑾、銑、錡、巨、鎧、鎡；複名者四人，曰鑑宣、仲淵、仲溫、仲淹。單名者除范巨外，名皆以「金」爲偏旁，複名者除范鑑宣猶用金偏旁者外，皆以「仲」字配從「水」之字。這兩代的命名正是循五行相生之說而設計的，土生金，金生水，所以上一代名從「土」，下一代名以從「金」爲主，部分從「水」者，則取以複名，複名中又同用一「仲」字相配。范仲淹這一代的命名爲何有此分別？不得而知，但他們族內應有自己熟悉的一套取名原則。

〔註42〕歐陽脩〈鄭荀改名序〉（收於《居士集》卷四十一），言滎陽鄭昊舉進士，已中第，遂棄時學，而「慨然有好古之意」。將改名，幾次請於歐公，歐陽脩使之自擇，乃改曰「荀」。從序文內容上推想，鄭自名爲「荀」，大概因仰慕荀卿之故。名既已定，歐陽脩隨即字之，文云：「余既嘉君善自擇而慕焉，因爲之字曰叔希，且以勗其成焉」，蓋以「叔希」之字，勉其效學荀卿也。這個例子字與名同時而立，或許可以稍稍反映宋初士大夫在命名取字上的用心，字以表名彰德的風氣，是相當盛的。

〔註 43〕觀察堪稱細膩。此乃宋初儒者自覺肩負昌復古道重責大任的意識，自然流瀉在名字——這組恒常與己相伴，物化之後甚且替代自我的記號——之上。認同儒家的意識極爲強烈、踐履聖賢之道刻不曾緩的范仲淹，確定以「仲淹」爲名，由此聯類以「仲淹」爲字的文中子王通，而取「希文」爲字，其用意至爲明顯，乃代表時時刻刻不忘師法其人，亦欲承接斯文，興復古道，而奉爲終身之職志也。

范仲淹希慕王通，屢稱韓愈，實顯示他對那時代儒者起建的傳道統序是有所理解的，而且說明了：在五代亂後，接續隋唐兩位儒者的步履，開創新格局，正是他之所願。

## 第二節　河汾學脈的接續與顯豁

### 一、王通與韓愈興復儒學的路線差異

儘管上一節關於范仲淹取則於韓愈的敘述，明顯地要比取則於王通者詳明有據。然而，若論三者的學術關係，我們認爲：范仲淹之學近於王通，而與韓愈較不相類。

其實，五賢之學差異互見。孟荀所建構的教化理論，立於根源處的人性論彼此胡越千里，童孺能曉；而范仲淹景儀的王通與韓愈，其學術性格也乖隔甚遠。蓋宋初學者推崇翼道五賢，乃當時復興儒學運動中的一環，著眼處主要在彰揚五者爲儒學發展史上顯晦興衰的關捩，而非學究式的以爲孟、荀、揚、王、韓五人的學術內涵有相承的一致性。他們塑造代有賢能者振衰起弊的歷史觀，用意在呼喚當世儒者勉力昌大聖學，以接前緒。因此，在以「五賢」爲一傳道統序的論述時，五者間的思想差異與學說分歧，是存而不論的！

無可諱言的，韓愈並不怎麼重視王通。在他的儒學傳道統序裡，後繼孔孟的只有荀、揚，再者便是自己。時代先乎他，講學於河汾、傳言門人多爲輔唐功臣的王通，不但不在此列，他的所有文章中，甚至隻字未提這位前輩。這與晚唐、北宋學者恥不知王通、廁置王通於五賢的景況，差別頗大。

韓愈不應該不識有王通的。〔註 44〕倘若知有其人，卻不跟隨時論傳言以

〔註 43〕錢穆，〈初期宋學〉，見註 11 引書，頁 3。
〔註 44〕詳註 3。

表章之，最大的原因大柢不外是學術上的不相融契了。

對佛、老二教的態度不同，當是王通與韓愈學術的大裂痕。「排斥釋老」正是韓愈復興儒學志業中揭舉的大纛，在〈與孟尚書書〉裡，他即曾自我表白：

> 漢氏已來，群儒區區修補，百孔千瘡，隨亂隨失，其危如一髮引千鈞，綿綿延延，寖以微滅。於是時也而唱釋老於其間，鼓天下之眾而從之，嗚呼，其亦不仁甚矣！釋老之害過於楊墨，韓愈之賢不及孟子，孟子不能救之於未亡之前，而韓愈乃欲全之於已壞之後，嗚呼，其亦不量其力，且見其身之危，莫之救以死也。雖然，使其道由愈而粗傳，雖滅死，萬萬無恨。天地鬼神，臨之在上，質之在傍，又安得因一摧折，自毀其道以從於邪也！〔註45〕

這是有人妄傳他信奉佛教之後的自我澄清之言。文中闢佛排老的剴切之心、堅決之志，表露無遺。事實上，其內心深處，更希望根本剷除二教，使釋子道流盡皆還俗，佛經道籍盡皆焚棄，寺廟宮觀盡皆化作四民廬居。〔註46〕如此根除邪說，方能昌大儒學。

王通則不然。他的儒家立場雖然明確，但對待釋老，卻能心存包容。《中說·周公篇》有兩段話：

> △子曰：詩書盛而秦（按：當作周〔註47〕）世滅，非仲尼之罪也；虛玄長而晉室亂，非老莊之罪也；齋戒修而梁國亡，非釋迦之罪也。易不云乎：「苟非其人，道不虛行」

> △或問佛子，曰：「聖人也。」曰：「其教何如？」曰：「西方之教也，中國則泥。軒車不可以適越，冠冕不可以之胡，古之道也。」

他認為佛教不適用於中國，卻仍承認釋迦是有道的聖人，且將老莊、釋迦與孔子並列，意謂三教有同等的地位。至於世論以晉梁亂亡歸咎於清談老莊、信仰釋迦的說法，他並不以為然，反而認為那是執政者非其人，不能善用二教所致，非學說之罪也。

---

〔註45〕《韓昌黎集》卷三，頁126。
〔註46〕〈原道〉篇末「人其人，火其書，廬其居」云云，倘若韓愈得位，亦不見得會輕易付諸行動，在〈論佛骨表〉中的言論不像此處的激烈，略可為證。不過，這仍可視為他內心的希冀。
〔註47〕尹協理與魏明認為：從文意上體會，當作「周世滅」（《王通論》，頁33），所言甚是。

　　合而觀之，口口聲聲貶抑釋迦爲「夷狄之人」、詬罵佛教爲「夷狄邪教」的韓愈，豈能容忍王通的論調？

　　同樣的，王通若能前知，必然也不贊同韓愈「人其人，火其書，廬其居」、訴諸暴力的激烈排斥手段。這只消看他與弟子程元的一次對話便能了然。程元曾提出以政治勢力介入三教紛爭的想法，王通給他的回答是：「非爾所及也。眞君、建德之事，適足推波助瀾、縱風止燎爾。」〔註48〕他直接舉北魏太武帝太平眞君年間、北周武帝建德間兩次以政治手段毀滅佛教而失敗的例子，簡捷有力地說明：以外力壓抑宗教是愚蠢的作法，於事無補。

　　然而，王通不採強烈的排斥佛老主張，且對佛老二教保持敬意，並不表示他崇佛、佞佛，也不表示他的學術駁雜，悖離儒學。他與韓愈在對待二教的態度上的大差異，只能說是儒家陣營中面對異教所造成壓力的不同對策而已！他們的基本憂慮都在於王道能否實現、儒學能否復興的問題上。只是憂慮同在於此，解決憂慮的對策與具體行動卻不見得一樣。王、韓的大裂痕，正是因他們興復儒學的途轍不同所導衍出來的。

　　簡括地說，王通與韓愈爲唐宋儒者啓動了兩條不同的興復儒學的路線，前者指引的可謂從政路線，後者指引的可謂闡教路線。這絕非漫無憑據的「印象」之言，亦不難從他們兩人對於釋老二教的重要談話解析出來。

　　韓愈的〈原道〉明顯告訴我們：儒道所以要去「原」，正是因爲佛老的道德之說攻佔了士子之心，儒家的價值觀受到嚴重的挑戰，黯然不彰。所謂「周道衰，孔子沒，火於秦，黃老於漢，佛於晉魏梁隋之間。其言道德仁義者，不入於楊、則入於墨；不入於老，則入於佛……後之人其欲聞仁義道德之說，孰從而聽之！」已把他的憂慮掏寫而出，也決定了他闡教弘道的學術方向。文中除了駁斥佛老的道德之說，批評二教的價值觀念，將社會之「窮且盜」歸咎僧道不事生產、及其說汩亂五倫之教外，他還積極地建立儒家道統，以儒學史上最具思想內涵，著述富贍，可堪依循的四位大儒（孔孟荀揚），繼三代政治聖王之後而樹爲儒者的精神標竿。而也就因站在闡教的立場，與當時大敵進行的是思想、觀念的抗爭，所以其言論盡可不顧歷史的教訓與現實的窒礙，一逕批駁，竟至滅絕止塞二教而後快的浪漫心態都無法遏抑地表露出來。

　　王通並非否認釋老與儒家思想的矛盾衝突有可能引起政治、社會的混亂，所以程元問三教如何，他的回答是：「政惡多門久矣！」。不過，他的解

─────────────────

〔註48〕《中說·問易篇》，「程元曰三教何如」章。

決方法不在剷除對立面，而是說：「三教可一。」三教如何可以「一」？他沒有詳細解釋，只說了「使民不倦」四個字。這是他研讀其先祖的政論《皇極讜議》所得到的啓示。〔註49〕

這些片段簡略的言語，當然無法清楚描繪出王通的心中圖象，爲我們進一步解答疑問，但可以肯定的是：這些言論充分反映王通從政治的角度來思考問題的特質。

對於現實社會、政治環境，儒家遠比釋老二教有濃厚的興趣。儒家經典大部分與政治相涉，其學術中即蘊藏豐富的爲政理念，儒者也每每具有透過政治參與以達到經濟民生、平治天下的想法與實踐力。因此，王通從政治的角度處理三教紛擾的問題，絕不是超越三教、脫離儒家而與三教保持等距關係的思考。基本上，他仍堅守儒家立場，以經國牧民者的身分，關心治下之民的人生切身問題。在他的年代裡，釋老二教早已經歷長期發展，取得與自漢以降即爲政朝獨尊的儒家鼎立而三的地位，各自擁有眾多的信眾，其教義、思想、禮儀也已成爲社會文化、人民精神生活中的一部分，無容忽視。當此之時，一位掌握政治實權的儒者，或是致力外王治平思考的儒者，面對三教，他所要顧慮的，恐怕治下之民的信仰能否順遂安頓的問題，遠遠要比判定三教優劣、是此非彼的辯駁來得重要。因爲這才合乎儒家謀求社會秩序、大群福祉的政治原則。簡單地說，他必須正視僧徒道眾也是其治下之民的現實狀況，而將他們納入施政佑護的對象當中。王通所說的「使民不倦」，義諦或即在此。

韓愈意在闡教，所以重文章、尊師傳、排異端，帶動了北宋的古文運動以及新教育運動；王通意在善治，所以規仿素王述作六經，講學河汾，所論惓惓於治化，弟子多爲唐公輔，對北宋變法運動不無啓發。這是兩人學術的基本差異，排佛老與否，則是由此差異衍生出的不能融通的相對針鋒。

## 二、王通與范仲淹的學術共通點

范仲淹既然傾慕二賢，於此明顯的決裂之處，必然有所取捨。他對待佛

〔註49〕《中說·問易篇》記：「子讀洪範讜議，曰：『三教於是乎可一矣！』程元魏徵進曰：『何謂也？』子曰：『使民不倦。』」洪範讜議，即指其祖父安康獻公（王傑）所著《皇極讜議》，由於皇極爲《尚書·洪範篇》的重要觀念，是以此處云「洪範讜議」。王通之家族，有著述論政、以志其道的傳統，《中說》之始即記載其六世祖以下的著述，凡有《時變論》六篇、《五經決錄》五篇、《政大論》八篇、《政小論》八篇、《皇極讜議》九篇，《興衰要論》七篇。

老二教的看法，與王通極為類似，具體的意見，載在天聖五年（1027）上執政（王曾）書，〔註50〕他說：

> 夫釋道之書，以真常為性，以清淨為宗，神而明之，存乎其人。智
> 者尚難於言，而況於民乎？君子弗論者，非今理天下之道也。

這段說話與王通說佛為聖人、說「苟非其人，道不虛行」，以及認定其教行於中國則泥的看法，遙相呼應。都一方面肯定二教的義理價值，而另一方面則認為治理天下非其所長，天下還得由儒術治理。

上書裡他接著提出整頓釋道二教的政治措施，云：

> 其徒繁穢，不可不約。今後天下童行，可於本貫陳牒，必詰其鄉黨，
> 苟有罪戾，或父母在鮮人供養者，勿從其請。如已受度，而父母在
> 別無子孫者，勿許方遊。則民之父母鮮轉死於溝壑矣！斯亦養惸獨、
> 助孝悌之風也。其京師寺觀，多招四方之人，宜給本貫憑由乃許收
> 錄，斯亦辨姦細、復遊散之要也。其天下寺觀，每建殿塔，盡民之
> 費動踰數萬，止可完舊，勿許創新，斯亦與民阜財之端也。

他提出的幾項措施，對二教而言，不無清理門戶的幫助，但其用心，主要還在「養惸獨、助孝悌」、「辨姦細、復游散」和「與民阜財」之上。與王通所謂「使民不倦」，亦屬同樣的思維，正是典型的儒家牧民養民愛民的基調。

事實上，前述的整頓二教措施，只是范仲淹為解決當時百姓困窮的社會問題、追求國富邦固的方略中的一小環節而已。佛道僧徒不是唯一的整頓對象，他也未曾將緇黃之輩視為社會困窮、價值混亂的根源，這與韓愈在〈原道〉篇的看法並不一致。據他的分析，當時穀帛翔貴、百姓困窮的社會病態，是由各行業、身分中不適任者共同造成的。詳而言之，便是：學不稽古的士子、耕不竭力的農夫、敗先王之度的工匠、亂國家之禁的商賈、無用羸弱的老兵殘卒、以及繁穢肆蕩的出家僧道，六民之中類此浮其業者不可勝紀，蠹食社會，而社會的播藝生產則有限，所以導致困窮的結果。因此，他擘畫的施政要點，便從逐一整頓士、農、工、商、兵及僧道中的浮蠹現況著手。右引文只是其中對治「緇黃蕩而不制」的措施。某些學者因為范仲淹上書中用了「六民」之詞，便以為這是承繼韓愈〈原道〉篇而來，而作了范仲淹視緇黃之徒為大蠹、要求限制二教發展的判斷，〔註51〕實屬誤謬。韓愈之「六民」，

---

〔註50〕文在《范集・文正集》卷八，頁 65。
〔註51〕劉復生《北宋中期儒學復興運動》即作是論，見該書頁 37。其實，范仲淹本

指的是士、農、工、商以及僧、道等六種身分，且認為僧與道侵擾了士的「教化權」，以致社會價值紊亂；又不事生產，增加消耗，故此二民屬於不合理的存在。先王盛治裡，「其民士農工賈」而已，僧道是不容於世的。但是范仲淹的「六民」，指的則是士、農、工、商以及兵與僧道，僧道同屬出家眾，為一民；而兵，則是韓愈當時未及分化的身分。范仲淹對六民是一視同仁的，沒有以那種身分為多餘贅疣的想法。足見二人「六民」之用詞雖同，內容卻異，而背後的思想，更是了不相涉。於此可見：范仲淹與韓愈的學術觀點亦有大差異在。

試觀范仲淹的一生行誼，以及上文所述，我們說他興復王道、光大儒學所採行的路線，亦如王通之由從政出發，應是可以確立的。然則，他寫在名與字間的景賢之志，是極真懇的，絕非文人玩弄文字，隨便說說而已。

前後兩仲淹，既為同路之人，而後者又自覺地以前者為師，則他們的學術，必有可供掘探的共通之處。其共通點何在呢？以下分兩點說明。

第一，在儒學經典中，他們特別重視《周易》。當然，凡是儒者莫不肯定六經是治國的根本，不敢偏廢。王通說「《書》以辯事、《詩》以正性、《禮》以制行、《樂》以和德、《春秋》《元經》以舉往、《易》以知來，先王之蘊，盡矣！」〔註52〕范仲淹也說：「聖人法度之言存乎《書》，安危之幾存乎《易》，得失之鑒存乎《詩》，是非之辯存乎《春秋》，天下之制存乎《禮》，萬物之情存乎《樂》。故俊哲之人入乎六經，則能服法度之言，察安危之幾，陳得失之鑒，析是非之辯，明天下之制，盡萬物之情，使斯人之徒輔成王道，復何求哉？」〔註53〕都認為六經是先王、聖人智慧的結晶。但他們也都對其中知來、察幾的《易》，特別用心。

王通依仿素王以著述為行事，世稱續六經。不過，實際只有《續詩》、《續書》與《元經》三者師擬《詩》、《書》、《春秋》之意而成書。《禮》、《樂》、《易》

---

人於佛、道皆有深入接觸。五十歲知潤州，有〈移丹陽郡先遊茅山作〉詩：「丹陽太守意何如，先謁茆卿始下車。展節事君三黜後，收心奉道五旬初。偶尋靈草逢芝圃，欲叩真關借玉書。不更從人問通塞，天教吏隱接山居」（《范集・文正集》卷四，頁34）可見他並不反對道家道教，集中類似的求道、親道詩亦不罕見。至於他與佛教的關係，只看佛教史上將他視為「外護」，則思過半矣！參考黃啟江〈從范仲淹的釋教觀看北宋真仁之際的儒釋關係〉，文收於《紀念范仲淹一千年誕辰國際學術研討會論文集》，頁283～306。

〔註52〕 《中說・魏相篇》，「子曰書以辯事」章。

〔註53〕 范仲淹，〈上時相議制舉書〉，《范集・文正集》卷九，頁73。

三經並無形式上的仿作或續作。於《禮》《樂》，他論沿革而不敢辯興衰；於《易》，他只敢讚述，而不敢議論，態度更顯謹慎謙遜。〔註54〕由此可想《周易》在王通心目中的崇高地位。所以他說：「聖人於《易》，沒身而已。況吾儕乎！」，〔註55〕一以讚歎易道之精微，一以表示自己誠心鑽研易道、引《易》為行事的指導。而范仲淹，史稱「博通六經，尤長於《易》」。不過，他並非坐帳講學、或白首章句之類的談說易理。事實上他只有〈四德說〉與〈易義〉（亦只衍申二十七卦卦義而已），是較具系統的論《易》文字。他之「長於《易》」，主要表現在隨事而發，以《易》論事、證理、勉德，尊奉之為言行的準則、智慧的寶庫。筆者〈范仲淹的易學──一個以踐履為主的易學實例〉一文，〔註56〕於此有詳細的討論，可供參考。

　　他們如此重視《周易》，與對政治的關注、自覺居於領導階層引領人民走向富康之境的立場，是息息相關的。蓋政治觸及的問題，叢脞複雜，變化萬千；而中國土廣人眾，若要治得其善，洵非易事。儒者躋身政界，不有銳利的眼光洞察時弊、盱衡大局，不足以有為；不有靈活的智慧因勢制宜、綢繆遠久，也難以成大業。是故循此從政路線的儒者，特別重視時變。而儒家經典談論此道最為透徹的，自是《周易》，因此他們也自然重視此經。王通說：「《易》，聖人之動也，於是乎用以乘時矣！」〔註57〕又說：「卦也者，著天下之時也；爻也者，傚天下之動也。趨時有六動焉，吉凶悔吝所以不同也」；〔註58〕或者如范仲淹於〈易義〉中每一卦皆推想某一特殊時位，著明君子應時處位的原則，〔註59〕顯見二人都是以「相時應變、趨時而動」的內在需求，來琢磨易理的。

　　第二，對於實際政治，他們特別強調通變。如上所言，政治環境因時改

〔註54〕《中說‧事君篇》：「子曰：『吾於讚易也，述而不敢論；吾於禮樂也，論而不敢辯；吾於詩書也，辯而不敢議。』或問其故，子曰：『有可有不可。』曰：『夫子有可有不可乎？』子曰：『可不可，天下之所存也。我則存之者也。』」蓋聖人立言微顯曲直各有奧義，不可概而窺，所以可以述則述，可以論則論，王通於易，止於讚述而已。
〔註55〕《中說‧問易篇》，「劉炫問易」章。
〔註56〕見臺灣師範大學《中國學術年刊》第十四期，頁1～24。
〔註57〕《中說‧問易篇》，「子曰易聖人之動也」章。
〔註58〕《中說‧述史篇》，「薛收問一卦六爻之義」章。
〔註59〕〈易義〉二十七卦每卦皆首著其卦時，如乾，內外中正，聖人之德位乎天之時也；咸，陰進而陽降，上下交感之時也；恒，陽動陰順，剛上柔下，上下各得其常之時也；遯，陰進陽退，柔佞入而剛正出，君子遯去之時也；……茲依序舉四卦為例，餘不贅述。詳《范集‧文正集》卷五，頁40～44。

異，勢隨世遷，瞬息萬變。施政若要合宜，作為便不宜固守常態，須隨時應變，變而能通。《繫辭傳》「窮則變、變則通、通則久」的政治哲學，范仲淹頗能言之，既見於三十七歲的〈奏上時務書〉、三十九歲的〈上執政書〉，也見於五十五歲參大政時的〈答手詔條陳十事〉，〔註60〕可謂互其政治生涯皆依循此道。王通於此，亦甚能掌握。當房玄齡向他請習〈十二策〉時，他的回答便是「時異事變，不足習也。」〔註61〕〈十二策〉是王通弱冠之年見隋文帝所陳的太平策。後不見用，於是王通退隱講學河汾。以他三十八歲而卒〔註62〕加以推斷：房玄齡請學策時，距離王通陳策，還未超過二十年哩，然而他已覺得〈十二策〉不適時用，沒有學習的價值了。可見他對「通變」之義體悟之深切。所以他相信：「通變之謂道，執方之謂器」、「通其變，天下無弊法；執其方，天下無善教」。〔註63〕

　　然而，政治講通變，非謂唯變所適，漫無章法的改動舊章。遇變而通之的最終目的是要維持「使民不倦」、「使民宜之」〔註64〕的天平於不傾。亦即庇祐治下之民、同其安樂，才是他們從政的唯一最高原則。在此原則指導下，他們竭盡所能革新以應變，乃不免面對新與舊衝突的問題。蓋變動之中，要應變適動，舉措合於時宜，作為就得推陳出新。有時新作法與舊有規範、禮制有所牴觸，而舊章既深植人心，保守之士便以為常道如是，不容違逆，乃執此故常以相稽。此固政治發展中常有的現象。若然，則講通變者，亦必講行權，他們以「權」與道、經、義、常等概念對舉，凸顯不得不順勢而動、依違於經常的彈性作法，才是帶領子民躋彼郅治、履行正道的唯一途徑。是故王通說：「《元經》有常也，所正以道，於是乎見義；《元經》有變也，所行有適，於是乎見權。權、義舉而皇極立。」〔註65〕范仲淹釋〈革卦〉之義也說：「水火相薄，變在其中，聖人行權革易之時也……天下無道，聖人革之以

---

〔註60〕 以上三篇，分別見《范集、文正集》卷七，頁58；卷八，頁62；《范集·政府奏議》卷上，頁176。

〔註61〕 《中說·魏相篇》，「房玄齡請習十二策」章。

〔註62〕 王通生卒年，我們採《王通論》的說法，生於北周靜帝大象二年（580），卒於隋煬帝大業十三年（617），詳該書頁69～74。

〔註63〕 《中說·周公篇》，「溫彥博問稽康阮籍」章及「子曰通其變天下無弊法」章。

〔註64〕 《易·繫辭》下云：「通其變，使民不倦；神而化之，使民宜之。易窮則變，變則通，通則久，是以自天祐之，吉無不利。」可見政治上講通變，最終的目的還在利民。

〔註65〕 《中說·魏相篇》，「文中子曰元經有常也」章。

反常之權。」，〔註66〕又觀〈大過〉九三、九四爻象而說「患守經常」，〔註67〕也是肯定行權的價值。

肯定行權、通變，還反映在他們的歷史批評上。對於歷代政治，他們比較不會動輒以高度理想、如三代聖王的成績爲批評的標準，而失之嚴苛。他們論王霸，尊王而不廢霸，認爲霸者亦不無仁恕之道，成就自有可取之處。王通奏太平策，「尊王道、推霸略」，〔註68〕范仲淹力陳朝廷所舉之士須「皆明經籍之旨，並練王霸之術」，〔註69〕都顯示他們沒有後來道學家嚴分王霸、尊王而賤霸的那種政治潔癖。〔註70〕

這些思想爲他們的政治實踐或政治理論提供了比較大的揮灑空間，也是他們的學術中，鮮明的共同主張。

## 三、河汾學脈下的范仲淹與義莊

經過第一節及本節的討論，我們已對北宋初期的儒學復興運動所承襲的前儒改革方向有所理解；也爲范仲淹在這波風潮中所積極參與的路線及其學術特色理出了眉目。有這些認識作基礎，我們終於可以較有條理地面對：范仲淹對儒學有何貢獻？以及他在儒學史上的地位如何？等等問題。

綜而言之，王通與韓愈分別開啓的儒學復興途徑，與漢唐經生謹守章句義疏的老路漸行漸遠，成爲隋唐之後儒學發展的重要脈絡。韓愈的闡教路線，後有兩宋道學家的接跡企踵，闢成康莊大衢，領導更多儒者健步其上，陣容浩蕩，漪歟盛矣！闡教之儒將儒家義理更加精深化、哲學化，開創了思辯的新世界，儒學至此有番新風貌，足以與曾在晉唐充分滿足知識分子思辯樂趣的佛老學說相抗衡。它吸引中國的知識分子重回儒家陣營，儒門由此重振，居功甚偉。道學遂也成爲近八九百年來儒學的大宗正統。

---

〔註66〕〈易義〉革卦之義。出處見註59。
〔註67〕〈謝安定屯田書〉，《范集・尺牘》卷下，頁237。
〔註68〕杜淹，〈文中子世家〉語，收在阮逸注《文中子中說》卷十。
〔註69〕〈上時相議制舉書〉語，《范集・文正集》卷九，頁73。
〔註70〕程顥對王霸之分非常嚴格，對後來道學家影響匪淺。他上書神宗的一段話，收在《近思錄・治體》，云：「得天理之正，極人倫之至者，堯舜之道也；用其私心，依仁義之偏者，霸者之事也。王道如砥，本乎人情，出乎禮義，若履大路而行，無復回曲；霸者崎嶇反側於曲徑心中，而卒不可與入堯舜之道。故誠心而王則王矣，假之而霸則霸矣，二者其道不同，在審其初而已！」類此說法，王霸之別在「心」，二者涇渭分明，是不容並練的。

　　正統既立，後起儒者，甚至近今學者，在考察六朝之後的儒學發展時，似乎都把這一正統當作發展的唯一合理結果。於是論述唐宋儒學史，便只一線式地以宋代新儒學蔚為主流正統為論軸。相形之下，王通開啓的從政路線不只黯淡無光而已，幾幾乎形同斷港絕潢，毫無出路，而乏人問津。循此路線的唐宋諸儒，若還有何重要性可言，亦是因為他們助成了正統再續的前置工程而來。道學家談王通，談范仲淹不正是如此嗎？然而，王、范二人學術蘄向畢竟在外王、政治，與以內聖、教育擅場的道學差異甚大。正如：同樣講《周易》，道學家在形上學上發揮得極精闢，王、范則特重經綸治理、隨時應變之道；同樣講王道，道學崇三代、辨王霸、排佛老，王、范則包容二教，尊王重霸，推崇漢唐盛治之功。因此，新正統籠罩下的儒者肯定他們的，只是他們學術核心之外的某些部分而已。也因此，他們總被安置在正統論述的儒學史上次要的位置。

　　討論隋唐以後的儒學發展，而以新儒學為論述主軸，當然是不錯的，但也別忘了那並非絕對的、唯一的發展解釋架構。

　　談儒學史上的范仲淹，而把他放在韓愈──道學的路線中，顯然失策。因為再怎麼細數他那些有助道學勃興的作為，也無法計算出范仲淹的質量，那些切面是無法拼湊出范仲淹完整的儒學面貌的。相反的，當我們拉大視野，逆溯道學正統成立以前、復興儒學運動的兩條並行路線，以此作為背景來檢視范仲淹，卻不難發現他的價值遠不止後儒所看到的那般。而且，整個由王通開出的路線，也因為范仲淹價值的浮現而變得更加清晰。

　　范仲淹與王通的生命型態乍視之下極為不同，一位是隱士，一位是顯宦，卻無礙歸之於同路人。仕或隱都可以「為政」，他們很清楚地意識到為政不一定非得置身於國家機器中不可！這當然是通變思想的一體展現，因為：既然國家政治之「位」不一定可求而得之，掌握「位」的最高權力者亦不一定值得扶持共事，那麼，致力於從政之儒，便也必須超越「位」的限制，同時思考「有位」或「無位」時的治世策略，通此有、無之變！《中說・魏相篇》記載：

> 王孝逸曰：「惜哉！夫子不仕，哲人徒生矣！」賈瓊曰：「夫子豈徒生哉！以萬古為兆人，五常為四國，三才九疇為公卿，又安用仕！」
> 董常曰：「夫子以《續詩》《續書》為朝廷，《禮論》《樂論》為政化，《贊易》為司命，《元經》為賞罰，此夫子所以生也。」叔恬聞之曰：

　　　「孝悌爲社稷，不言爲宗廟，無所不知爲富貴，無所不極爲死生，

　　天下宗之，夫子之道尼矣！」

此文透過賈瓊、董常、王凝三人之口，道出王通人雖隱而志行在政化的一生貢獻。其中董常之言更說明了王通的著述正是他處亂世的爲政。在王通及其弟子的觀念中，他們講學、著述，無非是退藏無位時的政治實踐。

　　這種超越位限的思考，顯然受到孔子「施于有政，是亦爲政」的啓發。〔註71〕如果換成范仲淹的話說，便是：「居廟堂之高則憂其民，處江湖之遠則憂其君」，他們是不論仕隱、不論進退，恆常以生民安樂爲心，恆常以天下治平爲事，恆常以天下不治、王道不行爲憂的，且隨時位的不同，行不同時位之宜。

　　王通身處動盪之世，早知生不逢時，有行無位之政的打算。〔註72〕王凝曾感慨說：「文中子之教興，其當隋之季世，皇家之未造乎！將敗者吾傷其不得用，將興者吾惜其不得見。其志勤，其言微，其事以蒼生爲心乎！」〔註73〕所以他的政治事業、生命型態迥異於范仲淹，是理所當然的。范仲淹從政時間約三十八年（眞宗祥符八年，1015——仁宗皇祐四年，1052），與王通一生的壽命相當。他自認爲所遇者明主，所處者盛時，是個可以大展抱負，進而用之的好時機，《遺表》白謂：「游心儒術，決知聖道之可行，結綬仕途，不信賤官之能屈」，〔註74〕看得出他從政行道的雄心熱情。生命的遭遇如此，他的政治事業當然也就不是王通式的講學、著述了。

　　基本上，我們不能只把范仲淹的政治事業鎖定在新政、邊防，也絕不宜因爲新政的夭折而懷疑他的從政智慧。如果循著上述的思考，我們便應把眼光從專注他的朝政、議事，而廣及其他有意治化的行事上。職是而言，則他

〔註71〕《論語・爲政篇》，「或謂孔子曰子奚不爲政」章，儒者應都熟悉孔子這番話。王通、范仲淹也都有這種樂觀進取的想法。《中說・禮樂篇》載：「賈瓊薛收曰：『道不行如之何？』子曰：『父母安之，兄弟愛之，朋友信之，施於有政，道亦行矣，奚謂不行？』」范仲淹〈與孫明復書〉云：「足下未嘗遊浙中，或能枉駕與吳中講貫經籍，教育人材，是亦先生之爲政」（《范集・尺牘》卷下，頁235）兩者都隸括《論語》之言，將「爲政」的範圍擴大了，不侷限在朝廷爲官之內。

〔註72〕王通上十二策後，隋文帝下其議於公卿，公卿不悅，而此其時將有蕭牆之釁，因此，王通知謀不見用，作〈東征之歌〉而歸，雖再徵不復出，乃「退志其道」，九年而六經大就，門人自遠而至。詳杜淹〈文中子世家〉。

〔註73〕《中說・天地篇》，「叔恬曰文中子之教興」章。

〔註74〕《范集・文正集》卷十六，頁133。

所留下的政治事業，對中國影響深遠的，反而不是朝政，而是范氏義莊。

范氏義莊，絕對是范仲淹的從政成績中耀眼的一頁。范仲淹在〈義莊規矩〉之後押署「資政殿學士尚書禮部侍郎知杭州事」的官銜；以及安排親信族子就近為吏，督導義莊的運作，使我們清楚看到這件宗族內事有濃厚的政治行事邏輯，其中有制度、規範，還有監事人員的設計。其後的發展，因為獲得朝廷的認可，范族人違反〈義莊規矩〉者如同犯律，地方官有權加以處理，使得義莊與政治結合得更加密實，幾百年間地方官的善意介入，解決問題，協助義莊維新的事例，屢見不鮮。他們很能利用這一個介於宗族與社會的機構，進行治化工作。因此，我們不能否認范氏義莊是范仲淹留下的政治事業、從政成績。

這一政治事業獲得後人廣泛的回響，規仿范氏設立的義莊，所在多有，成為普遍的社會制度，提供有位之人（如地方官）、以及無位之人（如族人與社會賢達）一條從事治化工作的途徑。不論他們的實際治化成績如何，但至少社會上有眾多各階層的黎民百姓，都能經由此而薰染儒學核心思想，譬如敬宗睦族、博施濟眾等道德意涵，那是任誰也不能視而無睹的。而加強了宗族意識，不正也對佛、道某些思想成分作了抵制，而達到某種程度的鞏固儒學牆藩的效果嗎？

從王通到范仲淹，他們取徑政治，原本即為實踐王道、興復儒學，如今看來，三王之世終究難以再現，中國的大群福利，並沒有因他們而有太大改善，不過，儒學卻也由此路線的開展而得以活絡起來。范氏義莊這一劃時代的嶄新制度，當然是其間披荊斬棘、剷平山頭的重要工程。

順此路線，儒學以一種平易而無聲無息的方式，從日常生活中貼近士農工商基層百姓，其間某些儒家核心思想、彝倫常道便由此得而浸潤人心。與闡教路線稍作對照，我們看到這樣的儒學傳播，實大異於道學學者哲學化、精深化儒學義理，而以士人為主要對象的傳播方式。所以此路的儒學傳播，沒有理、氣、心、性之類的討論，沒有經解、語錄，沒有書院、講學，也不見明顯的師承關係，他們比較直接面對大群，僅掌握儒學的基本常道，實踐之以證實效，而收傳播弘揚之功。展現了此路儒者恆常以蒼生為念的本色，質樸之中透著雄健的氣魄。他們與闡教路線，恰成相輔之勢，在往後的傳學弘道工作上相得而益彰。

總而言之，概括以上的詮釋，可以有以下三點認識：

第一，王通對儒學的影響，絕不止於宋初一時。他所開啓的儒學復興路線，在北宋以後仍順利向前沿伸，形成伊洛學脈外的另一大流，足以名之曰河汾學脈，值得學術界再作深入探索。而居中揚其波暢其流，使學脈不絕者，則首推范仲淹。

第二，范仲淹在唐宋社會變遷，尤其宗族結構的大轉型之後，以極佳的創造力設置了義莊，不但成爲後來中國社會普行的宗族互助、地方管理的新制度，還衍化爲儒學傳播的新形式，對社會、文化影響至鉅。我們唯有了解他在這方面的貢獻，才能進一步掌握他在儒學史上的地位。而這些都必須放在河汾學脈、從政路線當中觀察，方能盡得其情實的。

第三，范氏義莊乃至整個義莊制度，是理解范仲淹儒學成就的重要依據，同時也是顯豁河汾學脈的關鍵節目，它們在文化史、儒學史上的意義，乃於焉樹立。

# 第六章　結　論

《朱子語類》卷一百二十九論本朝人物，首云：

> 太宗朝一時人多尚《文中子》，蓋見朝廷事不振、而《文中子》之書
> 頗說治道故也。然不得其要。范文正公雖有欲爲之志，然也粗，不
> 精密，失照管處多。

朱熹此番論斷，對於本文將范仲淹置於王通學脈中的論述，不無啓發，它是
陳傅良詩之外，另一則有助於我們將王、范二人合而論之的前人觀點。雖然
語中並無明示王通與范仲淹的啓承關係，可是上云《文中子》頗說治道，下
云文正公有欲爲之志，卻頗有置彼兩人於同一從政路線的意思在。從這一觀
點來說，我們的想法可謂與朱熹相去不遠。

不過，朱熹對范仲淹「粗不精密，失照管處多」的批評，卻不是我們能
輕易接受的。尤其當我們遍尋不著他對范氏義莊的存在意義有何深入探討的
情況下，更覺其評論或許也是有失照管。我們必須再一次強調：范氏義莊是
評量范仲淹的政治成就與儒學貢獻所不容忽視的事業，朱熹於此不及一詞，
顯然自有其特殊的關懷重點與議論立場，而對范仲淹缺乏同情的理解。

在深明時位、通變的思想指導下，王通與范仲淹把「政治」的範圍拓展
得極爲廣袤，伴隨著也極富彈性與機動性地在進行他們的政治教化、實踐王
道的工作。范仲淹自覺處於一個大有可爲的時代，致力於儒學實踐，所展開
的活動是多方面的，而以義莊爲代表的宗族統整的嘗試，就是其中一項。

可惜的是：猶如朱熹一般，自來學者大多並不盡力於研討義莊的意義，
也未能詳考其發展的軌跡及所發揮的人文影響力。

本論文的討論，或可彌補前人觀察的不足。回顧全文，正是由考察范氏

義莊的歷史入手，而對於其影響與意義多所著墨。在此，且以最簡要的論述，勾勒重要觀點，作為全文的結束。

第一、范氏義莊的出現，是范仲淹體察中國社會的贍族傳統，加入制度化管理的精神而來的，不見得倣自佛寺常住田，而要在佛教思想中尋找義莊制度的根源，實屬不得要領。

第二、范氏義莊的鞏固，是范仲淹家族第二代成員努力的結果，尤其是范純仁，他上奏請求公家勢力介入理斷族人違反義莊規矩者而獲允准，有著決定性的影響，形成此後朝廷優遇義莊的慣例。

第三、范仲淹家族原是吳中范氏的分支，落籍河南潁昌，他們是范莊義田的捐輸者，義莊規矩的修訂者，對義莊義田有絕對的經營管理權，但並未分享義田收入。此一分支的棄北南歸，實因宋金戰禍，北宋淪亡之故。

第四、南宋是范氏義莊發展史上的關鍵時期。南宋之初，戰亂方歇，范仲淹家族的第三、四代子孫，陸續回歸吳中。以義莊為核心的范姓族眾，為了統合宗族，始尊奉范仲淹為始祖之一，並劃分為十六房、共遵世次字號。南宋末年，官立范文正公祠擇在義莊構建，祠之主奉，由范族公推，成為族之宗子，而義莊經營管理權乃由主奉接收，結束「文正位——掌莊」二層管理的組織架構，至此始進入義莊義田由全范族共同承受的階段。

第五、官立范文正公祠在義莊建構，乃代表范氏義莊已由一宗族內的贍濟組織，逐漸走向具有社會教育功能的范仲淹紀念中心。

第六、范氏義莊的性質，既擴充為社會的教育機構，則義莊獲得的族外奧援，尤其是來自官方者，相隨地越來越多；加上族內賢裔代有其人，盡心維持義莊的經營，遂使范氏義莊得以長期穩定地發展。

第七、范氏義莊長期的存在，對范仲淹的人格、理想，以至於形象與名聲，都有正面的揄揚作用，它為中國社會樹立了一個儒行楷模。

第八、長期以來襄贊范氏義莊之維繫的族內外人士，可說是范仲淹理想的共同實踐者。於此，可以看到范仲淹對後世的影響力，也可以看到一個歷代眾人為實現同一理想而努力的珍貴過程。他們共同實現的理想，舉其要者有三，一是博施濟眾井養有常的道德要求，二是敬宗睦族教養咸備的宗族楷式，三是積善之家必有餘慶的信仰印證。

第九、范氏義莊一方面揄揚儒行楷模，一方面踐履理想，而傳播著儒家的價值觀，從這意義上看，無疑地它又是一個特殊的儒學傳播之形式，其功

能、效果與傳播對象，乃自有別於文字、書籍的傳播。

　　第十、范仲淹創立義莊，不單是建立宗族的贍濟制度，亦可謂爲弘揚儒道打造了嶄新的傳播形式。在儒學史上，這一貢獻，是其他儒者所難企及的。而這種從制度層面上設想，依制度以踐履理想，從而達到弘道效果的作法，恰與其遵循從政路線的學術性格吻合無間。宋儒之中，這是接武河汾王通學脈最爲顯明的一例。據此，我們可以在唐宋儒學發展中，分析出一個重要的學術傳統，以滋潤這段儒學史論述——向來只重排佛到道學——的偏枯。

# 參考文獻舉要

**Ⅰ、專著**（以書名首字筆畫數爲序）

## 二　劃

1. 《二程集》，程顥、程頤，里仁書局。
2. 《了凡四訓》，袁黃，坊刻本。

## 三　劃

1. 《三國志》，陳壽，鼎文書局。
2. 《小畜集》，王禹偁，臺灣商務印書館四部叢刊正編。

## 四　劃

1. 《中國文化史》，柳詒徵，正中書局。
2. 《中國文化史導論》，錢穆，臺灣商務印書館。
3. 《中國文化新論・天道與人道》，黃俊傑編，聯經出版公司。
4. 《中國文化新論・立國的宏規》，鄭欽仁編，聯經出版公司。
5. 《中國文化新論・吾土與吾民》，杜正勝編，聯經出版公司。
6. 《中國文化新論・理想與現實》，黃俊傑編，聯經出版公司。
7. 《中國文化新論・敬天與親人》，藍吉富、劉增貴編，聯經出版公司。
8. 《中國學術思想史論叢（一）～（八）》，錢穆，東大圖書公司。
9. 《中國近三百年學術史》，錢穆，臺灣商務印書館。
10. 《中國思想史論集》，徐復觀，學生書局。
11. 《中國思想與制度論集》，段國昌等譯，聯經出版公司。
12. 《中國儒學》，劉宗賢、謝祥皓，水牛出版社。

13. 《中國儒學史》，趙吉惠等編，中州古籍出版社。

14. 《中國儒學思想史》，張豈之編，水牛出版社。

15. 《中國儒家倫理思想發展史》，李書有編，江蘇古籍出版社。

16. 《中國政治思想史》，蕭公權，文化大學出版部。

17. 《中國歷代政治得失》，錢穆，東大圖書公司。

18. 《中國土地制度史》，趙岡，聯經出版公司。

19. 《中國祖產制度史》，清水盛光著，宋念慈譯，文化大學出版部。

20. 《中國歷史地圖集》，譚其驤主編，香港三聯書店。

21. 《中國人的名字別號》，吉常宏，臺灣商務印書館。

22. 《日知錄》，顧炎武，明倫書局。

23. 《廿二史箚記》，趙翼，華世出版社。

24. 《文廟祀典考》，龐鍾璐，中國禮樂學會。

25. 《（舊）五代史》，薛居正，鼎文書局。

26. 《（新）五代史》，歐陽脩，鼎文書局。

27. 《五種遺規》，陳弘謀編，臺灣中華書局。

28. 《（新）元史》，柯紹忞，鼎文書局。

29. 《元豐類稿》，曾鞏，臺灣商務印書館四部叢刊正編。

30. 《文中子中說注》，阮逸，世界書局。

31. 《文中子考信錄》，汪龍吟，臺灣商務印書館。

32. 《文中子研究》，駱建人，臺灣商務印書館。

33. 《王通論》，尹協理、魏明，中國社會科學出版社。

34. 《王績研究》，張錫厚，新文豐出版社。

35. 《王臨川集》，王安石，臺灣商務印書館四部叢刊正編。

36. 《止齋先生文集》，陳傅良，臺灣商務印書館四部叢刊正編。

37. 《方望溪先生全集》，方苞，臺灣商務印書館四部叢刊正編。

五　劃

1. 《四書集註》，朱熹，學海出版社。

2. 《古代社會與國家》，杜正勝，允晨文化公司。

3. 《古禮今談》，周何，國文天地雜誌社。

4. 《史記》，司馬遷，鼎文書局。

5. 《北齊書》，李百藥，鼎文書局。

6. 《北史》，李延壽，鼎文書局。

7. 《北宋文化史述論》，陳植鍔，中國社會科學出版社。

8. 《北宋中期儒學復興運動》，劉復生，文津出版社。

9. 《印光法師嘉言錄》，李圓淨編，臺北善導寺。

## 六 劃

1. 《全唐文及拾遺》，董誥、陸心源編，大化書局。

2. 《全宋文（一～三十冊）》，曾棗莊、劉琳主編，巴蜀書社。

3. 《自警編》，趙善璙，臺灣商務印書館四庫全書冊875。

4. 《安陽集》，韓琦，臺灣商務印書館四庫全書冊1089。

5. 《朱子語類》，黎靖德編，文津出版社。

## 七 劃

1. 《宋書》，沈約，鼎文書局。

2. 《宋史》，脫脫，鼎文書局。

3. 《宋史紀事本末》，陳邦瞻，三民書局。

4. 《宋論》，王夫之，洪氏出版社。

5. 《宋會要輯稿》，徐松，世界書局。

6. 《宋元學案》，黃宗羲撰、全祖望修、王梓材校補，河洛出版社。

7. 《宋元學案補遺》，王梓材、馮雲濠，世界書局。

8. 《宋明理學概述》，錢穆，學生書局。

9. 《宋代理學與佛學之探討》，熊琬，文津出版社。

10. 《宋代學術思想研究》，金中樞，幼獅文化公司。

11. 《宋史論集》，陳學霖，東大圖書公司。

12. 《宋代文化史》，姚瀛艇主編，河南大學出版社。

13. 《宋代佛教社會經濟史論集》，黃敏枝，學生書局。

14. 《宋代經濟論文集》，宋晞光，香港志文出版社。

15. 《宋明家族制度史論》，徐揚杰，北京中華書局。

16. 《宋名臣言行錄》，朱熹，臺灣商務印書館四庫全書冊449。

17. 《宋人軼事彙編》，丁傳靖，源流出版社。

18. 《吳郡圖經續記》，朱長文，藝文印書館百部叢書集成。

19. 《李覯集》，李覯，漢京文化公司。

20. 《攻媿集》，樓鑰，臺灣商務印書館四部叢刊正編。

21. 《近思錄》，朱熹，金楓出版社。

22. 《近代思想史散論》，龔鵬程，東大圖書公司。

## 八 劃

1. 《周易正義》，王弼、韓康伯注孔穎達疏，藝文印書館。
2. 《周易集解》，李鼎祚，臺灣商務印書館四庫全書冊 7。
3. 《周易內傳》，王夫之，成文出版社周易集成冊 75.76。
4. 《周書》，令狐德棻，鼎文書局。
5. 《兩宋史研究彙編》，劉子健，聯經出版公司。
6. 《東皋子集》，王績，臺灣商務印書館四庫全書冊 1065。
7. 《東坡七集》，蘇軾，臺北中華書局。
8. 《河東集》，柳開，臺灣商務印書館四車全書冊 1085。
9. 《河南先生文集》，尹洙，臺灣商務印書館四部叢刊正編。
10. 《徂徠集》，石介，臺灣商務印書館四庫全書冊 1099。

## 九 劃

1. 《春秋左傳正義》，杜預注孔穎疏，藝文印書館。
2. 《後漢書》，范曄，鼎文書局。
3. 《後村先生大全集》，劉克莊，臺灣商務印書館四部叢刊正編。
4. 《南齊書》，蕭子顯，鼎文書局。
5. 《南史》，李延壽，鼎文書局。
6. 《南宋的農村經濟》，梁庚堯，聯經出版社。
7. 《思想與文化》，龔鵬程，業強出版社。
8. 《范文正公集》，范仲淹，臺灣商務印書館四部叢刊正編。
9. 《范文正集補編》，范能濬編，臺灣商務印書館四庫全書冊 1089。
10. 《范氏家乘（清道光三十年本）》，范宏金續修，國學文獻館微捲號一〇八八三一五（東京東洋文庫藏本）。
11. 《范仲淹史料新編》，周鴻度等編，瀋陽出版社。
12. 《范仲淹研究資料彙編》，李壽林等編，行政院文化建設委員會。
13. 《范仲淹研究》，湯承業，國立編譯館中華叢書。
14. 《范仲淹的修養與作風》，湯承業，臺灣商務印書館。
15. 《范仲淹研究》，陳榮照，香港三聯書店。
16. 《范仲淹的政治思想》，王雲五編，臺灣商務印書館。
17. 《范仲淹的教學思想》，王雲五編，臺灣商務印書館。
18. 《范仲淹研究論集》，范仲淹研究會編，蘇州大學。
19. 《范仲淹傳》，李涵、劉經華，中州古籍出版社。

20. 《范仲淹新傳》，程應鏐，上海人民出版社。

21. 《范仲淹先生年譜新編》，申時方，唯勤出版社。

22. 《范忠宣集》，范純仁，臺灣商務印書館四庫全書冊 1104。

23. 《范忠貞集》，范承謨撰、劉可書編，臺灣商務印書館四庫全書冊 1314。

24. 《紀念范仲淹一千年誕辰國際學術研討會論文集》，臺灣大學文學院。

## 十　劃

1. 《晉書》，房玄齡，鼎文書局。

2. 《梁書》，姚思廉，鼎文書局。

3. 《（舊）唐書》，劉昫，鼎文書局。

4. 《（新）唐書》，歐陽脩，鼎文書局。

5. 《唐會要》，王溥，臺灣商務印書館。

6. 《唐代家廟禮制研究》，甘懷眞，臺灣商務印書館。

7. 《家族與社會》，陳其南，聯經出版公司。

8. 《晏子春秋》，晏嬰，臺灣中華書局。

9. 《孫明復小集》，孫復，臺灣商務印書館四庫全書冊 1090。

10. 《袁氏世範》，袁采，臺灣商務印書館四庫全書冊 698。

11. 《容齋隨筆》，洪邁，臺灣商務印書館四部叢刊續編。

12. 《容臺集》、《容臺別集》，董其昌，中央圖書館。

13. 《荊川集》，唐順之，臺灣商務印書館四庫全書冊 1276。

## 十一劃

1. 《陳書》，姚思廉，鼎文書局。

2. 《陳亮集》，陳亮，漢京文化公司。

3. 《習學記言》，葉適，臺灣商務印書館四庫全書冊 849。

4. 《清夜錄》，俞文豹，藝文印書館百部叢書集成。

5. 《國史大綱》，錢穆，臺灣商務印書館。

6. 《國史舊聞》，陳登原，明文書局。

7. 《現代儒學論》，余英時，八方文化公司。

8. 《張載集》，張載，里仁書局。

9. 《梨洲遺著彙刊》，黃宗義撰、薛鳳昌輯，隆言出版社。

## 十二劃

1. 《隋書》，魏徵，鼎文書局。

2. 《華夏取名藝術》，王泉根，知書房出版社。

3. 《焦氏筆乘（正續）》，焦竑，臺灣商務印書館。

4. 《黃宗羲全集》，黃宗羲，浙江古籍出版社。

十三劃

1. 《漢書》，班固，鼎文書局。

2. 《經學歷史》，皮錫瑞，藝文印書館。

3. 《溫國文正司馬公文集》，司馬光，臺灣商務印書館四部叢刊正編。

4. 《義莊の研究》，田中萃一郎，田中萃一郎文集。

十四劃

1. 《端明集》，蔡襄，臺灣商務印書館四庫全書冊 1090。

2. 《嘉祐集》，蘇洵，臺灣商務印書館四部叢刊正編。

十五劃

1. 《儀禮注疏》，鄭玄注賈公彥疏，藝文印書館。

2. 《篁墩文集》，程敏政，臺灣商務印書館，四庫全書冊 1252、1253。

3. 《課子隨筆鈔》，張伯行，廣文書局。

4. 《論范仲淹之功德與文學》，羅敬之，文津出版社。

十六劃

1. 《歐陽文忠公集》，歐陽脩，臺灣商務印書館四部叢刊正編。

2. 《歐陽脩的治學和從政》，劉子健，新文豐出版社。

3. 《儒家思想的實踐》，孫隆基譯，臺灣商務印書館。

十七劃

1. 《禮記正義》，鄭玄注孔穎達疏，藝文印書館。

2. 《優入聖域——權力信仰與正當性》，黃進興，允晨文化公司。

3. 《薛瑄全集》，薛瑄，山西人民出版社。

4. 《鮚埼亭集》，全祖望，華世出版社。

十八劃

1. 《魏書》，魏收，鼎文書局。

2. 《韓昌黎集》，韓愈，河洛圖書公司。

二十劃

1. 《鐔津文集》，釋契嵩，臺灣商務印書館四庫全書冊 1091。

2. 《蘇學士集》，蘇舜欽，臺灣商務印書館四部叢刊正編。

二十一劃

1. 《續資治通鑑》，畢沅，世界書局。
2. 《續資治通鑑長編》，李燾，世界書局。

二十三劃

1. 《欒城集》，蘇轍，臺灣商務印書館四部叢刊正編。
2. 《龔鵬程縱橫談——當代文化省思》，龔鵬程，幼獅出版社。

## II、單篇論文與學位論文

1. 《北朝最後的儒者：王通》，龔鵬程，幼獅學誌卷二十期二。
2. 《文中子新考》，陳成眞，大陸雜誌卷三十六期一。
3. 《王通之思想及其影響》，章群，中華文化復興月刊卷十期二。
4. 《呂夷簡與范仲淹》，王德毅，史學匯刊期四。
5. 《范仲淹對宋代學術之影響》，劉季洪，政治大學三十周年論文集。
6. 《論范仲淹對文化復興的貢獻》，湯承業，逢甲學報期八。
7. 《略論宋儒的宗教信仰——以范仲淹的宗教觀爲例》，劉靜貞，中國歷史學會史學集刊期十五。
8. 《范仲淹的易學——一個以踐履爲主的易學實例》，黃明理，臺灣師大中國學術年刊期十四。
9. 《范仲淹手書〈伯夷頌〉及其歷代題跋讀後》，黃明理，臺灣師大國文學報期廿四。
10. 《范仲淹入祀孔廟因緣蠡測》，黃明理，臺灣師大國文學報期廿七。
11. 《試論宋元族譜學與新宗法的創立》，盛清沂，國學文獻館第二屆亞洲族譜學術研討會議記錄。
12. 《從范文正公家族譜籍看近世中國族譜學的發展》，陳捷先，國學文獻館第五屆亞洲族譜學術研討會議記錄。
13. 《曾國藩與「士大夫之學」》，余英時，故宮博物院「曾國藩學術研討會」論文。
14. 《從孔廟制度看宋代儒學的發展》，袁征，河南大學宋史研究論文集（1992）。
15. 《思想史方法論的兩個側面》，黃俊傑，華世出版社《史學方法論文選集》。
16. 《易經憂患意識研究》，楊陽光，臺灣師大國研所碩士論文（1986）。
17. 《漢代豪族研究——豪族的士族化與官僚化》，劉增貴，臺大史研所博士論文（1985）。
18. 《宋代的祠廟與祠祀——一個社會史的考察》，劉志鴻，臺灣清大史研所碩士論文（1993）。

19. 《晚明之儒家道德哲學與世俗道德範例研究》，袁光儀，臺灣師大國研所
    碩士論文（1997）。

20. 《范氏義莊：一○五○～一七六○》，推捷著，孫隆基譯，臺灣商務印書館
    《儒家思想的實踐》。

21. 《范氏義莊の變遷》，近藤秀樹，東洋史研究卷二十一號四。

22. 《范氏義學之成立與發展》，小川嘉子著，洪祖顯譯，中華文化復興月刊
    卷三期九。